新常态下
企业技术创新动态能力理论与政策研究

崔海龙　著

企业管理出版社
ENTERPRISE MANAGEMENT PUBLISHING HOUSE

图书在版编目（CIP）数据

新常态下企业技术创新动态能力理论与政策研究 / 崔海龙著 . — 北京：企业管理出版社，2021.3

ISBN 978-7-5164-2288-5

Ⅰ. ①新…　Ⅱ. ①崔…　Ⅲ. ①企业创新—研究　Ⅳ. ①F273.1

中国版本图书馆 CIP 数据核字 (2020) 第 221389 号

书　　名：新常态下企业技术创新动态能力理论与政策研究

作　　者：崔海龙

责任编辑：蒋舒娟

书　　号：ISBN 978-7-5164-2288-5

出版发行：企业管理出版社

地　　址：北京市海淀区紫竹院南路17号　　　　**邮编**：100048

网　　址：http://www.emph.cn

电　　话：编辑部（010）68701661　发行部（010）68701816

电子信箱：26814134@qq.com

印　　刷：北京七彩京通数码快印有限公司

经　　销：新华书店

规　　格：700毫米 × 1000毫米　16开本　18.75印张　274千字

版　　次：2021年3月第1版　2021年3月第1次印刷

定　　价：75.00元

前 言

成功的创新需要整合企业的各种资源，如营销网络、组织文化、工艺流程等。这些资产对技术的商业化来说是非常需要的，它们决定和影响了技术创新的绩效。Teece在1986年提出一个新的概念——互补资产，用来概括这些资源。他把处于企业技术创新下游的，有助于企业获取创新利益的配套资产称为互补资产。然而，要想成功实现技术创新和提高技术创新绩效，企业仅仅拥有相应的各类资产还是不够的，企业还要拥有足够的把资源转化为企业绩效和竞争优势的能力。随着内外部环境的日益动态化，静态的技术创新能力不再能够完美地解决现实中的各种问题，必须有一种新的基于动态视野的动态变革的能力来满足企业经营管理的需要。在这种背景下，Teece等人（1997）提出了动态能力的概念，认为动态能力是一种不断变革的，能够使企业结构、文化、能力等发生变化和演变的能力，可以帮助企业获得持续的竞争优势，并提出动态能力的战略分析框架。技术创新动态能力是建立在动态能力理论发展的基础上的。徐向艺等人（2012）提出了企业技术创新动态能力的概念，认为技术创新动态能力是技术创新的投入能力、产出能力和转化能力，并实证分析技术创新动态能力对企业价值的提升有显著的正向作用。熊胜绪等人（2016）认为徐向艺等人的观点仍然带有很多静态特征，指出技术创新动态能力作为动态能力的一部分，是一种不同于静态技术创新能力的、更高层次的动态的技术变革能力。其后，许多学者也对技术创新动态能力进行了研究。

然而，从现有文献来看，对技术创新动态能力的研究呈现如下特点：第一，学者们对技术创新动态能力概念的研究在理论观点上还有很大的不同；第二，对企业技术创新动态能力构建策略的研究大多是从组织学习、知识管理的角度进行的，研究视角较单一，从新的视角研究企业技术创新动态能力已成为未来的一个方向；第三，既往研究中，技术创新动态能力或者是自变量，或者是因变量，将技术创新动态能力作为中间变量来进行研究或者探讨技术创新动态能力对资源和绩效关系的中介效应的研究还没有看到。

在此背景下，基于资源学派“资源—能力—绩效”的理论范式，结合企业变革理论的理论框架，本研究以中国部分技术创新型企业为研究对象，探讨了技术创新动态能力对互补资产和创新绩效的中介效应，以及组织学习对此的调节效应。

本研究主要围绕以下几个方面展开论述。

（1）文献综述和理论发展。通过对互补资产、技术创新动态能力、创新绩效和组织学习的既往文献梳理和研究，找到现有研究的不足之处。分析界定了互补资产、技术创新动态能力、创新绩效等关键变量的概念和维度构成，为后续的研究工作提供理论基础。

（2）建立技术创新动态能力评价指标体系。

（3）构建技术创新动态能力对互补资产与创新绩效关系的中介效应的理论模型，并提出理论假设。

（4）在总结前人研究的基础上，整理设计合适的调查问卷。利用SPSS19.0统计分析工具，运用回归分析的方法对通过问卷调研和企业访谈的方式获取的第一手资料进行数据分析和实证研究，进一步阐明了技术创新动态能力对互补资产和创新绩效关系的中介效应以及组织学习的调节效应。

基于以上研究论证工作，本研究主要得出以下几个方面的结论。

（1）互补资产和技术创新动态能力的关系。首先，互补资产及其各维度均对技术创新动态能力有显著的正向作用。其次，在具体的维度关系对应上，互补资产各维度均对感知与识别技术机会的能力、整合创新资源的能力和环境适应性的组织变革能力有显著的正向作用，但是其作用程度是不同的。

（2）企业技术创新动态能力评价指标体系的选择和量化是构建企业技术创新动态能力评价模型的基础，技术创新动态能力指标体系的选择是否科学合理直接影响最终的评价结果。本研究选择了层次分析法和模糊综合评价法，并在指标的确定和数据的处理过程中，使用德尔菲法建立技术创新动态能力评价指标体系。

（3）技术创新动态能力和创新绩效的关系。首先，技术创新动态能力及其各维度均对创新绩效有显著的正向作用。其次，在具体的维度关系对应上，技术创新动态能力各维度对研究开发数量均有显著的正向作用，但是其作用程度是不同的，感知与识别技术机会的能力的作用程度最强。

（4）互补资产和创新绩效的关系。首先，互补资产及其各维度对创新绩效均有显著的正向作用。其次，在具体的维度关系对应上，互补资产各维度对研究开发数量的正向作用是不同的，互补知识资产作用最强。最后，互补资产各维度对技术商品化程度的正向作用是不同的，互补知识资产作用最强。

（5）技术创新动态能力的中介效应。首先，技术创新动态能力对互补资产和创新绩效的中介效应显著。其次，在具体的维度关系对应上，技术创新动态能力各维度对互补资产各维度和创新绩效各维度的中介效应是不同的。在具体的各维度的对应关系上，技术创新动态能力3个维度对互补资产4个维度与创新绩效2个维度的中介效应共有24个。其中，大部分的中介效应都是显著的，也都是部分中介效应；只有互补物质资产—整合创新能力—研究开发的数量和互补物质资产—整合创新能力—技术商品化程度2个中介效应不显著。

（6）组织学习对互补资产、技术创新动态能力和创新绩效关系的调节效应。首先，组织学习对互补资产、技术创新动态能力与创新绩效关系的调节效应是部分显著的，主要是组织学习对互补资产、技术创新动态能力与研究开发数量的调节效应显著，而组织学习对互补资产、技术创新动态能力与技术商品化程度的调节效应不显著。其次，在具体的维度关系对应上，组织学习3个维度对互补资产、技术创新动态能力和研究开发数量的调节效应都是显著的。而组织学习3个维度对互补资产、技术创新动态能力和技术商品化程度的调节效应都是不显著的。

本研究的主要创新点如下所述。

（1）提出了互补资产的新内涵和维度构成。自1986年Teece提出了互补资产的概念以来，许多学者提出了各自不同的互补资产的概念和分类。这些概念和分类差别较大，为进一步研究，本研究重新定义互补资产为“技术创新成果商业化所需的各种资产和能力”，其不仅包括机器设备等有形资产，而且也包括组织文化、惯例等无形资产。同时提出，企业的互补资产是由互补物质资产、互补知识资产、互补组织资产和互补关系资产4个维度构成的新框架。经过对样本数据的主成分分析和因子分析，该框架得到了验证。这在一定程度上丰富了互补资产理论的研究。

（2）提出了技术创新动态能力的新内涵和维度构成。技术创新动态能力是在外部环境急剧变化，基于静态基础的技术创新能力不能适应企业管理实践需要的情况下提出的。但是由于提出时间尚短，在学术界并没有形成统一的认识。本研究将企业技术创新动态能力界定为“企业为了应对环境已经发生的或未来可能发生的变化，不断地吸收和整合企业内外部的技术创新资源，完善企业技术创新的资源基础，重构企业技术创新的流程和惯例，推动企业技术创新能力不断提升的能力”。形成技术创新动态能力的主要构成维度包括感知与识别技术机会的能力、整合创新资源的能力和环境适应性的组织变革能力。这在一定程度上扩展了对技术创新动态能力的界定和认识，丰富了动态能力理论。

（3）本研究选择了层次分析法和模糊综合评价法，并在指标的确定和数据的处理过程中，使用德尔菲法建立技术创新动态能力评价指标体系。并且选择2家高科技通信企业作为案例对象，使用其相关资料进行技术创新动态能力评价，并进行了比较和验证。这在一定程度上丰富了技术创新动态能力理论范式。

（4）实证了技术创新动态能力对互补资产与创新绩效的中介效应。从国内外相关文献来看，从互补资产的视角，以技术创新动态能力为中介变量来探讨创新绩效还处于起始阶段，理论并不成熟。本研究在综述相关文献的基础上，构建了企业互补资产、技术创新动态能力和创新绩效的概念模型，并根据实际调研数据对三者的关系实证分析。本研究证实了技术创新动态能力对互补资产与创新绩效关系有显著的中介效应，而且，技术创新动态能力各维度对互补资产各维度与创新绩效各维度间关系的中介效应也被证实（只有互补物质资产—整合创新资源能力—研究开发的数量和互补物质资产—整合创新资源能力—技术商品化程度2个中介效应不显著）。这些中介效应都是部分中介。这从理论上进一步揭示技术创新中的互补资产与技术创新动态能力及创新绩效的内在联系机制，在一定程度上补充和完善了技术创新理论。

（5）探讨和验证了组织学习在互补资产、技术创新动态能力与创新绩效间的调节效应。从国内外的相关文献来看，组织学习在“资源—能力—绩效”理论范式中存在一定的调节效应。但是，具体到互补资产、技术创新动态能力与创新绩效关系研究，目前多是从外部环境、政府规制等方面进行调节效应的讨论，尚没有关于组织学习调节效应的研究。本研究首先从理论上探讨了组织学习在互补资产、技术创新动态能力与创新绩效间的调节效应，提出组织学习对其具有显著的调节效应。其次，利用问卷调查所得数据进行实证分析，发现该调节效应属于部分调节，组织学习主要是对企业内部性特征更加明显的专利产品的数量具有显著的调节效应，而对企业外部性特征更加明显的技术商品化程度不具有显著的调节效应。

（6）能够把理论联系实际，通过对企业实地调研，获得企业的相关资料，同时在调研过程中访谈部分企业高层管理人员，了解企业在进行企业技术创新过程中遇到的问题及获得的成果。通过样本企业的比较分析和实证研究提出基于互补资产视角下的提升技术创新动态能力的政策和建议。

目 录

第一章　导论

2014年5月9日至10日，中共中央总书记习近平在河南考察时说，中国发展仍处于重要战略机遇期，要增强信心，从当前中国经济发展的阶段性特征出发，适应新常态，保持战略上的平常心态。2014年11月9日，习近平在亚太经合组织（APEC）工商领导人峰会上发表题为《谋求持久发展　共筑亚太梦想》的主旨演讲。其中，习近平向包括130多位跨国公司领导人在内的世界工商领袖们，阐述了什么是经济新常态、新常态的新机遇、怎么适应新常态等关键点。习近平指出中国经济呈现出新常态。

新常态主要特点有：①速度——从高速增长转为中高速增长；②结构——经济结构不断优化升级；③动力——从要素驱动、投资驱动转向创新驱动。提质增效是新常态的本质。新常态的指向是国民生活质量提高，老百姓的“获得感”提升，就业稳，价格稳，民生保障更完善。

中国经济呈现出新常态后，各个方面均发生了较大的变化，这为本研究提供了广阔而丰富的时代背景。

第一节　研究背景与研究意义

一、研究背景

（一）创新驱动发展已成为国家经济发展的重要战略选择

时至今天，科学技术的创新已经日益广泛地影响着社会经济的发展和人民生活的方方面面，科学技术的发展水平则是更加深刻地反映出一个国家或一个地区的综合国力和核心竞争力。自20世纪90年代，特别是2008年国际金融危机发生以来，世界经济的驱动因素发生了深刻的变化，网络经济、信息技术、新能源产业等行业迅速发展，正日益成为各个国家和地区经济发展的新引擎。发达国家在科技发展上的优势进一步扩大，广大发展中国家不甘落后，奋起直追，纷纷调整国家发展战略，加大科技投入。创新，特别是技术创新，正发挥着越来越重要的作用。

目前来看，中国经济已经进入新常态，国家经济发展速度逐渐放缓，GDP增长率由2011年的9.5%逐渐回落到2018年的6.6%，未来几年仍然可能维持在7%以下的增长率，中国政府在经济宏观调控上注重调结构稳增长。中国部分传统产业出现了高库存、低效率和负盈利的现象，实体经济整体走势疲软，甚至部分地区出现了民营企业倒闭的现象，这也是中国传统经济发展模式难以为继的微观体现。事实上，综观欧、美、日等发达国家的发展，这些国家在经济结构调整、产业转型升级时期，同样遇到过类似的情况。每个国家的资源禀赋结构并不是一成不变的，中国的资源禀赋结构正在发生转变，这意味着依赖低成本生产要素、侧重规模化扩张的经济发展模式难以为继。中国经济发展正处于要素导向阶段、投资导向阶段向创新导向阶段转变的时期。因此，创新驱动发展作为《国家中长期科学和技术发展规划纲要(2006—2020)》的核心内容，成为我国加快转变经济发展方式、推动科学发展、促进社会和谐的国家战略选择。

(二) 互补资产对技术创新的影响已受到理论界和企业界的广泛关注

中国经济发展模式发生转变，企业生产应由依赖自然资源和非技术人力资源等初等生产要素向依赖技术、信息等高级生产要素转变，企业成长模式将更多地由规模扩张走向创新发展。规模化的生产要求企业进行大规模的固定资产投资，一方面这大大增加了企业发展的财务负担，另一方面这种高比例资产的专用性增加了企业的刚性，使得企业在瞬息万变的市场中因缺乏应变能力而常常陷入困境。近些年，中国钢铁、制铝、石油等较大依赖固定资产投资的产业正承受着高库存、大面积负盈利的阵痛；而轻资产、注重技术创新的电子信息、生物制药、节能环保等产业却获得了快速的发展。另外，在国内市场普遍出现供大于求的市场环境下，国外的创新型产品在国内却有着非常旺盛的需求，英特尔、苹果等以技术创新为特色的企业在中国市场取得了持续的业绩增长；中国旅游者在国外市场抢购日本电饭煲、智能马桶盖，以及“海淘”的迅速繁荣，均表明中国的国内需求远未饱和。现在的供需错配，在一定程度上反映了国内企业提供的产品不能满足消费者日益增长的高消费品味，尤其体现在产品的技术创新上。

但是，从企业创新的实践中也发现，企业成功地研发制造出一个新产品或服务并不一定等于它就能获得商业上的利益，而能否占有创新的经济利益，又直接决定着企业创新的热情。在企业进行技术创新活动的历史上，很多技术上的先行者由“先驱”变成了“先烈”。例如，VCD产品技术创新的万燕公司虽然最早创新了VCD产品，但是由于种种原因，却没有获得技术创新的绩效回馈，而后来的跟进者——新科公司和步步高公司——却获得了很好的技术创新绩效。万燕公司在VCD产品技术创新上的失败不仅是其过早进入一个新兴市场且市场过小、经验不足导致的，更主要的是万燕公司一是没有掌握行业的核心技术，二是其亦没有掌握新产品商业化所必需的营销网络、上下游企业、软件供应商、生产专利保护等非核心技术的资源。这些资源往往是创新成功商业化的关键因素。

然而，并非所有“先驱”都会成为“先烈”。许多企业，如日本的索尼公司、韩国的三星公司、美国的苹果公司都是先当了行业的“先驱”，再成为行业的“领导者”的。从众多企业成功和失败的例子来看，做“先驱”还是“先烈”的一个重要区别就是创新者是不是掌握了创新成功商业化所需的资源，如营销网络、专利保护、供应链企业合作等。

美国战略管理学家Teece在1986年提出一个新的概念——互补资产，用来概括这些资源。他把处于企业技术创新下游的，有助于企业获取创新利益的配套资产称为互补资产。在当下国内外的学术界和企业界中，已经有越来越多的专家学者和企业界人士开始关注企业所拥有或控制的互补资产(种类、数量、质量等要素条件)对企业技术创新的影响关系问题，同时也有相当多的一部分专家学者和企业界人士注重分析研究互补资产对企业绩效(技术创新绩效和企业运营绩效等)产生的影响。如Farjoun(1998)研究发现，可以增加、改善企业绩效的企业所拥有的或是其所控制的互补资产而不是那些以前人们所认为的资源共享。Tanriverdi和Venkatraman(2005)通过对303家多业务企业的研究发现，互补知识资源可导致企业形成明显优化的市场绩效或财务绩效。与此同时，国内理论界也展开了对互补资产的研究，但是大部分却是从理论的角度对互补性资产对创新的重要价值进行研究。例如，薛红志、张玉利(2006)探讨了突破性创新、互补资产与企业间的合作关系，认为如果突破性创新破坏了主导企业的互补资产的价值，那么主导企业的绩效将会下滑。

从以上文献分析可以看出，互补资产对技术创新的影响已经受到理论界和企业界的广泛关注，正日益成为企业技术创新理论和战略研究的新视角。

(三) 技术创新动态能力作为企业持续创新能力的决定因素日益受到重视

要想成功实现技术创新，提高技术创新绩效，企业仅仅拥有相应的各类资产还是不够的，企业还需拥有足够的能把资源转化为企业绩效和竞争优势的能力。由此，战略管理中的资源学派提出了“资源—能力—绩效”的理论范式，认为企业只有拥有了足够的能充分利用和有效配置各种资源的能力，才能把企业所拥有或控制的各种资源转化为企业的绩效。具体到技术创新领域，那就是企业需要掌握充足的技术创新能力，才能充分利用和有效配置各种技术创新资源，进而把企业的技术创新资源转化为企业的技术创新绩效。但是，产生于20世纪的技术创新能力是源于当时相对静态的市场环境所提出的，建立在企业现有的资源、文化等基础之上的，是一种静态的技术变革能力。

然而，当今世界已经发生了很大的变化，再也没有了一成不变的东西，变才是唯一不变的真理，而且，世界、行业、技术等外部环境因素变化的速度越来越快。科学技术的突飞猛进和商业的日趋繁荣，从根本上改变着企业的经营环境和经营模式。以信息技术为代表的技术变革拉近了企业间的空间距离，经济全球化进程的加速和跨国公司在全球的迅速发展，使市场竞争更加充分，同时也加剧了竞争的程度和商业环境的多变。在宏观层面上，行业技术革新速度加快，缩小了企业间的竞争力差距，缩短了产品生命周期，产品变革创新改变着人们以往的消费习惯，进而导致原有商业模式需要进行动态调整以适应新形势的需要；在微观层面上，行业竞争日益激烈，企业竞争模式多元化，企业战略的动态调整，这些都增加了企业外部环境的动态变化性(Moore，1996)。

在这种急剧变化的环境中，如果一家企业仍然停留在过去的辉煌中，不与时俱进，不主动求变，就会逆水行舟，不进则退，被社会所淘汰。因此，静态的技术创新能力就不再能完美地解决现实中的各种问题，必须有一种新的基于动态视野的动态变革的能力来满足企业经营管理的需要。在这种背景下，Teece等人提出了动态能力的概念。他们认为，动态能力是一种不断变革的，能够使企业结构、文化、能力等发生变化和演变的能力，它可以使得企业不断地重新定义资源的概念，根据环境的变化而有效地配置资源，可以帮助企业获得持续的竞争优势。

近年来，理论界以动态能力为基础，提出了技术创新动态能力和动态创新能力这两个类似的概念。徐宁、徐向艺(2012)提出了技术创新动态能力的概念，他们将这一概念界定为企业技术创新的投入能力、产出能力和转化能力。Colin等人(2013)以Zollo和Winter的动态能力观为基础，提出了动态创新能力这个概念，按照他们的说法，动态创新能力是一种运作能力，包括组织的学习流程和惯例，这些流程和惯例来源于创新性的知识和一个企业创新性知识资源和惯例的转化。这两个定义都有明显的局限性：前者把技术创新动态能力看成了一种静态的能力，没有掌握技术创新动态能力的“动态”特征；后者虽然以Zollo和Winter的动态能力观为基础，但仍然将动态创新能力看成具有静态特征的运作能力，而且对动态创新能力界定比较宽泛，并没有结合技术创新的特征来界定动态创新能力。

不仅如此，在既往研究中，技术创新动态能力或者是自变量，或者是因变量，将技术创新动态能力作为中间变量来进行研究，探讨技术创新动态能力的中介作用的研究还没有看到。因此，对技术创新动态能力进行再界定，分析技术创新动态能力的概念和内涵，确定技术创新动态能力的结构维度，分析技术创新动态能力对互补资产和技术创新绩效关系的中介效应的机制就显得很有必要。

二、研究问题的提出及本研究拟解决的问题

自从彭罗斯(1959)提出“资源—能力—绩效”的理论分析框架以来，国内外众多学者对互补资产与技术创新绩效和企业竞争优势的关系做了较多的

探讨，形成了两种不同的观点。一种观点认为，在过去的研发中形成的互补技术与互补资产会在原有的技术体系内给企业提供许多新的技术机会，因而有利于提升创新绩效和企业竞争优势，例如，Stefan Thomek和Walter Kuemmerle(2002)研究发现，对于一家药品生产企业而言，化学馆是药品研发的重要互补资产，化学家们是通过检验化学馆中的各种化学物质对抗疾病的功效研发新药品的，同时，新药品的研究还需要有检测化学分子功效的方法与手段。Eli Lilly(2002)使用其所掌握的“组合化学”和“高产量探索”检测技术，积累了大量的中枢神经疾病的治疗方面使用血清素类的神经传递物质的经验，掌握了在这个过程中所形成的大量与中枢神经疾病有关的化学复合物，通过理论研究和实验室验证，大大提高了化学复合物的探究效率与速度。这种在长期的研究开发中积累互补资产和互补技术的经验教训的习惯，为他所在的企业以及其他企业提供了大量的研发新的神经类治疗药品的技术机会，而这些技术机会使得众多相关企业产生了许多新的产品研发思路，企业在此基础上研发了大量的新产品，在市场竞争中获得了巨大的竞争优势。Herbert Dawid(2003)研究发现，如果市场结构一定的话，那么创新投入水平能够显著地正向影响企业的营业利润，但是这种创新投入的增加并不是简单地增加企业的营业利润，而是要受到企业外部互补资产的影响。随后，国内的理论界对这个问题展开了诸多的研究。例如，贾军、张卓和张伟(2013)使用中国上市公司中的电子及通信设备制造业、电子计算机及办公设备制造业、航空航天器制造业、医药制造业和化学品制造业5个高技术行业中的107家公司的2004—2010年的面板数据，实证分析后发现，不同互补资产对技术多元化与企业绩效关系的调节作用是不同的。

另一种观点认为，突破型技术创新会毁灭企业拥有的互补资产的价值，因此，拥有较多互补资产的企业是不愿意开展突破性创新的，这不利于提升创新绩效。例如，1982年，Majumdar研究发现，对于生产机械装置的计算器的企业而言，其销售服务网络对原有技术的成功是至关重要的，没有这种互补资产的企业是无法开展这种业务的。从技术发展创新的角度来看，从机械装置的计算器到电子计算器的技术变革，再到当今社会的人工智能、量子计算机的产生和发展应用，这种革命性、突破性的技术创新会摧毁原有企业积累起来的互补资产的价值。因为，和机械装置的计算器相比，电子计算器更可靠，其服务就显得不太重要，甚至不必要了，而且办公设备经销商可成为可供选择的销售渠道，因而原有销售与服务网络的价值也会降低。因此，这种重大的技术创新不会成为这些拥有较多互补资产的在位企业追求的目标。Bresnahan等(1997)和Mitchell(1989)研究发现，企业的品牌声誉作为一种互补资产，是企业决定资源分配的一个重要因素，品牌资源多的企业对探索新技术的投资激励较弱。因为技术和市场是决定企业未来成功的两个重要因素，企业的资源可用于研究开发，也可用于广告等营销方面；品牌声誉作为企业的品牌形象在消费者心目中的地位，是消费者对品牌的评价，品牌声誉好的企业可以在几代产品上延伸市场对品牌的认知和有效地利用销售渠道，因此，这些企业是不愿意在技术创新上分配更多的投入，而愿意把资源投在原有的市场上具有获利能力的产品经营上，这就会降低企业的创新绩效。

根据彭罗斯的理论，互补资产对创新绩效的影响要以企业的技术创新能力为中介。理论界对这一观点也做了许多研究，例如，2010年，李宏贵等人提出了一个以突破性创新能力为中介的互补资产与创新绩效关系的理论模型。2014年，唐颖、张慧琴等人，实证了企业技术创新能力在社会资本与企业绩效间的中介作用。

企业动态能力和技术创新动态能力这两个概念提出后，国内外诸多专家学者纷纷就资源、动态能力或技术创新动态能力和创新绩效的关系进行了一些新的研究，总的来看，可以把既有研究成果分成两种不同的观点。一种观点认为，动态能力或技术创新动态能力对企业的绩效具有直接作用。例如，2011年，Suli Zheng、Wei Zhang、Xiaobo Wu和Jian Du采用结构方程模型方法，通过研究企业的调查数据发现动态能力与创新绩效间存在明显的关系。Rosenkopf等人(2001)和Antikainen等人(2010)分别提出，动态创新能力会导致突破性创新，因为具有动态创新能力的企业有较强的吸收能力，有利于企业探索新的信息。2013年，Colin C.F.、Cheng和Fa-Shen Chen通过对1000家收入居台湾前列的电子、信息技术、软件等企业的调查数据的实证研究发现，动态创新能力与企业突破性创新的关系是倒U形的关系。另一种观点认为，动态能力或技术创新动态能力对企业技术创新绩效起到间接的影响。例如，2014年，江积海、蔡春花研究南车集团的技术创新后提出，动态能力对创新绩效有间接影响，动态能力通过强化运作能力和资源组合而提高创新绩效。

由此可以看出，无论是互补资产对企业技术创新绩效的影响，还是技术创新动态能力的中介作用，理论界都还没有一个统一的认识，还需要进一步的研究。本研究拟以资源学派提出的“资源—能力—绩效”的理论分析框架为基础，结合Eisenhart和Martin以及Zott分别于2000年和2003年提出的企业绩效受动态能力影响这一观点，构建一个“互补资产—技术创新动态能力—技术创新绩效”的理论模型，同时探讨组织学习的调节作用。本研究期望通过这一模型，能从理论上深入剖析互补资产、技术创新动态能力与技术创新绩效间的关系；运用实证分析工具揭示互补资产、技术创新动态能力与创新绩效间的内在规律性联系，并探讨组织学习的调节作用。同时结合理论与实证的研究结论，给企业技术创新实践提出相应的政策和建议。

三、研究的意义

面对动态的市场环境和外部竞争，静止不动、被动应付是难以满足企业长远发展的需要的。创新，唯有创新，不断创新，才能够使企业在复杂多变的市场环境中立于不败之地。

因此，研究企业的互补资产、技术创新动态能力与技术创新绩效之间关系，探讨技术创新动态能力对互补资产和技术创新绩效关系的中介效应机制，不仅对丰富技术创新动态能力理论具有重要的意义，而且对提高我国企业的国际竞争力，改善我国国民经济质量，加快我国国民经济的健康发展也具有重要的现实意义。

（一）理论意义

1. 本研究将在一定程度上进一步丰富企业技术创新理论

传统的创新理论在研究影响技术创新绩效的因素的方面，关注的重点内容往往是技术创新经费和科技人员的投入（反映到企业的具体指标上，往往是企业的研发费用投入、研发人员的数量占比、技术创新研发政策制度等），以及政府的激励政策对企业技术创新的影响，而对技术创新的其他影响因素，特别是对竞争性的制造能力、营销渠道、销售网络、企业内外部关系、组织制度、惯例等互补资产关注较少。而且，企业技术创新动态能力也是一个较新的概念，理论界对其作用的认识存在较大分歧。本研究从互补资产的视角出发，研究企业技术创新绩效，探讨技术创新动态能力的中介作用，这在一定程度上拓展了技术创新理论的研究，有利于进一步推动企业创新理论的研究。

2. 本研究将在一定程度上拓展理论界对企业资源的认识，为从资源的视角深化企业战略的研究创造更好的条件

本研究将以往的专家学者所提出的互补资产的类别进行了细化，从传统的物质资产和组织资产扩展到了互补物质资产、互补知识资产、互补组织资产和互补关系资产4个维度。其中，互补物质资产包括生产制造资产、营销资产和金融资产，互补知识资产包括互补技术知识、顾客需求知识和经营管理知识，互补组织资产包括管理认知、组织文化、组织结构和治理模式，互补关系资产包括信任、承诺与投入和联合解决问题。这一认识上的细化，进一步丰富了企业资源的内涵，有利于推动资源基础观的战略理论研究的深入。

3. 本研究是企业动态能力理论研究的延伸，能在一定程度上进一步推动基于动态能力观的战略管理理论的发展

技术创新动态能力是企业动态能力的一个重要组成部分，因此，对企业技术创新动态能力的研究也可以看成是企业动态能力研究的一部分。作为一个较新的概念，技术创新动态能力内涵有较大的探索空间。本研究不仅探索技术创新动态能力的内涵，构成维度和测量方法，同时还研究技术创新动态能力在企业技术创新中的作用。这一研究不仅能进一步丰富企业技术创新理论，而且在一定程度上是对企业动态能力理论的拓展，能推动基于动态能力观的企业战略管理理论的发展。

（二）实践意义

1. 有利于增强企业的自主创新能力，增强国民经济的活力

社会发展到今天，科学技术对社会发展的推动作用日益明显和为大家所接受认可。社会发展的基础再也不是以往人们所认为的资源条件、自然禀赋、地理位置环境等因素，而是逐渐地转变到科学技术知识等要素上来。并且，静态的市场环境逐渐成为过去式，外部环境日益的动态化，国家、地区和企业所面临的市场竞争和科学技术方面的竞争正在日益激烈地动荡不定，追求和实现经济科技持续发展已经逐渐成为世界各国的共同选择。以往几十年，诸多国家、地区和企业的发展事实均证明了一点：那就是凡是企业自主创新能力强的国家，其国民经济的发展都是强劲有力的；相反，企业故步自封、墨守成规、循规蹈矩，不注重科学技术创新发展和自主创新能力的国家都会逐渐地失去发展的活力，从国际竞争的舞台上败下阵来，慢慢地被边缘化。从互补资产体系的角度看，构建和完善企业自主创新的机制与政策，提高自主创新能力，既有助于消除制约企业经济发展的一些消极因素，又有助于将自主创新能力转化成经济发展能力，提高国民经济运行活力，促使国民经济又好又快地向前发展。

2. 促进企业的持续成长

企业成长的模式主要有规模扩张和创新发展两种。世界范围内的发达市场经济体中，大多数企业已经摆脱依赖投资的成长模式，向以创新型成长模式转变。这主要是因为，规模化的生产要求企业进行大规模的固定资产投资，这一方面大大增加了企业发展的财务负担，另一方面这种高比例资产的专用性增加了企业的刚性，所以企业在瞬息万变的市场中因缺乏应变能力常常陷入困境。因此，企业想要获得持续成长，就必须不断地进行技术创新。本研究从互补资产的角度出发，通过技术创新动态能力的中介效应，构建和完善企业自主创新的机制与政策，提高企业自主创新能力，改善企业技术创新绩效，促进企业发展，这将有助于消除制约企业经济发展的一些消极因素，促进企业技术创新的发展，有利于企业的持续成长。

3. 有利于我国创新型国家的建设

自20世纪90年代，特别是2008年国际金融危机以来，世界经济的驱动因素发生了深刻的变化，网络经济、信息技术、新能源产业等行业迅速发展，日益成为各个国家和地区经济发展的新引擎。中国国民经济在“十二五”规划期间，经济增速放缓，综合成本不断增加，传统的依赖低成本要素，侧重规模经济的企业成长模式已不适应经济结构转变的形式，必须向创新导向阶段转变，建设创新型国家。在这一过程中，创新是唯一的、永远不变的主题。只有在结合中国现有国情的基础上，充分重视科学技术发展，不断加大教育、科研、创新的投入，改善企业创新环境，加大对企业创新的保护和支持，大力推进创新，具有中国特色的社会主义才能不断前进，创新型国家才能得以建立，中华民族才能实现伟大复兴。本研究深入探讨技术创新绩效的提升，确定互补资产和技术创新动态能力对技术创新绩效的影响机制，将有利于推动我国创新能力的提升和创新绩效的改善，保持国民经济的健康持续增长，推动创新型国家的建设。

第二节 研究内容

本研究主要研究技术创新动态能力对互补资产和技术创新绩效关系的中介效应，以及组织学习对其的调节效应。在梳理国内外关于互补资产、技术创新动态能力、技术创新绩效和组织学习等理论的重要既有研究成果的基础上，建立互补资产、技术创新动态能力、技术创新绩效关系和组织学习关系的概念模型，并对通过调查问卷获得的企业数据进行实证研究，以验证和量化企业互补资产、技术创新动态能力、技术创新绩效和组织学习之间的关系机制。研究具体内容如下所述。

第一，基础概念的界定及其分类。本研究主要是对互补资产和技术创新动态能力这两个较新的变量做概念界定和维度划分。按照互补资产对企业创新动态能力和创新绩效的影响，将企业的互补资产分为互补物质资产、互补知识资产、互补组织资产和互补关系资产4个维度。基于既往研究，重新界定技术创新动态能力的概念；结合技术动态创新的过程分析，将技术创新动态能力分为感知与识别技术机会的能力、整合创新资源的能力和环境适应性的组织变革能力3个维度。

第二，对互补资产、技术创新动态能力、技术创新绩效和组织学习的关系做理论分析，建立概念模型，从理论角度阐述技术创新动态能力对互补资产与技术创新绩效关系的中介效应、组织学习对互补资产和技术创新动态能力关系的调节效应。

第三，在上述理论分析的基础上，结合国内外现有的理论框架和相关量表，设计出本研究的调查问卷，确定各变量的问卷题项。利用相关问卷网站和社会关系，笔者发放和回收问卷。

第四，根据问卷回收的数据，利用SPSS19.0等统计分析工具进行定量分析，实证研究互补资产及其各维度、技术创新动态能力及其各维度、技术创新绩效及其各维度、组织学习及其各维度之间的关系，以验证技术创新动态能力对互补资产与技术创新绩效关系的中介效应、组织学习对互补资产和技术创新动态能力关系的调节效应。

第五，最后对本研究做出总结，得出研究结论和研究的创新点，并说明存在的不足及未来研究的方向。

基于以上研究内容，本研究共分为八章。

第一章是全书的引言和导论部分，主要介绍本研究的研究背景、研究意义、研究内容、章节划分和本研究所使用的研究路线与技术方法。

第二章是理论综述部分，主要述评本研究所涉及的互补资产、技术创新动态能力、技术创新绩效和组织学习4个范畴的既有研究成果，进而得出本研究的切入点和重点内容。

第三~七章属于实证研究部分。

第三章是对本研究的对象变量——技术创新动态能力——进行概念界定和维度划分，并利用实地调查数据，采用主成分分析方法和因子分析方法进行实证，证实技术创新动态能力由感知与识别技术机会的能力、整合外部创新资源的能力和环境适应性的组织变革能力3个维度构成。同时，建立互补资产和技术创新动态能力关系的概念模型，以研究基于企业的互补资产的视角，企业技术创新动态能力是如何受到影响的。证实互补资产（及其各维度）对技术创新动态能力（及其各维度）有显著的正向作用。

第四章研究技术创新动态能力的评价指标体系。因为技术创新动态能力是一个很新的概念，国内外理论界对其的认识尚不统一，所以也没有成熟既定的指标体系进行评价。这一章基于新颖构念评价指标体系确定的既有流程，使用主观分析和客观分析相结合的方法，对第三章提出的技术创新动态能力的构念维度进行分析，使之成为技术创新动态能力的一级评价指标，并将这些一级指标进一步细分形成13个二级指标，并利用德尔菲法进行赋权，形成技术创新动态能力评价指标体系，并且选取通信行业的H公司和Z公司作为案例企业，利用这两家公司的实际资料进行分析，以验证上述评价指标体系。

第五章研究技术创新动态能力和技术创新绩效的关系。这一章分成两部分，第一部分是理论研究，通过梳理既有研究成果，分析技术创新动态能力及其3个维度（感知与识别技术机会的能力、整合外部创新资源的能力和环境适应性的组织变革能力）与技术创新绩效及其2个维度（研究开发数量和技术商品化程度）的关系机制；第二部分是实证研究，基于实地调查获得的大量数据，利用SPSS19.0统计分析软件进行计量分析，验证了技术创新动态能力及其3个维度对技术创新绩效及其2个维度有显著的正向作用。

第六章研究互补资产、技术创新动态能力和技术创新绩效的关系，探讨技术创新动态能力的中介效应。这一章分成两部分，第一部分是理论研究，通过梳理既有研究成果，分析互补资产及其4个维度（互补物质资产、互补知识资产、互补组织资产和互补关系资产），技术创新动态能力及其3个维度（感知与识别技术机会的能力、整合外部创新资源的能力和环境适应性的组织变革能力）与技术创新绩效及其2个维度（研究开发数量和技术商品化程度）的关系机制；第二部分是实证研究，基于实地调查获得的大量数据，利用SPSS19.0统计分析软件进行计量分析，验证了上述变量之间存在的关系机制，证明技术创新动态能力在互补资产与技术创新绩效之间起部分中介效应。

第七章研究组织学习的调节效应。这一章分成两部分，第一部分是理论研究，通过梳理既有研究成果，分析组织学习对互补资产、技术创新动态能力与技术创新绩效及其2个维度（研究开发数量和技术商品化程度）的关系调节效应；第二部分是实证研究，基于实地调查获得的大量数据，利用SPSS19.0统计分析软件进行计量分析，验证了上述变量之间存在的关系机制，证明组织学习对互补资产、技术创新动态能力和技术创新绩效关系的调节效应显著，并且学习承诺、共同愿景分别对互补资产、技术创新动态能力和研究开发数量关系的调节效应显著，开放的心智对互补资产、技术创新动态能力和研究开发数量关系的调节效应不显著。另外，学习承诺、共同愿景和开放的心智对互补资产、技术创新动态能力和技术商品化程度关系的调节效应均不显著。

第八章是本研究的最后一章。首先，总结第三~七章的理论和实证研究，提出相关结论。其次，基于这些结论提出一些相关政策和建议。例如，企业应意识到企业互补资产的重要性，并积极获取互补资产；构建互补资产联盟，有效利用外部资源；改变重物轻人的传统观念，加强人力资源开发与管理；培育学习型企业文化，创建利于技术创新的组织氛围；提升技术创新动态能力，改善企业技术创新绩效；建立敏锐的管理信息系统，提高企业反应速度。并且提出，为了提升企业技术创新动态能力，企业应该做好以下几个方面：第一，企业应当建立良好的信息收集和处理机制，要了解外部环境的变化，提高企业自身对技术机会的感知和识别能力；第二，企业应当整理和整合自己所拥有或所控制的创新资源，使之成为能够共同为企业的技术创新服务的资源基础；第三，企业应当革新组织结构、组织流程、惯例等，使之能够适应外部环境的变化，建成一个柔性的组织结构。

第三节　研究的技术路线与研究方法

一、技术路线

本研究遵循规范研究与实证研究相结合、定量分析和定义分析相结合的原则，按照“文献阅读与梳理—变量分析和维度确定—概念模型确定—变量测定和问卷形成—实证分析—结论形成和政策建议”的研究思路进行研究。

1. 理论研究

在查阅大量国内外关于企业互补资产、技术创新动态能力、技术创新绩效和组织学习等相关领域文献的基础上，总结了现有研究中关于企业互补资产的界定、维度划分，技术创新动态能力的概念、维度、影响因素，技术创新绩效的有关概念，组织学习的概念、维度等因素。通过述评以上4个变量的既有研究成果，推导出本研究的切入点和研究意义之所在。同时，从企业互补资产的视角出发，沿着“互补资产—技术创新动态能力—技术创新绩效”的逻辑思路，构建了企业互补资产作用于技术创新动态能力，并通过技术创新动态能力间接影响企业技术创新绩效，而这一过程又受到组织学习的调节作用的理论模型。详细分析了企业互补资产的构成、内容和作用，识别和界定了技术创新动态能力的概念、构成和作用，以及企业互补资产通过技术创新动态能力促进技术创新绩效的提升和实现，并提出相应的研究假设。

2. 实证研究

在文献分析、实地访谈的基础上，确定了所需测量的各个变量的测量项目，设计了初始调查问卷，对样本企业进行问卷调查。首先，选择山东、湖北、广西等地区的几家企业作为调查对象，通过调查问卷和半结构访谈的形式，了解调查问卷设计的正确性，根据反馈意见，修改问卷，确定调查问卷的正式版本。其次，通过问卷网站、MBA学院以及研究团队的社会关系网络进行大范围问卷调查。最后，根据问卷处理原则处理回收问卷，去掉无效问卷；利用统计分析工具对有效问卷进行分析和数据处理，验证理论假设，修改理论模型，得出研究结论。

具体研究思路如图1–1所示。

导论
概念界定
文献综述
技术创新绩效理论
互补资产理论
技术创新动态能力理论
组织学习理论
互补资产：互补物质资产、互补知识资产、互补关系资产、互补组织资产
组织学习：学习承诺、共同愿景、开放的心智
技术创新动态能力：感知与识别技术机会的能力、整合创新资源的能力和环境适应性的组织变革能力
概念模型
概念模型与理论假设
理论假设
技术创新绩效：研究开发数量、技术商品化程度
互补资产对技术创新动态能力有显著的正向作用
技术创新动态能力对技术创新绩效有显著的正向作用
互补资产对技术创新绩效有显著的正向作用
技术创新动态能力在互补资产与技术创新绩效之间起中介效应
互补资产对技术创新动态能力的作用受到组织学习的调节
实证研究
变量测定、概念模型确定、问卷设计
问卷发放和收集、问卷效度和信度检验
回归分析、假设检验、数据分析结论、研究结论
研究结论及提高企业技术创新绩效的建议

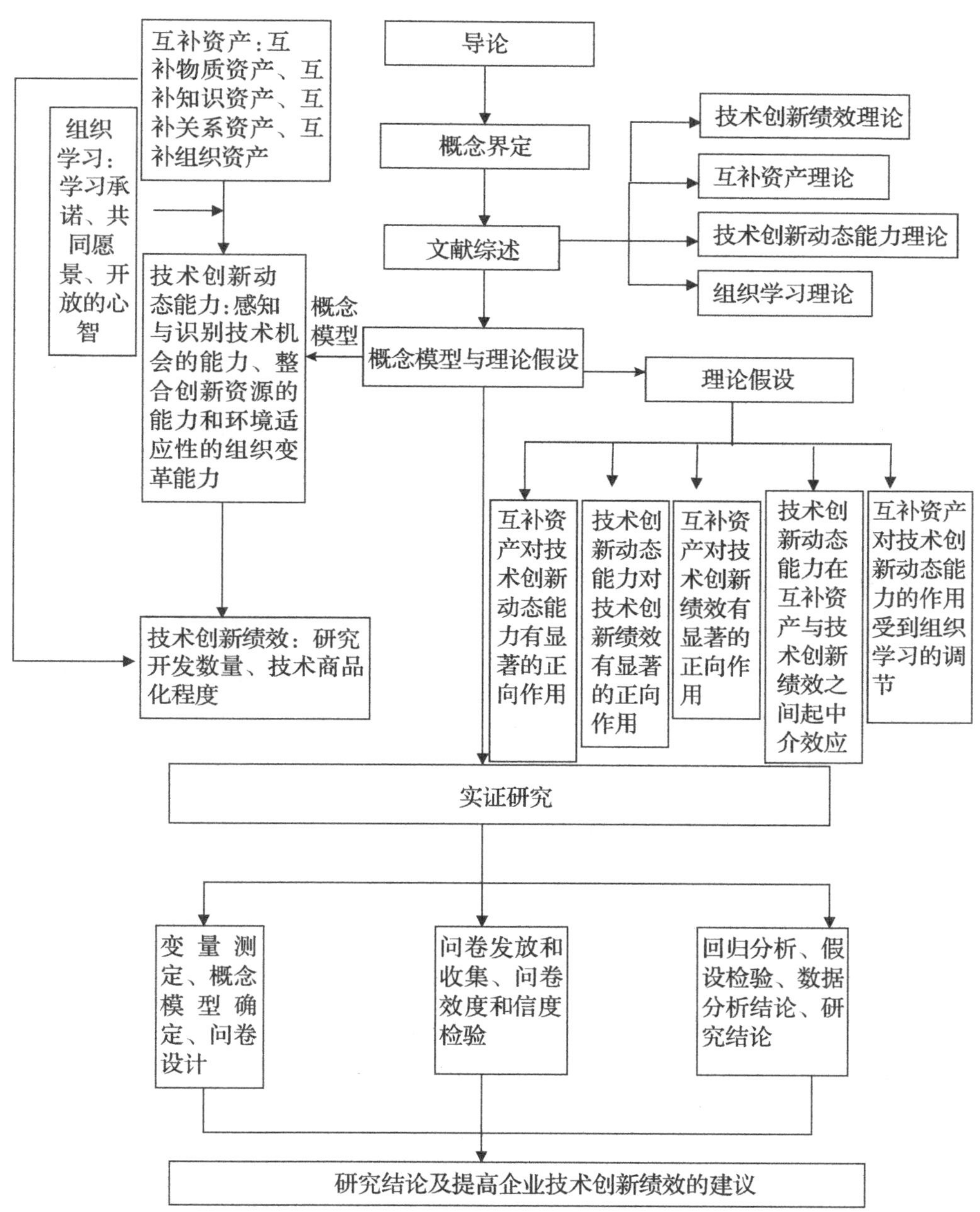

图1–1　技术路线图

二、研究方法

本研究以企业互补资产理论、组织学习理论、技术创新动态能力理论和技术创新理论为理论基础，研究涉及管理学、经济学、计量经济学及统计学等多学科相关知识，采用理论分析与实证分析相结合、定性分析与定量分析相结合的方法。

1. 归纳分析法

通过网络数据库和书籍期刊收集大量国内外学者的观点，分析了影响企业技术创新绩效的内生性和外生性影响因素以及技术创新的本质；根据国内外学者对互补资产、技术创新动态能力、组织学习与企业技术创新绩效的测度研究，解构互补资产、技术创新动态能力、组织学习与企业技术创新绩效各变量，用多维变量进行表征。

2. 规范分析法

基于企业互补资产、技术创新动态能力、组织学习与技术创新理论的基本观点，结合当前宏观经济环境背景，对互补资产、技术创新动态能力、组织学习与技术创新绩效之间的内在逻辑关系进行了理论分析，确定概念模型研究框架，并在此基础上提出相应的研究假设。

3. 统计与计量分析法

基于调查问卷回收整理的数据，统计分析研究变量，研究变量值的变化趋势、离散程度等；选取相应的样本数据，利用随机效应F检验、t检验等计量方法，建立基于调查样本数据的回归模型，分别对企业互补资产、技术创新动态能力、组织学习与技术创新绩效之间的关系进行回归分析、实证检验，然后根据检验结果进一步建立基于技术创新动态能力的中介效应模型。

第二章　相关文献综述

第一节　企业技术创新绩效研究综述

一、对技术创新的界定

创新的概念最初是由熊彼特在1912年首先提出的，但是创新思想的源泉却可以追溯到亚当·斯密和马克思。

1776年，亚当·斯密出版了《国富论》一书。在这本书里，亚当·斯密指出："国家的富裕在于分工，而分工之所以有助于经济增长，一个重要的原因是它有助于某些机械的发明，这些发明将减少生产中劳动的投入，提高劳动生产率。"这是经济学历史上最早以经济学著作的形式提出科学技术"发明"对经济增长的作用。亚当·斯密所说的"某些机械的发明"实际上已经具有了我们现在所说的"技术创新"含义的基本内容。

马克思在《资本论》中指出，新的产业部门的出现会引发社会科学技术的进步，进而引起社会产业结构发生变化，在这个过程中，创新起着重要的作用。他的"没有生产方式的不断改革，资产阶级是不可能产生的"观点充分体现了这一点。马克思关于技术进步与技术创新的思想主要反映在以下几个方面：第一，科技革命将引起生产方式的变革，从而必然带来产业结构的变化；第二，新产业部门的兴起必然引起科技进步；第三，强调持续技术创新思想。

亚当·斯密和马克思都对技术进步给予了高度的关注，但遗憾的是，在随后新古典学派占经济学主导地位的年代里，技术进步被看作是外生的、给定的，从而被排挤出经济学的研究范围。熊彼特的创新理论力图克服新古典经济学的理论框架不能容纳创新的缺点，把旧有的经济学框架转化为以创新为主核的框架。按照熊彼特的观点，创新"就是建立一种新的生产函数"，把一种从来没有过的生产要素和生产条件的"新组合"投入生产体系。作为资本主义"灵魂"的"企业家"的职能就是实现"创新"，引进"新组合"。"经济发展"也就是整个资本主义社会不断地实现这种"新组合"的过程。熊彼特认为，创新是一个经济概念，而不是一个技术概念。熊彼特的重要贡献之一就是阐明了创新和发明的区别，技术上的发明仅仅是增加新的知识而已，在发明未转化为创新之前，发明只是一个新概念、新设想，而创新则包含着实际生产过程的运用，即把新的发明引入经济实践中。熊彼特所说的“创新”“新组合”或“经济发展”，包括以下五种情况：引进新产品，引用新技术与新的生产方法，开辟新市场，控制原材料的新供应来源和实现企业的新组织。按照熊彼特的看法，“创新”是一个“内在的因素”，“经济发展”也是“来自内部自身创造性的关于经济生活的一种变动”。熊彼特认为，企业家的职能就是把新发明引进生产体系，创新就是发明的第一次商品化。也就是说，发明和创新之间不是充分条件关系，而是一种必要条件关系，发明不一定导致创新，但创新的前提大多是发明。

但是当时的市场竞争仍然处于物资短缺、供不应求的阶段，各个企业经营者的主要精力都是放在扩大生产规模、增加产品产量、扩大市场销售范围上面。基于这样的企业实践，经济学理论界的认识也就并没有把创新看成是经济发展的内在因素，而是看成外部的影响因素之一，熊彼特这一极具颠覆性的创新理论也没有得到学术界的重视。直到20世纪50年代，由于第三次科技革命的爆发和世界竞争的加剧，学术界才开始关注熊彼特的创新理论。1951年，索罗(S.C. Solo)在《在资本化过程中的创新：对熊彼特理论的评论》中对熊彼特的创新进行了再认识，认为技术创新得以成立需要两个条件：新思想来源和以后阶段的实现发展。这被认为是技术创新概念界定的一个里程碑。随后，华尔特·罗斯托提出了“起飞”理论，对“创新”的概念内涵进一步发展为“技术创新”，使得“技术创新”成为“创新”这一行为的主导。

1962年，J.L. Enos在《石油加工业中的发明与创新》一文中首次直接明确地对技术创新下定义：“技术创新是几种行为综合的结果，这些行为包括发明的选择、资本投入保证、组织建立、制订计划、招用工人和开辟市场等。”Enos的定义是从行为的集合的角度来下定义的。美国国家科学基金会也从20世纪60年代开始兴起并对技术变革和技术创新展开研究。到20世纪70年代下半期，对技术创新的界定大大扩宽了。在其报告《1976年：科学指示器》中，将创新定义为“技术创新是将新的或改进的产品、过程或服务引入市场”。明确地将模仿和不需要引入新技术知识的改进作为最终层次上的两类创新而划入技术创新定义范围中。

从20世纪70年代开始，经济学界的专家学者开始进一步深入研究创新，系统性的创新理论逐步成型。其中，具有代表性的专家学者是J.M. Uttermaback，他(1971)认为与发明或技术样品相区别，创新就是技术的实际采用或首次应用。

C. Freeman把创新对象基本上限定为规范化的重要创新。他从经济学的角度考虑创新。他认为，“技术创新就是指新产品、新过程、新系统和新服务的首次商业性转化。”

缪尔塞在20世纪80年代中期对技术创新做了较系统的整理分析，他把技术创新重新定义为：技术创新是以其构思新颖性和成功实现为特征的有意义的非连续性事件。这一定义突出了技术创新在两方面的特殊含义：一是活动的非常规性，包括新颖性和非连续性；二是活动必须获得最终的成功实现。Ettiliee(1988)认为企业是技术创新的主体，企业进行技术创新是为了提高企业资源利用率和生产率，进而获得长久的市场竞争优势，企业技术创新是企业技术性创新以及非技术性调整的综合结果。Sun和Frick(1999)研究表明企业技术创新是指企业根据其所处的外部环境的变化，从事新产品以及新的产品生产过程的开发，经过企业新产品的研发、营销，从而实现企业资源转化成竞争优势的过程。Tushman(2005)指出企业技术创新是企业对生产资源、生产关系以及组织结构进行重构，寻找更加流畅、合理、有效的生产流畅，以获得更好的企业绩效。

我国是从20世纪80年代开始展开研究技术创新的。傅家骥(1998)认为技术创新是企业为了获取更多的商业利益，重组各种资源，进而获得新产品、新工艺、新市场、新的原材料来源或是革新企业的组织结构。这个定义基本上是按照熊彼特的观点展开的。彭玉冰、白国红(1999)通过研究发现，技术创新是企业家对生产资源的重新组合，目的是建立更为完善的生产体系，以期获得更大的利润。这个概念仍然停留在技术生产领域。许小东(2002)的研究中提到企业的技术创新包括企业产品和生产流程的创新、企业组织创新、企业管理制度创新、企业管理流程的创新以及企业产品新市场的拓展等内容。

技术创新的含义比一般的发明、创造更加丰富而广阔。它是以企业为主体，以市场为导向，运用先进的科技成果进行技术开发，并且使其能够商品化的一个完整过程，从这个意义上说，技术创新不是一个单纯的科学研究或技术问题，而是一个技术和经济的综合体。它包括了产品创新、工艺创新、组织创新、管理创新以及市场开拓方面的创新等。

二、技术创新绩效影响因素的研究

技术创新决定企业的业绩和生存。自20世纪50年代以来，伴随着人们对技术创新理论及实践研究的不断深入，有关学者如Werker和Janszen就开始研究和分析技术创新成败的影响因素，并将这些影响因素称为创新要素或动因。例如，Cater和Williams早在1957年就为英国贸易部做过一个将科学研究应用于工业产品和工艺的有利和不利因素的调查研究。英国苏塞克斯大学(University of Sussex, UK)的科技政策研究所于20世纪70年代就在Freeman等人的领导下承担过著名的SAPPHO计划，该项目对创新成功和失败的创新项目进行了测度，并从中提炼出最重要的、影响创新成败的因素：是否了解用户需要研发部门、生产部门与市场营销部门的合作状况，与外界科技网络的联系程度，研发质量的高低程度，创新者是否具有成功的经验与权威企业内部是否开展相应的基础研究等。

1966—1972年，英国经济学家Langrish通过研究84个被英国女王授予技术创新奖的创新项目后认为，有7个因素对企业技术创新的成功起着非常重要的影响作用，包括：一个具有权威的高层领导，具有其他品质的杰出人物，对市场需求的清楚，了解某一项发现的潜在价值和用途的认识，良好的合作，资源的可获得性和来自政府方面的帮助。

技术创新绩效的概念是从创新绩效的概念引申而出的，而创新绩效的概念则是从组织绩效的概念引申而来的。对“绩效”一词的定义目前仍未形成一致的说法。根据《韦氏词典》的解释，绩效指的是完成某种任务或达到某个目标，该任务和目标通常是有功能性或者有效能的。因此，从语言学意义上看，绩效的基本含义是成绩和效益。

不少管理学者从不同角度对绩效做了界定。Zey–Ferrell主张绩效应该包括创新、冲突减少、效能、效率、工作满足与员工士气。Agarwal等人指出绩效可分为客观绩效与判定绩效。一些学者从企业管理的角度认为，绩效是对企业生产经营活动的总结，是一个价值概念，主要涉及财务方面的种种表现，涵盖企业财务指标、资产经营状况、偿债能力和发展能力等方面。但Szilagyi认为，绩效是一种整体概念，可以代表组织运作的最终结果，而效率与效能则为绩效的两个组成部分。因此，在讨论企业组织管理绩效时，应同时加入效率与效能两个要素的衡量。这种观点有相当的代表性。因此，绩效的内涵可简要概括为绩效是实践活动所产生的、与劳动耗费有对比关系的、可以度量的、对一定主体有益的结果。

关于技术创新绩效这一概念，从国际上的相关研究来看，目前也尚未形成明确一致的定义。国内外学者对于技术创新绩效的理解主要集中在技术创新投入产出效率以及技术创新活动的产出与对企业的影响上。Hagedoorn和Cloodt认为，创新绩效从狭义上理解是指根据企业将发明创造引入市场的程度测量的结果，从广义上理解是指从概念生成一直到将发明引入市场整个轨迹过程所取得的包括发明、技术以及创新三方面的绩效。高建等首次提出技术创新绩效的概念，认为技术创新绩效是指企业技术创新过程的效率、产出的成果及其对商业成功的贡献，包括技术创新产出绩效和技术创新过程绩效。

从相关文献来看，各位学者对后两者的内涵和指标存在着较多的争议。这也就直接导致了，技术创新绩效仍然没有一个为大家所广泛认可的定义。目前对技术创新绩效的研究主要是在技术创新活动的效率、效果及其对组织的影响上。

刘和东、梁东黎、耿修林(2003)通过对贵州和新疆创新差异的比较，认为我国西南地区和西北地区之所以存在较大的技术创新绩效差异，主要是因为企业技术创新能力、创新环境等方面的原因。韩新严、吴添祖(2003)提出企业创新虽然包括管理创新、体制创新等内容，但最终都要以产品创新的形式体现出来，并认为净现值指数是一种较好的衡量技术创新绩效的指标。目前，国内外关于技术创新绩效概念的理解主要是体现在投入、产出、研发等效率和效果上。

技术创新活动具有复杂性、系统性、不稳定性等特点，在创新过程中企业的技术创新绩效会受到诸多因素的共同影响，通过阅读文献，并进行梳理，本文将这些因素归纳为以下几个方面。

（一）政府政策对技术创新绩效的影响研究

David等(2000)研究发现，企业的研发活动受政府政策的影响比较大，政府补贴和企业投入都会对企业的研发创新活动产生促进作用，更为重要的是，这两个因素可以相互替代和互补，因此可以通过加大政府投入，替代和引导企业加大创新投入，进而提升技术创新绩效。Loof(2004)通过实证进一步证实了这一观点，他认为政府的支持对企业的技术创新活动来说是一种强大的外部力量，能够促进企业进行研发创新。马宁、官建成(2000)在对企业创新绩效的影响因素分析后发现国家的产业政策影响专利数量和国内销售比例两个绩效指标。买忆媛、聂鸣(2003)通过梳理产业集群理论后，发现“国家的经济制度影响创新绩效”，并且认为产业集群并不能必然促进技术创新，应当根据具体情况来判断。戴磊等人(2010)以吉林省中小上市公司为研究对象，研究企业的技术创新影响因素，结果证明政府支持是众多影响创新的重要因素之一，对促进技术创新起着非常关键的作用。

但是，在理论界也有相当多的专家学者认为，政府补贴并不一定能够促进企业创新，有时候甚至会起到反作用。David等(2000)通过实证研究发现政府研发补贴与私人研发支出之间存在着替代性和互补性，并进一步探讨认为税收减免的间接补贴政策与私人研发的互补性要比直接补贴效果更加显著。唐清泉等(2008)通过对中国部分上市公司的研发费用进行实证分析后得到了类似的结论，认为应当发挥市场的作用，由企业自身决定企业创新的对象、过程和范式，政府引导应当以间接补贴为主。李左峰等(2012)对95家公司实证分析政府科技项目投入对企业创新效率的影响后发现，政府项目投入对企业创新的影响因企业研发活动的强弱不同而有所不同，提出政府支持应当以间接补贴的形式进行。

(二)环境规制对技术创新绩效的影响研究

Lanjouw A.和Mody(1996)选取美国1973—1991年的制造业的面板数据，选取研发经费支出和专利数量为研究样本，第一次分析了环境规制和技术创新绩效之间的关系。研究结果证明，环境规制对创新技术的发展具有引导作用，并且在一定程度上可以正向促进研发技术的发展。Hamamoto(2006)研究了日本实施的严格的环境规制规定在工业迅速发展时期对技术创新的影响，发现环境规制与技术创新绩效正相关。赵红(2008)研究发现环境规制对滞后3期的研发支出和专利申请数量有显著的正向作用，从中长期来看，环境规制政策能够对我国的产业技术创新产生激励作用，波特先生在1991年所提出的“波特假说”得到了部分支持。马海良等(2012)以中国长江三角洲地区的上市公司的1995—2008年的数据资料为研究对象，基于产业理论“结构—行为—绩效”的分析范式，研究发现不管是在即期还是在滞后期，环境规制都能够提高企业的技术创新绩效。

(三)人力资本投入对技术创新绩效的影响研究

Lucas (1988)研究证实人力资本能够促进区域技术创新绩效的提高。王孝斌(2006)在对企业家和技术研发人员在创新活动中所起的作用进行研究后发现研发人员对企业的技术创新具有重要推动力量，他们是企业研发创新活动的核心。刘伟(2009)以中国的高新技术企业为案例企业，实证研究发现企业的研发人员是企业创新活动的重要参与者，研发人员的数量和质量对企业技术创新绩效有显著的正向作用。童欣欣(2013)以中国的中小型科技类企业为案例企业，研究基于动态环境企业的知识管理能力，研究结论指出企业创新活动的开放程度能够显著地调节动态知识管理能力对技术创新绩效的正向影响作用。

(四) 公司治理对技术创新绩效的影响研究

Zahra(2000)以中等规模的公司为案例企业，经过实证分析发现，董事会规模并不是线性地影响企业的技术创新绩效，而是随着企业董事会规模的增加先是正向促进企业的技术创新绩效，达到一定规模数量之后，就会反向影响企业的技术创新绩效。Zahra的研究结论指出，企业的董事会规模的大小和企业的技术创新绩效的强弱之间存在倒U形曲线关系。任广乾(2007)发现公司治理结构和技术创新活动紧密相关，公司的治理结构能够显著地影响公司的技术创新，这一影响作用，是通过公司的治理结构对创新战略、创新资源和企业技术创新能力的影响为传导媒介的。文芳等(2010)认为企业管理层的职业经验和掌握的专业技术知识越丰富，受教育层次越高，企业的研发效率越高。

除此之外，还有一些学者对技术创新绩效其他的影响因素进行了分析。例如，谢洪明等(2007)及王晓耘等(2007)曾就企业文化、激励机制对技术创新的影响进行研究，认为不同的企业文化对技术创新绩效的影响是不一样的。

三、技术创新绩效评价指标

企业技术创新绩效评价是人们认识和把握这种创造性活动的本质与规律，是系统总结创新经验的主要手段。它对于正确制订技术创新政策，提高企业技术创新水平以及减少创新风险都具有重要的意义。由于企业技术创新过程的复杂性和长期性，国内外对如何评价企业技术创新绩效至今仍没有一个标准的体系。近年来，国内外一些学者和科研单位对企业技术创新能力的研究有了一定的基础，并初步建立了企业技术创新绩效的评价体系。

类似于组织绩效、财务绩效等概念是对企业经营活动效率和效果的评价，创新绩效一般是对企业技术创新活动效率和效果的评价。在国外的文献中，常用两个术语来描述企业的技术创新结果，一个是Innovative Performance，另一个是Innovative Success。国内的文献则多采用“创新绩效”评价企业技术创新活动。

Hagedoorn和Cloodt等在综合部分学者关于创新绩效的测度研究的基础上，采用投入额、申请的专利数、引用的专利数和新产品开发数4项指标，并对美国4个高技术产业中约1200个样本企业的创新绩效进行了测度。与之类似，国内部分学者，从创新效益和创新效率两个方面对创新绩效进行了测度，指标一般包括新产品数的情况、申请的专利数情况、新产品产值占销售总额的比重情况、新产品的开发速度情况、创新产品的成功率情况。陈劲、陈钰芬结合技术创新的本质内涵、特点、创新过程特征和中国企业的创新实际，本着科学性、完备性、可比性、可操作性原则，针对企业不同的创新特征分别设计出如表2-1和表2-2所示的企业技术创新绩效评价指标体系。

表2-1　以产品创新为主的企业技术创新绩效评价指标体系

<table>
<tr><th colspan="2">分类</th><th>序号</th><th>指标</th><th>维度权重
%</th><th>指标权重
%</th></tr>
<tr><td rowspan="11">创新产出绩效</td><td rowspan="3">直接效益</td><td>1</td><td>新产品销售率</td><td rowspan="3">30</td><td>40</td></tr>
<tr><td>2</td><td>新产品利润率</td><td>30</td></tr>
<tr><td>3</td><td>单位产品成本降低率</td><td>30</td></tr>
<tr><td rowspan="3">直接技术效益</td><td>1</td><td>新产品数</td><td rowspan="3">30</td><td>40</td></tr>
<tr><td>2</td><td>重大产品改进数</td><td>30</td></tr>
<tr><td>3</td><td>主持或参与制订新标准数</td><td>30</td></tr>
<tr><td rowspan="5">技术积累效益</td><td>1</td><td>专利申请数</td><td rowspan="5">20</td><td>30</td></tr>
<tr><td>2</td><td>技术诀窍数</td><td>20</td></tr>
<tr><td>3</td><td>技术文档数</td><td>20</td></tr>
<tr><td>4</td><td>科技论文数</td><td>15</td></tr>
<tr><td>5</td><td>技术创新提案数</td><td>15</td></tr>
<tr><td colspan="2" rowspan="11">创新过程</td><td>1</td><td>竞争情报分析报告数</td><td rowspan="11">20</td><td>20</td></tr>
<tr><td>2</td><td>研发部门与客户交流频度</td><td>10</td></tr>
<tr><td>3</td><td>研发部门与生产制造部门交流频度</td><td>10</td></tr>
<tr><td>4</td><td>企业之间研发部门交流频度</td><td>10</td></tr>
<tr><td>5</td><td>研发部门与高校研究所交流频度</td><td>5</td></tr>
<tr><td>6</td><td>研发投入占销售收入的比重</td><td>10</td></tr>
<tr><td>7</td><td>研发人员人数比重</td><td>10</td></tr>
<tr><td>8</td><td>技术带头人、技术桥梁人数</td><td>5</td></tr>
<tr><td>9</td><td>技术人员人均培训费用</td><td>10</td></tr>
<tr><td>10</td><td>技术人员参加国内外技术会议人次</td><td>5</td></tr>
<tr><td>11</td><td>企业技术论坛数</td><td>5</td></tr>
</table>

资料来源：陈劲，陈钰芬. 企业技术创新绩效评价指标体系研究[J]. 科学学与科学技术管理，2006（3）：89。

表2-2 以工艺创新为主的企业技术创新绩效评价指标体系

分类		序号	指标	维度权重%	指标权重%
创新产出绩效	直接效益	1	改进产品销售率	30	25
		2	改进产品利润率		25
		3	单位产品成本降低率		50
	直接技术效益	1	重大工艺创新数	30	40
		2	改进产品数		30
		3	主持或参与制订新标准数		30
	技术积累效益	1	专利申请数	15	20
		2	技术诀窍数		15
		3	技术文档数		15
		4	科技论文数		10
		5	技术创新提案数		10
		6	产品质量改善率		10
		7	劳动生产率提高率		10
		8	生产周期（或交付周期)缩短时间		10
	社会效益	1	每万元产值能源消耗减少量	5	50
		2	减少环境污染的程度		50
创新过程		1	竞争情报分析报告数	20	20
		2	研发部门与客户交流频度		10
		3	研发部门与生产制造部门交流频度		10
		4	企业之间研发部门交流频度		10
		5	研发部门与高校研究所交流频度		5
		6	研发投入占销售收入的比重		10
		7	研发人员人数比重		10
		8	技术带头人、技术桥梁人数		5
		9	技术人员人均培训费用		10
		10	技术人员参加国内外技术会议人次		5
		11	企业技术论坛数		5

资料来源：陈劲，陈钰芬. 企业技术创新绩效评价指标体系研究[J]. 科学学与科学技术管理，2006（3）：89。

第二节　互补资产与技术创新关系的研究综述

一、关于互补资产的界定问题

Teece提出了互补资产(Complementary Assets)这个概念。Teece发现，一种创新的成功商业化要求这种创新和其他资产或能力同时被使用，其把创新商业化所需的营销能力、制造能力和售后服务称为互补资产。

在Teece研究的基础上，Glynn(1996)给互补资产下了一个明确的定义：企业为了获得某项战略、技术或者是创新所产生的经济利益而必须拥有的资源或能力。有学者(Christmann，2000；Helfat，2000)认为，互补资产是为了实现创新利益所必需的各种资源，既包括机器设备等有形资产，也包括人力资本、组织资本等无形因素。同样的，Harrison(2001)等人的研究也支持了这一观点，认为互补性资产的范畴非常广泛，只要是有益于技术创新实现的资产都算在内，既包括企业内部资源，也包括企业外部的资源。Hughes等(2006)通过对Schneider公司应用信息技术创新产品和服务的案例研究发现，企业依靠技术创新获得的收益，取决于企业投资和开发互补资产的能力，这些互补资产不仅是有形资产，还包括人力资源和组织流程等。熊胜绪等(2013)在梳理互补资产既往研究的基础之上提出，互补资产是指技术创新成果商业化所需的各种资产和能力。

二、互补资产对技术创新影响的研究

互补资产的概念提出后，学术界围绕互补资产和技术创新的关系做了以下的研究。

(一) 互补资产对技术创新投入的影响

1990年，Ashish Arora 和Alfonso Gambardella研究发现，企业之间、企业与大学之间的协议，以及企业对新兴的生物技术企业的投资或并购行为，其目标都是获取互补资产。

1997年，Constance E. Helfat研究了互补资产对技术研发的影响。他发现，拥有大量的互补资产的美国石油企业在新技术研发上有更多的投入。2000年，Petra Christmann研究发现，企业互补资产的拥有量与防污技术创新是正相关

的，而且，具有高水平互补资产的企业比低水平互补资产的企业能从防污技术创新中获得更大的成本优势，因此更愿意在防污技术创新上投入更多。2003年，Herbert Dawid采用数学模型分析了外部互补资产的可获取性对现有企业技术创新投入的影响。一方面，Herbert Dawid把新企业的创建视为人员流动的一种形式。另一方面，在既定的市场结构下，创新投入水平与现有企业的利润是正相关的。增加创新投入对现有企业潜在利润的影响主要取决于外部互补资产的可获取性。Herbert Dawid研究发现，在给定的市场条件下，创新投入水平与企业的盈利是正相关的，而这一关系受到互补资产的可获得性的影响。

（二）互补资产对技术创新类型的影响

从既往的一些研究可以看出。互补资产、互补资产的类型，互补资产是专用的还是通用的等特征对企业的技术创新的类型、进行技术创新的动力或是欲望等有很大的影响。Stefan Thomke和Walter Kuemmerle(2002)研究发现，互补资产的拥有数量会影响企业的技术创新的类型。如果企业拥有比较多的互补资产，则会倾向于渐进式创新；而不拥有或少拥有互补资产的企业则往往倾向于突破式创新。

Morgan Swink(2007)研究分析224家工厂的技术创新的数据，结果表明，采用应用设计——制造一体化作为互补资产代价非常高；采取这种技术的企业往往不舍得舍去既有的投入、会陷于现有技术依赖的路径中，而疏于创新；而那些不拥有这种设计——制造一体化的企业往往由于没有历史负担而勇于采纳新的技术，采取突破性技术创新的概率更高。Yi-Chia Chiu(2008)通过对582家中国台湾企业1997—2005年间面板数据的分析发现，专业化的制造设施通常有套牢的效果，当技术发生突破性变革时，这些专业生产设施不容易应用新的技术。

（三）互补资产对合作创新动机的影响

在技术创新的文献中，传统的合作创新动机强调的是成本分担和不确定性的降低。自从1986年Teece提出，为了使新产品或新工艺及时并以有利的方式商业化，企业必须以有利的条款利用互补性技术和资产。这种获取互补性技术或资产作为合作创新的动机已经引起了学术界的注意。

Cohen和Levinthal(1990)提出，在企业的研发能提高其学习能力时，竞争者之间在研发上的高外溢性会正面激励研发活动。Ashish Arora和Alfonso

Gambardella(1990)的研究发现企业之间、企业与大学之间的协议以及企业对新型的生物技术企业的投资或并购行为都是为了获得互补资产。Miller等人(1998)研究发现，技术路线图是一种重要的合作创新机制，其目的是协调企业内部与产品创新和工艺创新相关的互补资产投资，以及协调生产互补产品的各相关企业的互补资产投资，提高创新的协同性和效率。

(四) 互补资产对技术创新利益分配的影响

Tripsas(1997)研究发现，在新一代排字机技术摧毁企业原有核心技术的价值时，只要作为互补资产的专用制造能力、销售和服务网络仍保留其价值，在位企业仍然可能保留其行业主导地位。Frank T. Rothaermel(2002)通过对以生物技术为代表的制药行业20世纪70年代中期的技术创新进行研究，发现在这些创新中，占主导地位的传统化药企业的品牌形象、销售渠道等互补资产并没有受到破坏，反而成为该企业与另外那些缺乏这些互补资产的企业合作的基础。

杨立新(2005)提出了企业应与客户、供应商，设计和制造企业整合，以实现价值创新的观点。Ashish Arora等(2006)研究发现，在知识产权、专利保护制度较强的时候，当新技术商业化所需要的互补资产为通用资产时，往往会形成技术转让或许可，这样技术创新的收益机会增加。

蔡建华(2011)提出，企业要将突破性创新转化为竞争优势，需构建和培育相应的互补资产，并通过提高它们的经营效率来强化企业战略定位。贾军、张卓和张伟(2013)采用中国上市公司2004—2010年的面板数据，经过实证分析发现，不同互补资产对技术多元化与企业绩效关系的调节作用是不同的。

第三节　企业技术创新动态能力相关研究综述

一、动态能力的含义

动态能力理论是当前国际学术界正在关注和发展的前沿理论，但至今还未形成较为完整的理论框架，其理论观点散见于经济学和管理学等相关文献中。

动态能力理论的思想源头可以追溯到亚当·斯密在1776年提出的劳动分工理论。企业的劳动分工实质上是生产流程被日益简化、分解的连续、发现过程，企业内部由此可以产生各种生产可能性知识，而这些知识的发现和积累就是企业能力逐步形成的最初过程。

关于企业能力的研究的发展，主要归功于英国著名经济学家马歇尔。马歇尔对经济问题“内部”和“外部”的划分，可以看作是企业动态能力理论的萌芽。他提出了关于能力“协调和整合”的看法，这已经与企业动态能力理论非常接近了。1959年Penrose的代表作《企业成长理论》一书问世，该书被认为是从经济学角度通过研究企业内部动态活动来分析企业行为的开山之作。“企业内在成长论”的一个主要特点就是从静态分析步入倾向于分析变化中的情形，为后来的资源基础论、企业能力理论奠定了坚实的理论基础。

企业动态能力论主要是延续战略管理理论中的资源基础论观。在资源基础理论、企业能力理论的研究领域中，早期与动态能力类似的概念有劳伦斯(P.R. Lawrenee)和洛施(J.W. Lorsch)在1967年提出的“整合能力”概念。其后，阿密特(R. Amit)和休梅克(P.J.H. Schoemaker)认为，能力是配置资源的才能，通常采用与组织的流程相结合的方式来实现一个意愿的结果，该能力概念实际已经包含了动态能力。更明确地将资源配置能力(即动态能力)和一般职能能力进行区分的是科格特(B. Kogut)和赞德(U. Zander)，他们所界定的组合能力概念与后来Teece等人所界定的动态能力有异曲同工之妙。

到20世纪80年代中后期以后，战略管理领域的一些学者在Penrose的“企业内在成长论”的基础上又提出了资源基础理论(RBV)，这与强调外部产业结构和竞争定位的理论相反。资源基础理论(RBV)强调企业内部资源的重要性，认为企业所拥有的这些内部资源是企业获得竞争优势，取得市场有力竞争地位，获取市场竞争收益的主要源泉，从而解释了竞争优势的内生性。随后，在1990年，战略管理学家Prahalad和Hamel在《哈佛商业评论》所发表的《公司的核心能力》(*The Core Competence of the Corporation*)一文，提出核心能力理论，认为企业的核心能力是在企业资源积累的发展过程中建立起来的企业特有的能力，是企业的最重要的战略资产，是企业获取竞争优势的源泉。从而使得能力理论成为战略管理领域的主流理论。1992年，Leonard-Barton 研究发现上述的核心能力理论存在核心刚性问题。产生于静态竞争环境的核心能力理论不能适应环境的变化，在一个动态变化的环境中，企业原有的核心能力有可能成为阻碍企业发展的一个障碍。能力理论遇到了前所未有的自身发展限制，不能解释动态市场上企业如何获取竞争优势以及为什么某些企业能够具有持续竞争优势。

在上述这些早期概念的铺垫之后，Teece等人1997年发表在《战略管理杂志》上的论文是动态能力理论发展的重要里程碑。在该文中，Teece等人认为，在全球市场上的胜利者是这样一类企业：具有有效协调配置内外部资源的能力，并显示出及时、快速与灵活的产品创新能力的企业。为了识别作为优势源泉的企业特殊能力的范围，解释竞争和资源的结合是怎样被利用、发展和保护的，Teece提出了动态能力理论来强调开发那些企业现有的和外部存在的能够应付不断变化环境的企业特殊能力。Teece将动态能力定义为“企业对内部和外部能力的整合、建立以及重构，以便适应快速变化的环境的能力”。Teece(1997)关于动态能力的定义被认为是最权威和最有代表性的，其他学者大多在其基础上进行延伸和发展。

Kathleen(1998)认为动态能力是一种明确而且可以被识别的过程，动态能力既不模糊也不重复。动态能力可能会出现在企业运营中的某些细节上，在企业之中他们有明显的共性(通常称为“最佳实践”)。组织和员工需要快速学习的能力和建立战略资产，企业还需要建立新的战略资产，如能力、技术和客户反馈等，在此基础上实现现有的战略资产的改变或重新配置，最终实现资产独特价值的结合。

Zott(2000)认为动态能力是一个过程，通过该过程可以引导组织进行资源重新配置整合，动态能力融入企业资源整合的日常组织程序中。动态能力实际上就是一系列指导公司资源建构发展的常规程序。在动态能力的配置下实现企业的正常运转，俨然成为企业中的一种管理流程方法。Subba(2001)认为动态能力是组织应对动态环境的特殊属性，组织可以看作是一个知识的集合体，因此研究动态能力可以从组织知识角度来认识，知识本身就是头脑抽象出来的事物，但同时源于实践，本身可以跨越时空的限制，在实践基础上培养的动态能力可以科学地指导战略决断，帮助企业及时调整战略方向、方针，适应动态环境。在这一过程中，组织知识又可以获得新的源泉，如此往复地进行更新，培养新的能力。

艾森哈特和马丁认为同一行业内的动态能力具有相似性，即便是不同的企业培养形成该种能力的途径不一样，但是特定的动态能力存在一个行业的最佳标准，最终每家企业都将趋向于培养类似的能力。由此，该理论也明确解释了同行业的某家企业是不能长久保持竞争优势的。动态能力本身并不是企业竞争优势的来源，获得竞争优势的关键是如何在这种能力的指导之下调整企业适应环境。苏巴那拉希姆认为动态能力是一种产生变革的能力。佐罗和温特拓展了动态能力发展的环境前提，在他们看来企业或者组织无论在什么时刻都需要培养动态能力，无论外界环境是否动荡，因为动态能力对于企业发展无时无刻不在产生作用，企业凭借这种能力调整企业内部的业务流程以获得高效率；该理论中，动态能力不再是单独存在的，而是成了组织发展的重要组成部分。

Eisenhardt和Martin (2000) 认为动态能力是企业整合、重组、获取及释放资源的过程，通过创造与发展新的能力以符合甚至创造市场机会。Zott (2003)沿用Teece对动态能力的定义，并认为动态能力是引导资源配置的惯例或过程。Teece (2007) 又强调了动态能力最主要的就是感知、获取和构造能力。Menon和Mohanty (2008) 提出动态能力是企业制造、拓展和修改资源以应对市场环境变化的能力。

通过回顾以往的动态能力概念研究(见表2-3)，可以发现虽然这些研究基于不同的视角，但是大都强调了动态能力是一种综合能力，强调了动态能力对企业在市场竞争环境中获取和保持竞争优势有重要意义。

表2-3 动态能力的定义

学者	定义
Collis，1994	发展能力的能力，使创新更快更好
Helfast，1997	动态能力是能使企业创造新的产品与程序以应对市场变动的能力，并通过这样的能力来维持竞争优势并增加在市场上的价值
Teece.，Pisano和Shuen，1997	企业整合、建造和重构内外部能力来快速适应变化环境的能力
Eisenhardt和Martin，2000	企业随着市场出现、冲突、分裂、演进和衰亡，实现新资源的配置和战略的过程
Griffith和Harvey，2001	难以模仿的资源整合、制造，包括有效的组织间的关系的合作，提供企业竞争优势
Lee et al，2002	关于企业如何应对环境变化取得竞争优势的能力

续表

学者	定义
Zahra和Winter，2002	改变原有的能力帮助企业重新布局和重构它们的资源基础以满足不断发展的客户需求和竞争战略
Zollo和Winter，2002	是在最大效能改善下通过组织系统的产生与修正营运惯例等共同活动的一种由学习而来的稳定模式
Winter，2003	发展、修改和制造一般能力的能力
Helfat et al，2007	组织制造、拓展和修改资源基础的能力
Menon，2008	企业最大化有效利用资源应对环境变化的能力

资料来源：笔者根据文献整理而得。

二、动态能力的形成及影响因素

自动态能力理论提出以来，学者们从不同角度对动态能力进行研究分析，总结出企业发展过程中企业动态能力的形成过程以及影响因素。具体如下所述。

1. 企业资产和发展路径决定了企业动态能力的形成及其发展

这部分学者认为企业的组织和管理过程孕育了企业的动态能力，企业动态能力的形成是由企业的资产地位和发展路径共同决定的。Teece等(1997)提出企业的动态能力形成于企业的组织和管理流程中，企业的组织和管理流程形成的关键因素是企业特殊的资产情况和企业资源可利用途径。在此研究的基础上，进一步提出企业动态能力的战略分析框架，并提出了企业动态能力的分析框架的关键因素：组织和管理过程、位势、企业发展路径。徐锐和李垣(2006)在Teece研究的基础上通过实证研究进一步论证了动态能力战略分析框架的重要性以及可行性。

2. 组织和人力资源管理决定了企业动态能力的形成以及发展

Subbanarasimha (2001)在对现代企业组织管理理论研究的过程中，认为企业组织和人力资源管理决定了企业动态能力的形成以及发展。他在研究中指出以下两个方面的因素决定了企业动态能力的形成：一方面是企业的人力资源管理流程，他强调企业的动态能力培养需要注意很多方面，包括企业在雇佣员工的时候需要筛选那些知识面比较广而且要尽量深入的员工，并且在企业招聘过程中企业所招聘职位的描述要具体而不是模棱两可、含糊不清。更重要的是，企业在新员工的培养过程中需要容忍失败，只有这样才能鼓励员工的创新。另一方面是企业的组织设计过程，企业在设计管理者结构的过程中要注重中层管理者的建立，并且通过中层管理者的领导，来促进企业业务的多样性，进而形成企业的动态能力。另外有些学者提出企业动态能力形成过程中一个很重要的因素是企业家精神，他们认为企业家精神可以促进企业动态能力的形成以及发展。

3. 企业动态能力的形成也就是企业知识的形成过程

唐春晖(2003)在对企业知识形成理论的研究过程中，提出企业动态能力的形成即企业知识的形成过程，他认为企业的形成包括知识的获得、传递、共享、发挥和更新五个阶段。在企业知识发展的获得、传递和共享阶段，企业的动态能力把企业已经拥有的知识储备在企业的组织惯例中，使得企业形成现有的能力；在企业知识发展的发挥和更新阶段，企业在知识发挥的同时也进行知识的更新，将企业获得的新的知识转化成组织新的惯例，进而形成企业的动态能力。

董俊武等(2004)在对企业知识理论的研究过程中，提出企业动态能力形成的过程就是企业追求新的知识的过程。他认为企业发展过程中，不断追求新的知识，在这个过程中企业形成了新的经营性和学习性惯例，这样就形成了企业的动态能力；并且结合企业知识的演进过程提出了企业动态能力的形成过程：外部环境的刺激—企业内部选择是否建立新的惯例—企业在企业内部传播新的惯例—企业反复利用新形成的惯例—企业动态能力的形成。

4. 企业的组织学习机制是企业动态能力形成的重要影响因素

有些学者在组织学习理论的研究过程中提出企业的动态能力形成影响因素中比较重要的一个是企业的组织学习机制，另外，他们认为企业家学习是企业组织学习中的一个重要因素。Eisenhardt和Martin(2000)在组织学习研究的基础上提出，企业的组织学习机制是企业动态能力演化的重要影响因素，也是企业路径依赖形成的基础，他们认为企业在遇到失败时经验的获取速度也影响企业动态能力的演化。Zollo和Winter(1999)把企业的动态能力分为企业隐性经验的积累过程、企业知识外在化和企业知识编码活动三个相关的学习机制相互作用的结果，其中知识外在化和知识编码活动是学习的认知行为，它们是形成企业动态能力的决定因素。同时，大多数研究者都同意的是，这些对动态能力的影响因素，可以同时对动态能力形成过程起作用，也可以单独对动态能力的形成起作用，同时因为企业外部环境的不同以及其他影响因素的不同导致了这些因素对动态能力形成影响的程度有大有小。

三、动态能力的测量

Teece等提出动态能力观点以来，很多的学者对这一理论进行了理论探索，花费很多的精力定量研究企业动态能力，下面总结出几个比较有代表性的动态能力测量方法。

1. 通过测量动态能力的特性来测量企业的动态能力

Hendeson和Cockburn(1994)通过测量不同企业能力的差异性来测量动态能力的稀缺性，以及用能力差异的持久性来测量企业核心能力的难以模仿性。King和Zeithaml(2001)通过测量企业的默会性、嵌入性和一致性来测量企业的核心动态能力。Caloghirou(2004)通过理论分析和实证研究，发现动态能力是由学习能力、协调能力与变革能力3个维度组成的，并从这3个维度对动态能力进行了测量。

2. 从企业动态能力构成要素方面测量企业的动态能力

在企业能力系统性研究的基础上，有些学者通过能力的构成要素来测量企业的动态能力。Berghe(2001)从能力的技术的构成来测量企业核心能力。Claver等(1998)把企业动态能力分为学习能力、协调能力与变革能力。王斌、颜宏亮(2006)把动态能力分解为四个维度：企业文化、组织过程、资产和技术状况、企业发展路径，通过对这四个维度的解析，总结了企业动态能力的五个特征：动态性、开拓性、具有确认明确流程或者常规惯例、可分解性、产生多样化业务的知识。在对中国企业进行实证研究的基础上，曹红军等(2007)提出动态能力的五个维度，分别是：动态信息利用能力、动态资源整合能力、动态资源释放能力、动态内部整合能力、动态外部协调能力。基于创业导向和组织学习的视角，焦豪等(2008)研究提出了一个基于环境洞察能力、变革更新能力、技术柔性能力与组织柔性能力四个维度构成的企业动态能力测量模型；并利用因子分析的方法，对这四个维度之间的相关性进行了实证分析和验证。曹红军，赵剑波(2009)构建了动态能力五维分析模型，即动态信息利用能力、动态资源获取能力、动态内部整合能力、动态资源释放与外部协调能力，运用因子分析方法对这5个维度的有效性进行分析，并设计了一套动态能力测量量表，以检验该模型的有效性。

3. 通过测量企业的经营活动与综合生产要素来测量企业的动态能力

Leonard和Barton(1992)把企业能力分为企业技巧或知识、企业组织技术制度、企业管理制度和价值观4个方面，主张测量企业动态能力应该从这4个方面进行。Junttila(2002)主张测量企业的能力必须考虑企业的流程活动、企业设备资源、企业内部学习和外部学习等因素。Zollo和Winter(2002)探索了动态能力演化背后的基本力量，认为组织学习是基本驱动力。组织学习过程是为企业的两种经营活动服务，一种是为了实现企业目前收益和利润的已知流程运营的职能活动；另一种是为了发展和调整现有经营惯例和产生新的惯例以提高利润的活动，这些学习机制共同塑造了动态能力。王核成(2005)在对企业动态能力的内涵和影响因素进行分析的基础上，构建了基于动态能力的企业竞争力模型，设计了相应的变量对企业动态能力进行测量。

四、动态能力对企业绩效和创新影响的研究

以往的研究对动态能力是否是组织绩效和竞争优势的来源存在着不同的认识。以Teece(1997)为代表的学者认为动态能力是企业竞争优势的关键来源。另一种是以Eisenhardt和Martin(2000)为代表的观点，强调动态能力的有限作业，企业竞争优势和创新绩效主要取决于动态能力所影响并产生作用的资源结构(Daniel和Wilson，2003；Wheeler，2002)。尽管有不同的认识，但是大多数学者都认同企业动态能力与企业绩效呈一定的正相关关系(Teece et al，1994；Macher和Mowery，2004；Ho-Yung el al，2006；Zoll，2003)。

研究发现动态能力直接或间接地作用于企业绩效。Wang和Ahmed(2007)认为动态能力通过企业能力发展和战略传递从而作用于企业长期绩效。动态能力有助于企业销售绩效和收益率的提高(Menguc和Barker，2005；Arthurs和Busenitz，2006)；帮助企业进入新的市场领域(King和Tucci，2002)；发现新的机会(Bowman和Ambrosini，2003)，利用新资源(Bowman和Ambrosini，2003)，应用新战略(Griffith和Harvey，2001；Repenning和Sterman，2002)，提升创业绩效(Teece，2007)。

不少学者针对动态能力影响企业创新的问题做了有益的探索和积极的贡献。Herderson和Cockburn(1994)提出企业的“建构能力”对研发生产率的正向作用。Zahra和George(2002)、Prieto(2008)、Marsh和Stock(2003)、Pavlou和Sawy(2006)都强调了动态能力对新产品开发的影响。Agarwal和Selen(2009)通过对电信公司的实证研究，认为高水平的动态能力会促进服务创新，企业应通过对动态能力的运用、推进和管理进一步促进创新。Liao et al.(2009)通过对120家网络技术公司研究发现，动态能力影响着企业创新，在竞争激烈和快速变化的网络技术环境中，对动态能力的需求将进一步加剧。研究也发现动态能力有利于企业学习新的技能，开展新的创新项目，促进新技术的产业化，加快企业进入国际化市场学习(Bowman和Ambrosini，2003；Zollo和Winter，2002；Repenning和Sterman，2002；Marsh和Stock，2003；Sapicnza et al.，2006)。

近年来，也有不少学者关注动态能力与绩效关系的定量研究。贺小刚等(2006)在文献研究和问卷调查的基础上，提出动态能力能够促进绩效提升，但是不同的动态能力因子发挥着不同的作用。刘维宁(2004)对企业动态能力、全球化知识管理能力和国际竞争优势之间的关系进行了验证，提出组织通过动态能力改变其现有资源的基础，产生新价值，增强国际竞争优势。黄俊等(2008)通过对国内汽车企业的分析，认为企业动态能力正向影响自主创新能力，其中整合能力和重构能力起到显著的影响作用，而组织学习的作用不明显。张建东(2000)和王核成(2005)都在实地调研、问卷调查和数据分析验证的基础上，强调了动态能力与企业绩效的正相关关系。也有学者针对动态能力作为中介变量对绩效所起的影响作用进行了研究(Wu，2007)。

五、技术创新动态能力的提出

在理论界，技术创新动态能力是企业动态能力的一个组成部分，它是建立在动态能力理论发展的基础上的。

最早从经济学的角度来研究企业的内部的动态的活动，并以此来分析企业的发展的专家学者是Penrose，1959年他出版了《企业成长理论》一书。在这本书里，Penrose提出一个与以往的企业发展理论不同的学术观点——企业内在成长论。该观点从静态分析步入倾向于分析变化中的情形，为后来的资源基础论、企业能力理论等战略管理流派的诞生、发展奠定了坚实的理论基础。随后，众多的学者(P.R. Lawrenee和J.W. Lorsch，1967；R. Amit和P.J.H. Schoemaker，1973)对其进行了研究，促进了动态能力理论逐步显现和发展。

Teece(1997)提出了“动态能力”理论来强调开发那些企业现有的和外部存在的能够应付不断变化环境的企业特殊能力，其将动态能力定义为“企业对内部和外部能力的整合、建立以及重构，以便适应快速变化的环境的能力”。他认为，动态能力是在企业的组织和管理流程之中形成的，在此基础之上，提出了企业动态能力的战略分析框架。

自Teece(1997)等人提出动态能力理论以后，学者们从不同角度对动态能力形成过程以及影响因素进行研究分析。动态能力可以促使技术上的进步和产品的创新，影响企业的市场选择，使企业通过合理利用组织资源，有效应对快速变化的外部环境，进而带来优秀的企业绩效(Wang et al.，2007；Zollo和Winter，2002)。Subban Narasimha (2001)从组织行为学的视角出发，研究发现企业动态能力的形成以及发展受到组织和人力资源管理的影响。唐春晖(2003)通过研究提出企业动态能力的形成也就是企业知识的形成过程，这个过程包括知识的获得、传递、共享、发挥和更新五个阶段，这个过程以及此后所形成的动态能力是企业获得持续竞争优势的源泉。董俊武等(2004)研究发现企业动态能力形成的过程就是企业追求新的知识的过程，提出了基于知识的动态能力演化模型：外部环境的刺激—企业内部选择是否建立新的惯例—企业在企业内部传播新的惯例—企业反复利用新形成的惯例—企业动态能力的形成。他们认为这一模型有助于企业竞争优势的获得与维持。

此后，从动态能力理论出发，理论界提出动态创新能力和技术创新动态能力这两个概念。Song(2005)等提出了动态创新能力这个概念，他们将这一概念界定为，企业用于开发、整合与重组现有的和新的资源与能力的那些难以转移、难以复制的创新能力。徐宁、徐向艺(2012)等提出了企业技术创新动态能力这个概念，他们将这一概念界定为企业技术创新的投入能力、产出能力和转化能力。之后，徐宁、徐鹏、吴创(2014)运用实证方法进一步证明了这一观点。熊胜绪、崔海龙、杜俊义(2016)认为技术创新动态能力作为动态能力的一部分，它是一种不同于静态的技术创新能力的更高层次的动态的技术变革能力。企业技术创新动态能力是由企业感知与识别技术机会的能力、整合创新资源的能力和环境适应性的组织变革能力构成的。

六、技术创新动态能力与企业技术创新关系的研究

由于技术创新动态能力这个概念提出的时间较晚，众多专家学者对这个概念的认识也没有取得一致意见，甚至有些人还未认识到技术创新动态能力和技术创新能力之间的区别。因此，理论界关于技术创新动态能力与企业技术创新关系的研究比较少，本研究从动态能力出发来研究其与技术创新的关系。而关于动态能力对企业绩效和技术创新的影响，理论界做了较长期的研究，产生了较为丰富的成果。既有研究认为，动态能力有助于帮助企业进入新的市场领域(King和Tucci，2002)，发现新的机会(Bowman和Ambrosini，2003)，利用新资源(Bowman和Ambrosini，2003)，应用新战略(Griffith和Harvey，2001；Repenning和Sterman，2002)，提升创业绩效(Teece，2007)。Agarwal等通过实证研究，发现动态能力的水平会正向影响服务创新的程度，企业应通过对动态能力的有效管理和配置来促进创新的进行。

刘维宁(2004)通过实证分析发现动态能力可以改变其现有的资源基础，创造新价值，提高企业的竞争力。贺小刚等(2006)研究发现动态能力对组织绩效有正向的促进作用，但是动态能力的不同构成，对组织绩效的促进作用是不一样的。黄俊等(2010)研究发现企业动态能力对企业的自主创新能力有显著的正向促进作用，其中整合能力和重构能力对自主创新能力有显著的作用。张建东(2005)和王核成(2011)都在实地调研、问卷调查和数据分析验证的基础上，强调了动态能力与企业绩效之间存在着正相关关系。

动态创新能力和技术创新动态能力提出后，围绕动态创新能力或技术创新动态能力与技术创新绩效的关系也做了大量的研究，得出了许多有益的结论。一种观点认为，动态创新能力对企业技术创新绩效有直接的影响。例如，Rosenkopf等人(1999)和Antikainen等人(2010)分别提出，动态创新能力会导致突破性创新，因为具有动态创新能力的企业有较强的吸收能力，有利于企业探索新的信息。Suli Zheng、Wei Zhang、Xiaobo Wu和Jian Du(2011)采用结构模型方法，通过对企业调查数据进行研究发现动态能力与创新绩效间存在明显的

关系。徐宁等(2014)实证研究发现，具有较强技术创新动态能力的中小上市公司，其公司绩效与成长性高于一般公司。

黄昌富等(2015)利用沪深A股上市IT行业家族和非家族企业的2009—2013年的面板数据，对企业技术创新动态能力进行了研究。结果发现，在技术创新投入能力对经营绩效促进作用方面，家族企业强于非家族企业，但是在技术创新产出和转化能力对企业经营绩效的正向效应方面，家族企业却是弱于非家族企业。

另一种观点认为，动态能力对企业技术创新绩效有间接的影响，例如，江积海、蔡春花(2014)通过研究中国南车集团的技术创新后提出，动态能力对创新绩效呈间接影响，动态能力通过强化运作能力和资源组合而提高创新绩效。

第四节　组织学习相关研究综述

在全球化的经济背景中，如何提高我国企业的竞争力已经成为我国在全球竞争中的重要问题。组织学习是成功进行全球竞争的核心要素。现在企业唯一持续的竞争力就是比你的竞争对手学得更快，所以提高我国企业的组织学习能力是关乎我国企业生存和发展的核心问题。

早在工业化时期，组织学习问题就受到管理学家的关注，只是在当时没有被明确提出来，其中以Taylor和Fayol为代表，他们要求收集、记录、归纳、分析以及推广工人长期实践经验积累起来的大量传统知识、技能和诀窍，并要求找出其中合乎科学的部分，使之系统化。他们的思想反映了工业化时期组织学习的特征。然而，在这一时期，组织理论的主要内容是围绕组织职能合理地建立组织，组织学习问题并未受到足够的重视。直到20世纪中期，一些管理学家在探讨组织适应性机制的理论中才明确提出了组织学习问题。

一、关于组织学习概念的界定

1958年，March和Simon第一次提出了组织学习的概念。1963年，Cyert和March在《企业行为学》一书中，开始讨论组织学习。之后，1978年Argyris和Schon在《组织学习：行动透视理论》一书中对组织学习进行了深入的研究，第一次系统地提出了组织学习的概念："发现错误，并通过重新建构组织的'使用理论'而加以改正的过程"。

组织学习理论指出，组织学习既包括组织内部成员间知识交流和创造的学习过程，也包括组织向外部环境中其他成员的学习，例如合作伙伴、供应商，甚至是竞争者(Stata等，1989；Zahra等，1999)；组织内的成员通过学习，可以在经验基础上不断地获取和构建新的知识，这涉及组织显性和隐性知识的获取、知识的共享等一系列过程(Mohrma等，2003)。

通过整理文献，本研究整理得出组织学习的有关定义，见表2-4。

表2-4　国内外学者关于组织学习的定义

学者	组织学习的定义
March和Simon (1958)	组织在有限理性下，当意识到组织环境的不确定性和风险性后，从而改变决策计划，而这种行为的结果反过来反映到组织的信息处理方式上，这个循环过程就是组织学习
Agryris和Schon (1978)	组织学习是一个侦测错误、重新构建组织学习的过程，修正组织规范、目标及政策，并对错误加以矫正的过程
Shrivastava (1983)	组织学习是指组织知识的基础被发展并塑型的过程。将其分为适应性学习、知识共用、知识基础发展和制度化经验四个方面
Daft和Weick (1984)	组织学习是一个组织将自身行为与周边环境相互作用的过程
Levitt和March (1988)	组织学习是一种目标导向的观念，对组织过去的行为进行互动和反思，并编码成例行的程序来指导以后的组织行为
Stata (1989)	组织学习是一个组织根据行动结果修正其行为以获得新的知识和观点的过程
Garvin (1993)	组织学习是组织进行创造、获得与转移知识，并利用知识纠正组织行为以形成新的知识和观点的过程
Slater和Narver (1995)	组织学习是指在组织内部对影响或潜在影响组织行为的知识或者观念进行开发和培养
野中郁次郎和竹内弘高(1995)	组织学习是一个组织促使知识的获得和创新，并使知识渗透于整个组织的过程
陈国权和马萌(2000)	组织学习是指组织根据外部不断变化的环境来改变自身的行为和文化，完善组织知识和运行机制，以此来增强组织竞争力的方式
王伟(2005)	组织学习指组织为形成核心竞争力，围绕知识和信息获取而进行的包括个人、团体和整个组织的持续创新的过程

资料来源：笔者根据文献整理所得。

二、组织学习研究的结构维度

关于组织学习的结构维度，学者们依据不同的研究视角和研究目的做了大量的研究，以下是几种较为代表性的观点。

Watkins和Marsick(1993)提出了组织学习维度结构模型，即持续不断的学习、亲密的合作关系、彼此联系的网络、团队观念、创新精神、知识存取的方法、以能力培养为先的目标。Hult和Ferrell(1997)根据组织学习的特性，以进入《财富》500强的某跨国公司的战略事业单位为样本，用四个维度来测度组织学习。Hult和Ferrell认为组织学习包括团队导向、系统导向、学习导向以及记忆导向是组织学习的构成维度。组织学习理论还关注员工是否重视组织外部信息，并根据外部信息变更工作活动。外部导向作为组织学习维度结构组成部分之一非常重要。在组织学习过程中，学习支持条件的作用非常关键。为了鼓励组织学习，组织必须变革机械的结构，采取更有机和更富于柔性的结构等。

Sinkula、Baker和Noordewier(1997)从信息的获得、使用及成效方面，提出用“学习承诺”“共同愿景”“开放的心智”三个维度来分析组织学习，并进一步细分为10个2级指标。他们的观点被国内外众多学者所采纳。Goh(1998)根据学习型组织的特点，提出了组织学习的七个结构维度，分别为共同愿景与目标、参与和共同决策、组织文化、知识的转化、团队合作、可有效支持组织学习的组织结构设计和员工技能与素质。在此基础之上，Watkins(2003)等开发了组织学习测度量表 (Dimensions of the Learning Organization Questionnaire，简写为DLOQ)，包含七个结构维度，分别是持续学习、对话质疑、团队学习、授权、学习支持、外部导向、战略领导。该问卷经过多次实证研究，被认为是一个检验组织学习能力的有效测量工具，已先后在多个国家修订、运用。

三、组织学习的测量维度

通过梳理在既往研究中所形成的理论知识，看出从20世纪90年代以后，学者们开始了对组织学习测量的系统化的研究。通过梳理以往的研究，整理得表2–5。

表2-5 组织学习测量维度研究综述

研究者	测量维度
Senge (1990)	自我超越、改善心智模式、共同愿景、团队学习、系统思考
Galer和Van Hei Jden (1992)	学习的文化、开放的心胸、不拘于经验、对学习的承诺、计划与行动是否严密、牢记教训、相互信息、合作行为
Leonard–barton (1992)	独立解决问题、整合内部知识、持续试验、融合外部知识
Wick和Leon (1993)	定义愿景、行动计划的衡量、分享信息、创造性及执行能力
Slater和Narver (1994)	企业家精神、有效的领导、组织结构、分散的战略规划和市场导向
Goh和Richards (1997)	目标任务共识、领导承诺与授权、试验与鼓励、知识传递能力和团队工作能力
Sinkula、Baker和Noordewier (1997)	学习承诺、共同愿景、开放的心智
Hult和Ferrell (1997)	团队导向、系统导向、学习导向和记忆导向
Pilar等(2005)	系统角度、管理承诺、开放性和试验、知识传递与融合
吴价宝(2003，2010)	目标和任务的明确性、领导的承诺与授权、实验与奖励、员工教育与培训、知识转移、团队工作、组织文化
罗慧、万迪昉和赵海峰(2004)	环境认知度、绩效认知度、组织包容度、实验认知度、培训持续性、运作多样性、领导模式和系统性
陈国权和郑红平(2005)	发现能力、发明能力、选择能力、执行能力、推广能力、反馈能力、知识管理能力
芮明杰(2005)	创新优势、投资愿景、双向沟通、组织文化和价值愿景

资料来源：笔者根据文献整理而得。

四、组织学习和技术创新及技术创新绩效之间的关系

组织学习与技术创新的关系是非常密切的，许多专家学者研究了二者之间的关系。企业通过组织学习能够解决问题(Alegre和Chiva，2008)、适应环境(Pilar，2005)、提高企业绩效(如张方华，2011；刘冰，2011)、形成企业的核心

竞争力(West和Noel, 2009)等，最终将推动企业的长远发展。

Crossan等(1999)通过对组织学习框架的分析发现，很多情况下，组织学习与知识理论是创新研究的理论基础。创新在本质上是一个知识重构的过程，而组织持续创新的唯一方法就是不断地通过组织学习更新其知识基础(Dosi，1988；Grant，1996；Kogut和Zander，1992；Fleeting，2001)。Teece(2000)研究发现企业的技术创新来源于组织学习，这就意味着组织学习是一种无形资产，对企业的创新起到非常重要的作用。周玉泉等(2005)提出组织学习的不同方式(内、外部学习)会对企业的运作能力和动态能力产生不同的影响，认为内部学习有助于提升企业运作能力，从而有利于渐进式创新；外部学习有利于提升组织动态能力，对渐进创新和突变创新均有正向影响。

朱桂龙等(2008)在借鉴了Klein和Rosenberger提出的技术创新过程模型的基础上，提出了结合组织学习的技术创新过程模型(如图2–1所示)。他们认为在企业技术创新过程的不同阶段，会有不同的与之相匹配的组织学习机制，而这个不同阶段逐步转化的过程中，组织学习影响着企业对不同的技术创新类型的选择、改变这企业技术创新过程的速度。

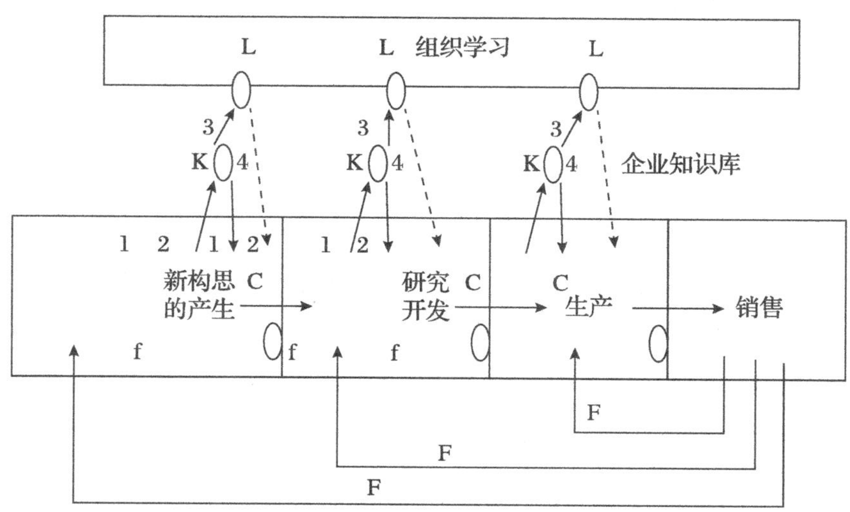

图2–1 结合组织学习的技术创新过程模型

谢洪明等(2008)以中国珠江三角洲的许多企业为数据样本，实证研究了社会资本(组织内部社会资本和外部社会资本)、组织学习与组织创新三者之间的关系。研究指出，组织学习对组织技术创新和管理创新都有着显著的直接影响。焦豪等(2008)研究了企业动态能力的构建路径，建立了“创业导向—组织学习—动态能力”的概念模型，研究发现组织学习对创业导向与动态能力之间关系有着显著的中介效应；而且，组织学习对动态能力有着显著正向作用。陈万思等(2013)研究了战略人力资源管理效能、组织学习与创新这三者之间的关系，研究发现，组织学习对战略人力资源管理效能与创新关系起着显著的中介效应；而且，组织学习对组织创新有着显著正向作用。杨冬冬(2015)以上海市的高新技术企业作为案例企业进行研究，发现可以通过提高企业研发学习能力、加大知识资源和创新资金的投入来改善高新企业技术创新动态能力，进而帮助企业取得和维持竞争优势。

资源的投入对提升企业技术创新绩效固然重要，但是组织学习对技术创新绩效的影响也不容小觑。Prahalad和Hamel(1990)在研究在核心竞争力时候，发现组织学习对企业的核心竞争力有着非常大的影响作用，这其中又以知识的学习和积累、知识和技术的协调以及知识与组织业务价值观的匹配等因素所起的作用为甚。Alegre和Chiva(2013)以组织学习能力与创新绩效为调节变量，研究了创业导向与企业绩效的关系，研究发现组织学习的能力对创业导向与企业绩效之间关系有着显著的调节效应，与企业创新绩效有着显著的正向作用。张晓黎(2013)对全球研发领先通信及技术设备制造类企业的实证研究发现，企业的组织学习比研发资金投入对技术创新绩效的影响更大。来顺玲(2015)研究发现，高技术企业的组织学习和技术创新绩效正相关，组织学习不同维度对技术创新绩效不同维度的影响有强有弱。

基于以上的分析可知，组织学习对企业的技术创新、技术创新动态能力和技术创新绩效都有着显著的影响。

第五节 文献简评

本章从企业技术创新及技术创新绩效、互补资产与技术创新的关系、技术创新动态能力和组织学习与技术创新的关系四个部分对相关文献进行了系统梳理和综述，有以下发现。

①技术创新的含义和作用的界定已经有了较多的分析，形成了较为统一的认识。而对技术创新绩效概念的界定则还不太统一，对技术创新绩效的影响因素，目前主要是从政府政策、环境规制、人力资本、公司治理及组织文化制度等角度进行研究。

②对互补资产的概念和内涵也做了较多的分析研究，从不同的角度对其进行分类。而对互补资产与技术创新的关系主要是从互补资产对技术创新投入的影响、互补资产对技术创新类型的影响、互补资产对合作创新动机的影响和互补资产对技术创新利益分配的影响等方面进行分析研究。

③技术创新动态能力的概念和内涵也做了一定的分析，其产生动机、理论内涵、构成维度等方面也有了一定的研究，通常认为技术创新动态能力对企业技术创新有着正向的影响作用。

④组织学习的理论框架较为丰富和完善，通常认为组织学习对组织的产品创新和技术创新有着显著的影响。

现有的研究成果有以下特点：第一，对技术创新动态能力的定义及其构成和技术创新动态能力与创新能力、创新绩效关系的研究理论观点上还有较大分歧，各人的认识有较大的不同，甚至有的得出相反的结论；第二，目前将技术创新动态能力作为一个独立主题进行研究的成果还比较少见，多是以零散的形式进行，研究还不系统，但技术创新动态能力作为企业持续创新和持续竞争优势的来源，已经引起国内外学者的关注；第三，对企业动态能力和企业技术创新动态能力构建策略的研究目前大多是从组织学习、知识管理的角度进行的，研究视角较单一，从新的视角研究企业技术创新动态能力已成为未来的一个方向；第四，在既往研究中，技术创新动态能力或者是自变量，或者是因变量，将技术创新动态能力作为中间变量来进行研究，探讨技术创新动态能力对资源和绩效关系的中介作用的研究还没有看到。

本研究综合分析后认为，虽然互补资产对技术创新的影响、技术创新动态能力的概念界定和内涵构成、技术创新动态能力与技术创新的关系等已经有了一些的研究，但是，还很不全面和系统，其中还有大量的研究空白需要去填补。因此，基于资源学派“资源—能力—绩效”的理论分析框架，以互补资产为研究视角，研究探讨技术创新动态能力对互补资产与技术创新绩效关系的中介效应，建设“互补资产—技术创新动态能力—技术创新绩效”理论分析框架，就应当是进一步研究的问题。这将从研究视角和模型范式两个方面对技术创新动态能力理论和技术创新理论研究进行重要的补充，能在一定程度上丰富技术创新理论、技术创新动态能力理论和战略管理理论。

第三章　技术创新动态能力概念界定和实证检验

第一节 技术创新动态能力概念界定

一、引言

技术创新动态能力的提出是以动态能力这个概念为基础的，动态能力是在研究企业可持续竞争优势的来源问题时提出的。对动态能力的理解，西方学术界有两种不同的观点。一种观点认为，动态能力是一种组织能力。1992年，Leobard–Barton指出动态能力是企业整合、建立及重构其内外部的竞争力，是应对外部环境快速变动的能力。2009年，Teece提出动态能力是企业感知机会、捕捉机会和通过重组企业内外资产管控威胁的能力。另一种观点认为，动态能力是企业利用资源的流程和惯例。2000年，Eisenhardt和Martin提出，动态能力是企业利用资源的流程——整合、重构、获取和放弃资源——以适应或创造市场的变革，它是组织的和战略性的惯例。我国学者根据研究的主题不同，对动态能力也提出了一些不同的看法。例如，沈淀荣和王琛将企业动态能力定义为市场感知能力、整合重构能力、学习吸收能力和网络协调能力；焦豪等人将动态能力界定为环境洞察能力、变革更新能力和技术柔性能力。

近年来，理论界以动态能力为基础，提出了技术创新动态能力和动态创新能力这两个类似的概念。2012年，徐向艺、徐宁等提出了技术创新动态能力这个概念，他们将这一概念界定为企业技术创新的投入能力、产出能力和转化能力。2013年，Colin等人以Zollo和Winter的动态能力观为基础，提出了动态创新能力这个概念，按照他们的说法，动态创新能力是一种运作能力，包括组织的学习流程和惯例，这些流程和惯例来源于创新性的知识和一个企业创新性知识资源和惯例的转化。这两个定义都有明显的局限性，前者把技术创新动态能力看成了一种静态的能力，没有掌握技术创新动态能力的“动态”特征。后者虽然以Zollo和Winter的动态能力观为基础，但仍然将动态创新能力看成具有静态特征的运作能力，而且对动态创新能力界定较宽泛，没有结合技术创新界定动态创新能力。技术创新动态能力是动态能力的一个组成部分，对技术创新动态能力的认识，是不能脱离企业动态能力这个基础的。

技术创新动态能力作为一个新的概念，从理论上准确地把握其内涵，厘清其构成，是开展实证研究、推动其理论研究不断深入的前提。同时，在当今技术、市场和竞争不断变化的环境中，研究这一问题，对于有效地管理和增强企业的持续技术创新能力，从而增强企业持续竞争优势也具有重要的现实意义。

二、企业技术创新动态能力是高层次的技术变革能力

近20年，动态能力理论得到了战略管理学界的广泛关注，但对动态能力内涵的界定却一直没有统一。人们基于不同的基础理论，对动态能力做出了不同的解释。例如，Teece等人(1997)从企业的资源基础观出发，认为动态能力是整合、建立与重构企业的内外部的竞争力，以便更好地应对环境快速变动的能力。Eisenhardt和Martin(2000)以及Zollo和Winter(2002)等人则从演化理论的角度，把动态能力看成是企业利用资源的流程或嵌入组织流程中的惯例，即重构、整合、获取或者放弃资源，以便适应或者创造市场变革的组织性的和战略性的惯例。Zahra和George(2002)从知识基础观的角度，认为动态能力是企业创造和利用知识的能力，即知识的吸收能力。

尽管人们对动态能力的看法不同，但有一点是相同的，他们都把动态能力看作企业在变化环境中的一种变革能力。各种动态能力观都认为，环境的变化会使企业的基本构成单元(如资源、流程和惯例等)与环境不相适应，从而企业绩效降低，甚至难以生存，因此，要求通过变革企业的基本构成单元，恢复企业与外部环境的匹配，使企业重获竞争优势。

变革理论涉及四个基本问题：企业为什么变革？变革什么？如何变革？变革的结果如何？由于研究视角不同，在动态能力观中，不同学者对于企业变革的原因、变革的内容、变革的过程和结果的认识是不同的。本文根据相关文献整理归纳了各种动态能力观对企业变革四个基本问题的回答(见表3-1)。

既然动态能力属于一种企业变革能力，那么，企业技术创新动态能力作为动态能力的一个构成部分，也属于企业变革能力的一部分。结合企业变革理论的理论框架，我们将企业技术创新动态能力界定为：企业为了应对环境中已经发生的或未来可能发生的变化，不断地吸收和整合企业内外部的技术创新资源、完善企业技术创新的资源基础、重构企业技术创新的流程和惯例、推动企业技术创新能力不断提升的能力。

按照上述界定，企业技术创新动态能力不同于技术创新能力。技术创新能

力指的是企业对新技术的开发及产业化能力，它是建立在企业现有的创新资源、创新流程与惯例基础上的一种能力，这种能力我们称之为静态的技术变革能力。技术创新动态能力是重构和优化企业的创新资源基础，变革创新流程与惯例，推动企业创新能力不断提升的能力，它是比技术创新能力更高层次的、动态的技术变革能力。

表3-1　各种动态能力观对企业变革的认识

代表人物	动态能力的界定	为什么变革	变革什么	如何变革	变革的结果
Teece (1997)	企业整合、构建和重组内外部的竞争力，以适应环境快速变化的能力	快速变化的环境需要重构企业的资源基础	专属的企业资源	发挥组织流程的作用，如协调或整合、学习和重构	使企业资源与环境匹配，重新构建企业的竞争优势
Eisenhardt和Martin (2000)	企业使用资源的流程，尤其是整合、重构、获取、放弃资源，以适应或创造市场变化的流程	在变化相对不大的产业环境中，动态能力是分析性的惯例，而在快速变化的环境中，动态能力是简单的、经验性的惯例	资源	发挥特殊的、战略性的和组织性的惯例的作用，如战略联盟、战略决策等	通过资源与新的价值创造战略的结合，创造新的竞争优势
Zollo和Winter (2002)	能系统地创造和修正其运作惯例，以提高组织效率的探索性惯例，即一种稳定的、集体活动的学习模式	外部环境的变化要求企业改变现有的运作惯例	运作惯例	通过经验积累、知识表述和知识编码三个相互衔接的循环学习过程，系统地改进运作惯例	通过更好的运作惯例提高组织效率
Zott(2003)	一系列指导企业的资源结构演化的惯例	外部环境的变化要求企业改变现有的资源结构和惯例	资源、运作惯例与活动	改变流程或组织惯例，即改变企业资源结构和运作惯例	动态能力和绩效的联系是间接的，成本、学习和资源配置及时性的相互影响，会形成不同的绩效

续表

代表人物	动态能力的界定	为什么变革	变革什么	如何变革	变革的结果
Helfat et al.(2007)	企业有目的的创造、延伸或修改其资源基础的能力	环境的根本性或非根本性的变化都要求企业适时地改变资源基础	资源基础	变革资源配置流程	具有稀缺性、价值性、难以模仿和替代性的资源和能力是价值创造与价值占有的来源
Zahra和George(2002)	企业创造和利用知识的能力(即吸收能力)，有两类动态能力：现实的动态能力和潜在的动态能力	动态环境中，企业需要不断地创造和利用新的知识	知识	变革企业获取、吸收、转化和利用知识的流程或惯例	具有的稀缺性、价值性、难以模仿和替代的知识创造与利用能力可使企业具有竞争优势，利益占有制度和互补资产的获取会影响价值的占有

资料来源：笔者根据文献整理。

三、企业技术创新动态能力内含的变革理念

作为一种动态能力，企业技术创新动态能力的作用是提升企业的技术变革能力。企业技术创新动态能力对变革理论四个基本问题的回答可以归纳为图3–1。

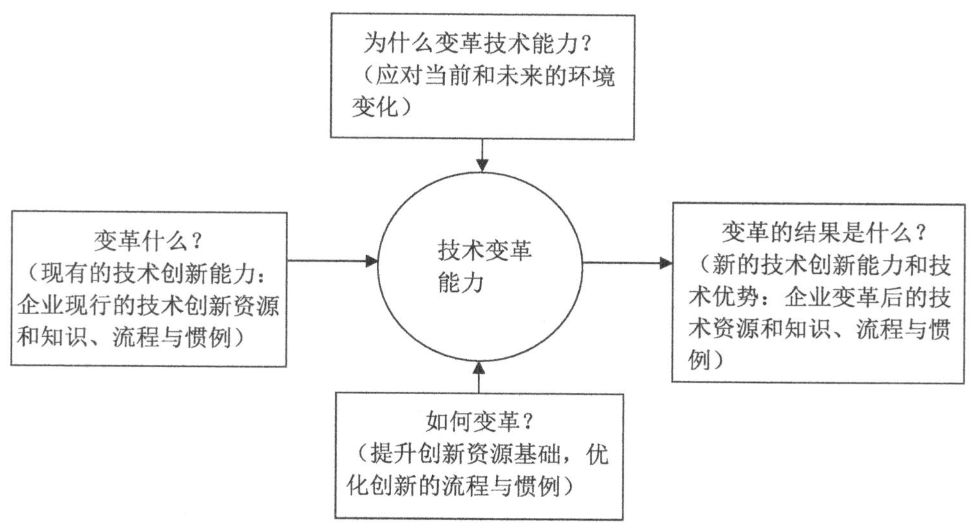

图3–1 企业技术创新动态能力的变革思想

1. 为什么要变革技术能力

企业提升技术能力，探索新技术的动因，包括应对其他技术的替代性威胁和满足顾客的新需求。无论是基础科学，还是应用科学技术的突破，都会给产业的发展提供较多的技术机会，由此引发出许多替代性的技术，这些替代性技术的出现，使拥有更好的技术和产品的市场新进入者会替代现有企业。这种技术“环境动态性”或“环境不确定性”所引起的产业动荡，会给企业的技术变革和提升技术变革的能力带来压力。顾客的新需求也是触发新技术探索的重要原因，例如，计算机软件功能越来越强大对更强大的电脑硬件设备提出了新的需求，从而推动电脑硬件设备不断地创新。

2. 变革什么

根据变革理论，变革企业技术能力就是要变革技术能力的基本构成单元。现代战略管理理论认为，能力是以资源为基础的，它是资源通过组织的配置和利用而向绩效转化的一个中介体，它是嵌入在组织的流程或活动，以及组织的惯例中的。资源是企业的实力，而不是能力的体现，拥有创新资源并不等于就拥有创新能力，创新资源只有通过惯例和流程实现有效的配置和利用才会体现出创新能力。企业的技术创新能力是实力与能力的叠加，因此，企业技术能力的基本构成单元包括知识在内的资源、流程和惯例，变革企业的技术创新能力就是变革企业的创新资源基础、流程与惯例。

3. 如何变革

技术能力的变革是一个学习和探索的过程，虽然管理者是有限理性的，他们不能确知产业技术、市场需求的变化方向，但他们可以对创新资源以及以知识为基础的技术创新流程和惯例进行投资和探索，以此来预期、适应、甚至创造和影响产业技术的变化。技术创新资源的获取和配置方式是由企业层面的流程和惯例决定的，流程和惯例直接影响企业对新的资源和知识的认知与获取，以及新旧资源的组合和对新的资源和知识的投资。技术创新资源的获取和配置的流程和惯例是随着企业对现实的和潜在的环境的感知而改变的。

4. 变革的结果

企业技术能力变革中形成的新的创新资源、流程和惯例决定创新资源的配置方式，从而直接决定企业技术创新能力的差异，因为这些资源、流程和惯例的形成是有路径依赖性的。每个企业对环境的感知是不同的，内生性的经验性学习是创造出新的资源基础、流程与惯例的重要方式，企业的学习方式也是受其历史影响的。因此，通过学习探索开发出的新的创新资源和能力在不同的企业间是具有稀缺性、不可模仿性和不可替代性的，它最终会形成企业创新绩效的差异。

四、企业技术创新动态能力的构成

本研究认为，企业技术创新动态能力作为推动企业技术变革的能力，它是由感知与识别技术机会的能力、整合外部创新资源的能力和环境适应性的组织变革能力三个维度构成的。

（一）感知与识别技术机会的能力

感知与识别技术机会是推动技术创新的前提，只有感知了环境变化提供的技术机会，才可能采取相应的投资行为，按照新的技术的要求调整创新资源、创新流程与惯例，以便更好地探索新的技术。实践已经证明，那些能够较好地感知、并能提前行动的企业，都成功地适应或主导了技术的变革，保持了技术的领先地位。相反，那些对技术变革趋势不敏感的企业，往往对技术环境的变革反应迟钝，结果常常被技术变革所淘汰或丧失技术优势。

感知与识别技术机会是一项极富智慧、创造、学习和解释性的活动。机会的感知与识别能力不仅存在于人们的认知能力中，而且存在于组织惯例和流程中。个人认知能力、组织知识和组织学习能力对企业感知与识别技术机会是很明显的，尤其是用户对问题解决方案的需求知识，是需要运用专门的知识、创造性活动以及对顾客需求的判断力去获取的。在很多情况下，企业感知与识别技术机会的能力也是与企业利用信息的能力密切相关的。每个企业利用信息的能力是有区别的，这种能力包括对各种科技、顾客信息的理解，甚至包括对一个图表、一幅画、交易展示会上与顾客的一段对话、科技突破的一则新闻，甚至一位失望顾客的抱怨的敏感与认知能力。如果企业能够积累这些信息，并对其保持足够的敏感，并从社会契约的角度运用专业的知识去提炼信息，从而对技术的变革、顾客的需求做出推测或假设，则能在变革的产业环境中更好地主导技术能力变革的方向，保持技术创新的活力和技术领先地位。

（二）整合创新资源的能力

知识是企业最重要的创新资源，吸收知识的能力一开始就受到了动态能力理论的重视，在战略管理理论中，知识的吸收能力是和动态能力同时发展起来的。企业的知识吸收能力指的是企业从环境中获取、吸纳和利用知识的能力，它是由吸收知识的一系列流程和惯例构成的。

根据知识基础观，企业的基本职能是利用知识去创造价值。企业所需的知识一部分由企业内部的员工掌握，另一部分由企业外部主体掌握。企业在技术创新中简单地运用现有的创新流程与惯例，利用企业内部员工现有知识而开发出新技术的能力，属于静态的技术创新能力，而不属于技术创新动态能力,因为它没有改变或提升企业的知识基础。只有开发出整合企业员工知识的新流程或新惯例，推动知识创新能力提升的能力才属于动态能力。企业吸收外部知识的过程是外部环境对企业的回馈过程，对外部知识的吸收不仅改变和提升了企业现有的知识基础，而且能使企业运用新的知识调整和完善企业的技术创新流程和惯例，从而达到提升企业技术能力的目的，因此，外部知识的吸收能力是一种动态的能力。

外部创新资源除了知识资源外，还包括技术创新所需的其他有形和无形资产，如企业的财务资源、物质资源、营销网络、专利技术和品牌资产等物质基础设施。企业对这些物质基础设施的获取能力也是企业技术能力的基础，决定企业对新技术的开发能力。同时，企业获取物质基础设施的能力，也是企业技术创新下游的新技术产业化能力的基础，它决定着企业新技术产业化能力和企业从技术创新中能占有的价值。

（三）环境适应性的组织变革能力

企业在面对外部环境提供的技术机会，面对可以整合与利用的外部知识和创新资源时，还应具有克服现有的组织流程和惯例的阻碍，并创造新的组织流程与惯例的能力。

感知与识别技术机会的能力是可能受到组织惯例和流程的制约的。一个以效率为目标建立的企业，较多的管理层级会使决策者对新的技术机会丧失应有的敏感，信息向组织层级上层和下层流动时也可能存在扭曲和漏损，影响人们对机会的正确感知，因此，效率型企业在向创新型企业转变时，必须设计出一种地方分权的组织惯例和流程，因为分散化的、具有较大的地方分权的组织是不太可能对市场和技术的发展视而不见的。

感知和识别了一个技术机会，需要通过投资研究开发和产业化活动去捕捉它。通常情况下，一个技术机会刚出现时，存在多种竞争性的投资路径，在主导设计不明确时，任何投资都存在着风险，捕捉机会需要企业具有承担风险的意愿。同时，新的技术机会出现时，企业还必须有选择和创造一种具体适用的商业模式的能力。大量的证据显示，新技术的成功商业化与商业模式的选择关系密切，商业模式的选择和新技术的研究与开发本身一样重要。

对风险的认识和承担风险的意愿，以及给新技术的商业化选择适宜的商业模式，往往会受到企业旧的习惯思维、观念、惯例、决策流程等组织因素的制约，因为具有决策权的管理者往往更乐于支持那些未来的现金流能明确推断的投资项目，那些未来现金流不明确或充满风险的新项目是竞争不过现有项目的。在这种情况下，管理层中的新机会的支持者应当说服或者击败反对者，改变内部观念，建立新的观念，或者通过某些策略改变企业的管理系统及决策机制，建立新的决策流程与惯例，以便克服现有的决策规则和资源分配流程中的某些不利于创新的因素。

企业吸收知识及其他创新资源的能力与企业和外部的关系结构，企业对员工的授权、创新激励政策等组织管理流程和惯例密切相关。例如，拥有较多资产的企业可能会忽视外部知识和资源的利用，也可能忽视对外部创新成果的吸收与应用，以及对企业创新成果的社会化应用。前者会使企业在技术创新上游难以发现根本性的潜在创新，后者会使企业在技术创新下游难以充分利用企业内外部的创新成果，占有创新的价值。通过吸收外部知识和创新资源提升创新能力，要求企业能克服旧的创新资源体系形成的旧惯例和旧的决策流程。

在合作网络中吸收和整合知识，企业建立良好的激励、知识共享、集体学习机制，以及良好的知识整合流程是很重要的，这是技术创新动态能力的一个基础。同样地，控制和管理技术诀窍，防止知识产权的“漏损”、偷用和滥用也是重要的。联合研究开发活动以及生产的外包同样需要企业建立有效的治理流程去管控和保护技术诀窍和知识产权。建立有效的治理机制，既具有促进技术的流动和商业化的能力，也有防止知识产权偷用和滥用的能力，这也是一种重要的技术创新动态能力。

第二节 技术创新动态能力维度验证及其与互补资产关系研究

一、互补资产与企业技术创新动态能力的关系分析

由于技术创新动态能力的提出比较晚，因此关于互补资产和技术创新动态能力关系的研究较少，文献多集中于互补资产与技术创新、互补资产与动态能力的关系上面。如Ashish Arora和Alfonso Gambardella(1990)、Constance E. Helfat(1997)、Herbert Dawid(2003)等人研究了互补资产对技术创新投入的影响，Stefan Thomke和Walter Kuemmerle(2002)、Morgan Swink(2007)、Yi-Chia Chiu(2008)研究了互补资产对不同技术创新类型的影响，Teece(1986)、Ashish Arora和Alfonso Gambardella(2006)等人研究了互补资产对技术创新利益分配的影响。Alva Taylor和Constance E. Helfat(2009)通过研究IBM和NCR的技术转换，形成了基于四个关键因素——经济、结构、社会和认知的理论框架，分析了互补资产和动态能力在技术转换过程中的关系。Jie-Heng Lin和Ming-Yeu Wang(2015)通过对台湾生物技术企业的实证分析得出结论：互补性资产和专利创新独占性对专利商业化绩效有显著的正向影响。市场感知能力显著正向调节互补资产和专利商业化性能之间的关系，而该调节作用对独占性和商业化的绩效不显著。

互补资产各维度与技术创新动态能力之间的关系具体分析如下所述。

（一）互补物质资产与技术创新动态能力的关系

Teece(1986)在研究创新的价值分配时，提出了互补资产的概念。在该概念中，就包含了显性的物质资产，随后，其根据互补资产与创新的关系，把互补资产分为通用互补资产、专用互补资产和双专用互补资产。这都包含了大量的互补物质资产。Constance E. Helfat(1997)研究了二十世纪七八十年代美国石油工业企业的互补知识资产和互补物质资产对煤炭转化技术研发的影响。他发现，拥有大量的互补知识资产和互补物质资产的企业会在煤炭气化和液化研究上进行更多的投入。Stefan Thomke和Walter Kuemmerle(2002)研究发现，拥有

较多互补资产的企业倾向于渐进式创新，这是因为在过去的研发中形成的互补技术和研发互补资产，会在原有的技术体系内给企业提供许多新的技术机会。

大量的实证研究表明，拥有较多专用互补制造资产的企业会疏于突破性创新，因为，专用互补制造资产缺乏灵活性，突破性创新会摧毁或降低其价值。例如，Tripsas(1997)在研究排字机产业的技术演变过程时发现，当在位企业的核心技术被新一代排字机技术摧毁时，只要专用制造能力等互补资产仍有价值，这些在位企业仍能保持在行业中的主导地位。在第一次技术变革中，照相排字机取代铸字排字机技术，这时，不仅铸字排字机的核心技术价值被摧毁，其互补资产的价值也丧失了，在位企业被新企业所取代。在电子排字机取代照相排字机第二次技术变革中，和由激光照排机取代电子排字机的第三次技术变革中，新技术只是摧毁了核心技术的价值，并没有摧毁互补资产的价值，因此，在这两次技术变革中，在位企业在行业中的主导地位没有动摇。

Morgan Swink(2007)根据对224家工厂的调查数据分析发现，应用先进制造技术(AMT)和设计制造一体化(DMI)技术提高制造系统的柔性，所需的设备投资是巨大的，并会带来更高的配件和维修费用，成本非常高昂。

通过对既往研究的分析可知，物质资产对技术创新动态能力主要是起到了物质基础的作用。企业拥有良好的实验设备和研制平台用于创新研发活动、企业拥有先进的生产工艺和生产方法、企业的销售网络和营销渠道能满足大规模生产的需要、企业和其他同类企业相比拥有更好的品牌形象、企业的研究开发资金能满足研发的需要、企业用于员工技能培训的资金能够满足培训的需要等，可以为企业技术创新提供丰富而完备的物质基础，从而增强技术创新动态能力。

（二）互补知识资产与技术创新动态能力的关系

事实上，动态能力理论的奠基者Teece非常重视知识资产的重要性，其认为知识资产是企业能力的基础，而企业能力则是企业产品和服务的基础。企业的本质要素是创造、转移、组合、集成和利用知识资源的能力(Teece，1998)。近些年来，越来越多的动态能力领域的学者开始借鉴知识理论的视角，强调知识是动态能力运作的所有资源中最关键的一类资源(Pavlou和el Sawy, 2004)，认为动态能力通过基于知识的流程支撑了企业的持续更新(Prieto 和Easterby-

Smith, 2006)，或是认为知识管理可以有效地推动动态能力(Cepeda 和Vera, 2005；Goldet al., 2001；Haas和Hansen, 2005；Sher和Lee, 2004)，或是直接将动态能力理解为一个知识处理的循环流程(Zollo和Winter, 2002；Zott, 2003；Dougherty et al., 2004)。

例如，Zahra和George(2002)认为，动态能力是吸收能力的重定义，是关于知识的创造和利用，增强企业获取和保持竞争优势的能力。Verona和Ravasi(2003)提出，应充分认识动态能力基于知识的本质特征，他们将动态能力理解为知识创造和吸收、知识整合和知识重构三种过程。Cepeda和Vera(2005)认为，动态能力的发展和使用的背后是一系列知识管理过程，包括选择企业所需的知识、复制新知识以及保持新知识，而动态能力的产出——可用的知识组合是新的运作能力的基石。他们还通过实证研究定量分析了这些知识管理过程之间以及与企业远景和价值定位之间的作用关系。Prieto等(2008)在讨论新产品开发中的动态能力时，认为动态能力包含知识产生、知识集成和知识重构三个维度。

Easterby-Smith和Prieto (2008)对动态能力理论和知识观及知识管理理论的联系做了系统探讨。他们认为，首先，动态能力与知识观理论均认同组织学习以及知识变革和适应的重要性；其次，尽管动态能力理论强调企业各种资源的更新而知识观理论聚焦于知识资源，但在两种理论研究领域中都产生了许多关于知识开发和知识利用过程的研究(Zollo和Winter, 2002；Swan et al., 1999, 2000)；最后，两种理论都认为知识资源对于获取和保持竞争优势有着关键性的作用(Tidd et al.,1997)。与Cepeda和Vera(2005)的观点类似，Easterby-Smith和Prieto也认为受知识管理推动的动态能力影响着特定运营和职能能力并进而对企业绩效产生显著影响。

焦豪等(2008)以组织学习为中介变量，构建并验证了创业导向与动态能力之间的关系，研究显示组织学习对动态能力有显著正效应。杨冬冬(2015)的研究表明人力资源对动态能力有积极的作用，应该对人才资源予以激励，有助于企业保留更多优秀的人才资源。

企业拥有许多与核心技术相关的其他学科的高素质的技术人员，企业经常组织各学科的技术人员开展交流、研讨技术问题，企业的信息系统能帮助员工获取和利用所需的相关知识，企业在技术创新中能有效地利用合作单位掌握的相关学科的知识，企业能适时根据顾客对产品与服务喜好的变化进行产品的改进，企业能够从外部获取专家建议等智力资本用于支持管理决策等，这些可以为企业技术创新提供丰富的创新知识和智力支持，从而增强技术创新动态能力。

（三）互补组织资产与技术创新动态能力的关系

企业的经营管理者是企业技术创新的决策者和资源的配置者，而管理者的认知是其决策的基础(Adner和Helfat，2003)。企业技术创新活动需得到管理者的认同才能获得所需的创新资源，管理者的心智模式和信念决定他们对竞争环境和技术机会的感知，从而决定企业技术研发的方向，决定技术创新的投入水平及其成果商业化的模式选择。Corbett et al. (2011)认为企业决策的搜寻、选择和部署部分取决于管理者个人如何去看待企业成功开发新措施(认知和计划)的安排、意愿和能力。管理者对企业未来的思考、预想和计划已经埋藏在认知之中。其研究表明，企业与其管理者的认知与将执行的计划一致时容易获得成功。企业在部署、意愿和能力三个方面的感知平衡，有利于企业抓住机会和改造组织，是动态能力发展的关键。

组织文化是组织成员共同的价值观、信念和隐藏的假设(Cameron和Quinn, 1999；Denison, 1990；Deshpande和Webster, 1989；Miron et al, 2004)。许多文献都得出了组织文化对创新有重要决定性作用的结论(Ahmed, 1998；Higgins和McAllaster, 2002；Jamrog et al, 2006；Jassawalla和Sashittal, 2002；Lau和Ngo, 2004；Martin和Terblanche, 2003；Mumford, 2000)。

组织结构常常通过影响组织的学习和知识的共享而影响创新，文献普遍认为，等级型的结构不利于企业内部各部门间的知识共享和创新，而扁平型的结构是有利于企业内部各部门的知识共享和创新的(Wenpin Tsai，2002；Elias Kyriazis和Graham R. Massey，2005)。杨冬冬(2015)研究发现不同的组织结构，对动态创新能力的影响是不同的；高耸型组织结构的企业，对动态识别能力的影响则相对较弱。同时，他认为，研发学习能力对高新企业的动态能力提升具有推动作用。

公司治理模式决定企业技术创新的决策，不同的决策对创新形成的激励与约束是不同的，最后会影响创新的结果，因此，公司治理模式是企业技术创新的制度基础(O'Sullivan, 2000；Belloc, 2012)。徐宁、徐向艺(2012)运用中国高科技上市公司2007—2010年的平衡面板数据，对高管控制权激励与技术创新动态能力的关联性进行实证检验，结果表明：控制权激励与技术创新动态能力之间存在显著的倒U型关系，即当达到极值之前，控制权激励以积极性为主导从而对技术创新动态能力具有促进效应，但超过此极值，控制权激励的消极性逐渐凸显，转而对技术创新动态能力产生明显的抑制效应。因此，保持适度的控制权激励力度、并对显性激励与隐性激励进行合理配置是提升上市公司技术创新动态能力的理性选择。李小青、胡朝霞(2016)研究表明董事会对企业技术创新能力具有重要影响。研究显示，董事会成员“输出职能”背景、教育水平与技术创新动态能力显著正相关，董事会成员行业外背景与技术创新动态能力显著负相关，CEO控制权负向调节了董事会成员职能背景、教育水平与技术创新动态能力之间的关系。

（四）互补关系资产与技术创新动态能力的关系

动态能力的构建与发展不仅受到个人层面和企业层面的影响，同时也受到来自网络层面的影响(Eisenhardt和Martin, 2000；Zollo和Winter, 2002)。Hodgson(1993)认为系统中的任何元素都是它与其他实体关系的结果，其中的个体既构成了社会又由社会构成。例如，Tsai和Ghoshal(1998)就认为企业可以从其所处的社会网络中获得知识资源。同时，企业在社会网络中要维持其异质性，仅仅与一个合作伙伴进行合作是无法适应环境变化的，必须与多个网络成员保持联系，才能获取多种来源的信息并感知机会，并进一步构建动态能力(Doving和Goodetham, 2008)。

与企业作为一个个体单独开发和吸收知识相比，企业之间的联系与关系使组织能够更好地开发和吸收知识(Ahuja，1998)。在社会网络中企业间形成了信息传递的联动结构，企业嵌入社会网络之中有利于企业增加获得信息的机会，企业可以从合作伙伴和其合作伙伴的合作伙伴处获得信息(Gulati，1995)，这有利于企业的技术创新和技术创新动态能力的提升。

信息共享和信任是共同解决问题的先决条件，它们使各自的想法交流更加自由，在企业获取能力和能力整合方面发挥了重要的作用(McEvily和Marcus,

2005)。Tan和Thoen (2001)认为只有个人之间的信任超过了他们的个人阈值，个人才会参与交易。组织和个人都倾向于做出理性而有效的选择和决策。此时，企业网络中的成员的关系质量就显得尤为重要，在高质量的彼此关系中，企业才会更好地发挥其动态能力，获取值得信赖的信息、迅速做出有效的决策，根据环境的变化对资源进行重新配置。

根据格兰诺维特(Granovetter，1992)对网络中关系类型的划分，可以将网络成员之间的关系分为强、弱两种关系。这两种关系可以分别对动态能力产生影响。Tiwana(2008)认为这两种关系对动态能力分别产生不同的影响，并且在知识整合等方面会起到互补作用。二者相互作用，影响动态能力、使企业提高适应环境的能力。国内的学者(章威，2009；杜健等，2011；姜爱军，2012)从社会资本结构维度的角度论证了结构性嵌入与动态能力之间的关系，社会网络成员的多样性也会带来知识和能力的多样性，与企业整合知识与能力的能力(动态能力)正相关。

企业各部门、企业与合作单位间能较好地沟通和配合工作，企业与合作单位有长期的共同利益，企业各部门、企业与合作单位间都愿意共享知识和创新资源，企业各部门、企业与合作单位间相互认同彼此的价值，企业各部门、企业与合作单位间有比较好的合作政策和程序，企业各部门、企业与合作单位间一旦违反互利互惠的合作行为，就会受到失去信誉的处罚等，这些可以为企业技术创新提供很好的关系支持，从而增强技术创新动态能力。

根据资源学派提出“资源—能力”的理论分析框架，本研究认为，互补资产作为企业的重要资源，它对企业的技术创新动态能力产生重要的影响。基于这一认识，本研究提出以下概念模型（如图3–2所示）。

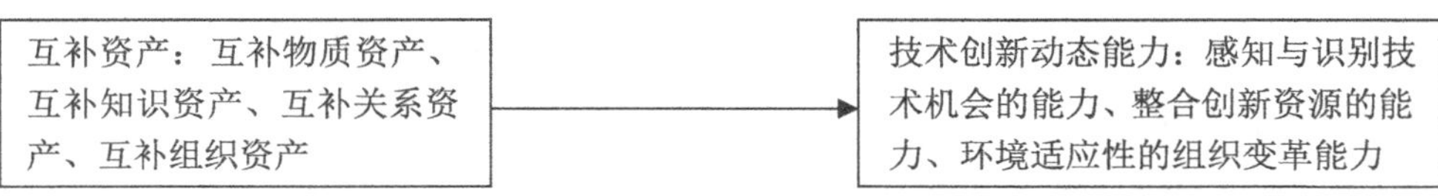

图3–2 互补资产与技术创新动态能力的概念模型

本研究拟通过这一模型来研究互补资产和技术创新动态能力之间的深层次

关系。基于以上分析，笔者提出以下假设。

假设H1：技术创新动态能力是由感知与识别技术机会的能力、整合创新资源的能力和环境适应性的组织变革能力3个维度构成的。

假设H2：互补资产对技术创新动态能力有显著的正向作用。

假设H2.1：互补物质资产对感知与识别技术机会的能力有显著的正向作用。

假设H2.2：互补知识资产对感知与识别技术机会的能力有显著的正向作用。

假设H2.3：互补关系资产对感知与识别技术机会的能力有显著的正向作用。

假设H2.4：互补组织资产对感知与识别技术机会的能力有显著的正向作用。

假设H2.5：互补物质资产对整合创新资源的能力有显著的正向作用。

假设H2.6：互补知识资产对整合创新资源的能力有显著的正向作用。

假设H2.7：互补关系资产对整合创新资源的能力有显著的正向作用。

假设H2.8：互补组织资产对整合创新资源的能力有显著的正向作用。

假设H2.9：互补物质资产对环境适应性的组织变革能力有显著的正向作用。

假设H2.10：互补知识资产对环境适应性的组织变革能力有显著的正向作用。

假设H2.11：互补关系资产对环境适应性的组织变革能力有显著的正向作用。

假设H2.12：互补组织资产对环境适应性的组织变革能力有显著的正向作用。

本研究中的假设（本章及以后各章）的编号是全书顺序统一编码的。

二、变量的测量

（一）因变量

对于作为自变量的技术创新动态能力，本研究将其分为感知与识别技术机会的能力、整合创新资源的能力和环境适应性的组织变革能力3个维度，用若干题项进行测量。

1. 感知与识别技术机会的能力

感知与识别技术机会的能力帮助企业感知环境的各种变化，识别由环境变化所产生的机会和威胁。

2. 整合创新资源的能力

整合创新资源的能力是指组织内部创新活动的协调以及组织外部创新活动与创新技术的整合能力。

3. 环境适应性的组织变革能力

环境适应性的组织变革能力使企业各个流程都具备柔性和灵活性，是企业正确且迅速识别环境变化及进行资源整合和变革的支持力量。

（二）自变量

包括以下4个变量，用若干题项进行测量。

1. 互补物质资产

Taylor和Lowe(1997)提出按照职能对互补资产分类的方法，即市场资源、生产制造和人力资源等互补资产；Lai(2010)等在此基础上提出了计算互补资产的方法，许多学者已经通过应用该方法展开研究。秦剑、王迎军(2010)在Calantone(1996)、Weerawardena(2003)等学者的研究基础上，确定了测度营销资源的量表。Hitt et a1.(2000)认为互补资产应当包含财务资产、互补性科技能力、无形资产等资产。在以上研究的基础上，整理形成本研究互补物质资产的测量题项。

2. 互补知识资产

基于Edvinsson和Malone(1997)对于知识资产结构的理解，斯堪地亚导航设计了111个指标，从财务焦点、顾客焦点、流程焦点、更新和开发焦点、经营环境五个视角来测量企业的知识资产。Sveiby(1998)的IAM模型从两个维度来测量知识资产：一个维度是知识资产的组成，外部顾客、内部组织和员工能力；另一个维度是成长/革新指标、效率指标、稳定指标。Roosd等人(1998)开发出一个包含关系资本指标、人力资本指标、基础设施资本指标和革新资本指标的知识资产指标(IC–Index)。本研究主要根据Sveiby(1998)设计的指标体系，进行整理形成本研究互补知识资产的测量题项。

3. 互补关系资产

曹体杰(2004)提出互补资产测量指标包含测试资源、制造资源、检验资源、财务资源、营销资源与关系资源。其中，依托Rothaermel(2001)、Kale和Singh(2000)、陈劲等(2001)、张方华(2003)等人的观点，他提出有关互补关系资产的测量指标。基于此，整理形成本研究互补关系资产的测量题项。

4. 互补组织资产

对技术创新人员的激励和报酬是针对内部创业的环境设计的奖励制度，用来鼓励员工积极进行内部创新活动。Jeffrey(2000)开发了用于衡量奖励和报酬的量表。组织文化衡量题项源自Cooke和Lafferty(1989)提出的量表。基于Jeffrey(2000)、Cooke和Lafferty(1989)，整理所得形成本研究互补组织资产的测量题项。

（三）控制变量

本研究中的控制变量包括企业所属行业、企业成立年数、被调查者所在企业近两年(2013年和2014年)的年均销售总额以及填卷者的个人信息等。

企业所属行业的差异对企业的技术创新绩效也会产生影响，因为不同行业的知识和技术密集度不同，竞争强度不同，从而创新的驱动力及其强度也不同。本研究将行业初步分为电子电气、机械、医药、冶金、新材料、化工 、软件与通信、汽车、能源、交通运输和其他。

一般而言，企业成立时间越长，参与市场竞争越久越深，其对技术创新的感知就越强烈。因此企业成立年限也会影响企业的技术创新绩效。本研究将企业年龄分为5年以下、5~10年、11~20年、21~30年和30年以上。

企业规模对技术创新的影响有两种不同的观点，有人认为大企业更有利于创新(Joseph Schumpeter，1942；W. Cohen和D.A. Levinthal，1990)，有人认为大企业不利于创新(Z. Griffing，2002)。但是，就企业规模对技术创新产生影响这一点来看，认识则是一致的。本研究借鉴Hansen和Hill(1991)等人的做法，用近两年(2013年和2014年)的年均销售总额来表示企业规模的大小。

调查问卷回收的质量高低直接受制于调查问卷填卷人的素质，该素质包括填卷人的职位高低、学历水平和工作年限。

以上各变量具体的题项内容见本章最后的附录。

三、量表设计

本研究的问卷量表设计是围绕技术创新动态能力和互补资产关系的机理概念模型而展开的，要求问卷内容能为各部分研究内容提供所需的有效数据，能够运用相关分析、因子分析、方差分析、多元回归等方法对这些数据进行统计分析。

根据本研究的概念模型和研究假设，确定问卷量表中需要测量的变量。本研究所设计的调查问卷包括三个方面的基本内容：一是企业基本信息；二是企业互补资产情况；三是企业技术创新动态能力情况。其中第一部分属于企业基本信息的了解和控制变量的形成，较多的属于常识性的内容，不太需要进行专门的量表设计。在本研究中，第二部分和第三部分属于本研究的重点内容，且目前理论界尚无成熟的量表可供使用，需要进行开发。

1. 编制初始量表

关于量表的开发，国内外学术界已经形成了一套完整的程序和步骤，并得到学者们的广泛采用。本研究遵循量表开发的一般步骤(陈晓萍，2008)，以使研究过程和结果严谨可信。

（1）题目的收集与整理

在确定构念的边界后，就可以在此基础上对其进行操作化。本研究需要对互补资产、技术创新动态能力编制初始的测量题目。采用演绎法和归纳法相结合的方法来发展测量题目。演绎法是经过大量的文献阅读，借鉴现有的相关理论概念以及相似构念的量表，搜集整理了涵盖所需理论范围的测量题目。归纳法是对4名战略管理领域的专家进行访谈，讨论互补资产、技术创新动态能力的定义以及应用哪些题目对这些构念进行测量；然后根据专家的反馈，合并相似题目，删除不合适的题目，使测量题目与构念匹配，得出最初的题目，并请20名企业中高层管理者对测量题目的清晰程度、效度和完整性进行评价；在管理者反馈的基础上，最终确定了所有测量题目。如表3-2和表3-3所示。

表3–2　量表题目开发

构念	构念的定义	问卷题目的形成过程
技术创新动态能力	企业为了应对环境已经发生的或未来可能发生的变化，不断地吸收和整合企业内外部的技术创新资源，完善企业技术创新的资源基础，重构企业技术创新的流程和惯例，推动企业技术创新能力不断提升的能力 包括感知与识别技术机会的能力、整合创新资源的能力和环境适应性的组织变革能力	经过文献阅读，搜集整理了技术创新动态能力20题 对4名战略管理领域的专家进行访谈，讨论技术创新动态能力的定义以及应用哪些题目对这些构念进行测量 根据专家的反馈，合并相似题目，删除不合适的题目，使测量题目与构念匹配，得出最初的题目，并请20名企业中高层管理者对测量题目的清晰程度、效度和完整性进行评价 在管理者反馈的基础上，最终确定了15道题目

资料来源：笔者整理分析所得。

表3–3　初始问卷题目

构念	构念的维度	题目
技术创新动态能力	感知与识别技术机会的能力	本企业频繁地考察和分析环境的变化，评估环境变化对顾客的影响 本企业管理者和技术人员对技术的变化态势有较强的洞察力 本企业经常开展市场调研，及时了解顾客需求的变化 本企业有很强的认知和学习能力去识别新的技术机会
	整合创新资源的能力	本企业定期吸收新的技术知识和信息，并将个人能力整合成组织能力 本企业有多种渠道吸收和利用外部技术知识 本企业各部门员工都有适当的途径参与技术创新活动 本企业拥有完善的技术创新流程和惯例 本企业能根据需要适时获取或利用外部研发资金、样品制造、营销网络等创新资源 本企业能适时获取和利用外部技术创新成果，并将其成功的产业化 本企业经常和其他企业、社会研究机构开展联合创新
	环境适应性的组织变革能力	本企业能根据新技术或新产品的特点选择合适的战略和产业化模式 本企业能根据新技术发展的要求适时改变旧的决策规则 本企业能根据创新项目的要求适时授予创新部门、创新团队和创新者较多的决策自主权 本企业能为保护知识产权并促进创新产业化建立适宜的治理机制

资料来源：笔者整理分析所得。

（2）内容效度的评价

内容效度是指量表内容在多大程度上反映或代表了研究者所要测量的构念(Haynes、Richard和Kubany，1995)。一个量表的内容效度是建立其构念效度的必要前提。目前，实践中研究者通常使用定性的方法去评价一个量表的内容效度。定性评价的方法是通过一组专家就某个构念的测量是否符合他们对该构念的认识进行主观判断。

本研究采用定性的方法来评价以上量表的内容效度。通过邀请20名企业中高层管理者对量表中的测量题目进行评价，着重从三个方面展开评价：一是检查每一测量指标是否具有代表性，即这些指标是否能够清晰地反映构念定义中某一方面的内容；二是所有的测量指标是否完全涵盖了研究对象的理论边界，测量指标能否做到与构念定义之间实现一一的对应；三是测量指标的分配比例是否反映了构念中各个成分的重要性，这要求测量指标不能太多或太少集中在构念的某一个成分。通过定性评价显示初始问卷中的题目具有较好的内容效度，能够满足对构念测量的要求。

2. 预调研

调查问卷主要包括两个部分，第一部分是基本信息，包括企业名称、所属行业、成立年限、员工规模、近两年(2013年和2014年)的年均销售总额、研发投入占比，以及受访者的性别、职位、学历和工作年限。第一部分是受访者对互补资产、技术创新动态能力测量指标的评价。问卷采用Likert七级量表，从1到7的分值分别表示同意的程度依次递进，1表示非常不同意、2表示不同意、3表示比较不同意、4表示中立或不确定、5表示比较同意、6表示很同意、7表示非常同意。

在开展正式的调查研究之前，进行一次预调研。通过收集中南财经政法大学、广西师范大学、青岛农业大学向部分MBA学员（主要是企业的中高层管理者）发放的初始调研问卷，将获得的调研数据作为修改测量题目的依据。共发放了80份问卷，回收65份（回收率为81.25%），有效问卷为62份。

3. 量表的检验与确定

技术创新动态能力的维度及其测量指标按照以下步骤进行。首先采用各测量指标与维度之间相关系数的方法净化测量指标，如果相关系数小于0.3，就删除该测量指标。在此基础上，采用Cronbach's α系数对量表进行信度检验。如果删除某个测量指标能够显著提高Cronbach's α的值，就删除该测量指标。与此同时，采用探索性因子分析对量表进行信度和效度检验。

依据统计学家Kaiser提出的标准，当KMO值大于0.8时，表明量表可以做因子分析。KMO值越接近1时，量表就越适合做因子分析。本次调查所获得的有效问卷中各变量的KMO值大于0.8，表明可以进行因子分析。同时，Bartlett's球形检验P为0，明显低于显著水平0.05，再次验证问卷适合做因子分析。变量各维度的Cronbach's α均大于0.7，说明问卷信度较好。

对预调研数据进行信度分析和因子分析，得到结果如表3–4所示。

表3–4　互补资产和技术创新动态能力初始量表和因子分析结果

变量	维度	指标号	测量指标	CITC	旋转后的因子载荷	各维度的Cronbach's α
技术创新动态能力	T_1技术机会的感知与识别能力	T_{11}	本企业频繁地考察和分析环境的变化，评估环境变化对顾客的影响	0.823	0.796	0.807
		T_{12}	本企业管理者和技术人员对技术的变化态势有较强的洞察力	0.805	0.795	
		T_{13}	本企业经常开展市场调研，及时了解顾客需求的变化	0.789	0.766	
		T_{14}	本企业有很强的认知和学习能力去识别新的技术机会	0.336	0.217	
	T_2整合创新资源的能力	T_{21}	本企业定期吸收新的技术知识和信息，并将个人能力整合成组织能力	0.798	0.773	0.784
		T_{22}	本企业有多种渠道吸收和利用外部技术知识	0.815	0.809	
		T_{23}	本企业各部门员工都有适当的途径参与技术创新活动	0.765	0.754	
		T_{24}	本企业拥有完善的技术创新流程和惯例	0.286	0.245	
		T_{25}	本企业能根据需要适时获取或利用外部研发资金、样品制造、营销网络等创新资源	0.803	0.795	
		T_{26}	本企业能适时获取和利用外部技术创新成果，并将其成功的产业化	0.791	0.787	

续表

变量	维度	指标号	测量指标	CITC	旋转后的因子载荷	各维度的Cronbach's α
技术创新动态能力		T_{27}	本企业经常和其他企业、社会研究机构开展联合创新	0.816	0.805	0.784
	T_3环境适应性的组织变革能力	T_{31}	本企业能根据新技术或新产品的特点选择合适的战略和产业化模式	0.839	0.826	0.816
		T_{32}	本企业能根据新技术发展的要求适时改变旧的决策规则	0.864	0.857	
		T_{33}	本企业能根据创新项目的要求适时授予创新部门、创新团队和创新者较多的决策自主权	0.793	0.780	
		T_{34}	本企业能为保护知识产权并促进创新产业化建立适宜的治理机制	0.815	0.809	

数据来源：笔者整理分析所得。

从表3-4中发现若干题项的因子载荷小于0.4，如“本企业有很强的认知和学习能力去识别新的技术机会”“本企业拥有完善的技术创新流程和惯例”等，均需删除掉。然后调整后的题项再做信度分析和因子分析。得到表3-5。

表3-5　技术创新动态能力初始量表和因子分析结果

变量	维度	指标号	测量指标	CITC	旋转后的因子载荷	各维度的Cronbach's α
技术创新动态能力	T_1感知与识别技术机会的能力	T_{11}	本企业频繁地考察和分析环境的变化，评估环境变化对顾客的影响	0.815	0.796	0.818
		T_{12}	本企业管理者和技术人员对技术的变化态势有较强的洞察力	0.829	0.795	
		T_{13}	本企业经常开展市场调研，及时了解顾客需求的变化	0.781	0.766	

续表

变量	维度	指标号	测量指标	CITC	旋转后的因子载荷	各维度的Cronbach's α
技术创新动态能力	T_2整合创新资源的能力	T_{21}	本企业定期吸收新的技术知识和信息，并将个人能力整合成组织能力	0.804	0.773	0.803
		T_{22}	本企业有多种渠道吸收和利用外部技术知识	0.826	0.809	
		T_{23}	本企业各部门员工都有适当的途径参与技术创新活动	0.767	0.754	
		T_{24}	本企业能根据需要适时获取或利用外部研发资金、样品制造、营销网络等创新资源	0.807	0.795	
		T_{25}	本企业能适时获取和利用外部技术创新成果，并将其成功的产业化	0.796	0.787	
		T_{26}	本企业经常和其他企业、社会研究机构开展联合创新	0.812	0.805	
	T_3环境适应性的组织变革能力	T_{31}	本企业能根据新技术或新产品的特点选择合适的战略和产业化模式	0.835	0.826	0.816
		T_{32}	本企业能根据新技术发展的要求适时改变旧的决策规则	0.869	0.857	
		T_{33}	本企业能根据创新项目的要求适时授予创新部门、创新团队和创新者较多的决策自主权	0.803	0.780	
		T_{34}	本企业能为保护知识产权并促进创新产业化建立适宜的治理机制	0.818	0.809	

数据来源：笔者整理分析所得。

根据以上对问卷的因子分析以及信度和效度分析后，得到各变量的最终量表，如表3–6所示。

表3–6　最终问卷题目

构念	构念的维度	题目
技术创新动态能力	感知与识别技术机会的能力	本企业频繁地考察和分析环境的变化，评估环境变化对顾客的影响
		本企业管理者和技术人员对技术的变化态势有较强的洞察力
		本企业经常开展市场调研，及时了解顾客需求的变化
	整合创新资源的能力	本企业定期吸收新的技术知识和信息，并将个人能力整合成组织能力
		本企业有多种渠道吸收和利用外部技术知识
		本企业各部门员工都有适当的途径参与技术创新活动
		本企业能根据需要适时获取或利用外部研发资金、样品制造、营销网络等创新资源
		本企业能适时获取和利用外部技术创新成果，并将其成功的产业化
		本企业经常和其他企业、社会研究机构开展联合创新
	环境适应性的组织变革能力	本企业能根据新技术或新产品的特点选择合适的战略和产业化模式
		本企业能根据新技术发展的要求适时改变旧的决策规则
		本企业能根据创新项目的要求适时授予创新部门、创新团队和创新者较多的决策自主权
		本企业能为保护知识产权并促进创新产业化建立适宜的治理机制

数据来源：笔者整理分析所得。

最后的调查问卷包括39个测量题项，其中题项1~6用于测量企业的基本信息；题项7~26用于测量企业互补资产情况；题项27~39用于测量技术创新动态能力情况。

四、数据收集

本研究主要采用多元回归分析建模来验证假设，主模型共涉及33个题项。为了保证数据的可靠性，本研究确定调查对象创新企业内的中高层领导人员、产品经理、部门经理、项目经理等人员为主，要求调查对象在所在企业有一定年限的工作经历，以确保调查对象对企业的互补资产、技术创新动态能力情况比较熟悉，进而得出真实客观的调研数据用于实证分析。

本研究的数据收集主要以问卷调查的方式进行，以进驻企业实地调查为辅，问卷所涉及的企业主要集中在北京、上海、广东、山东、浙江、江苏、湖北等20余个省市。由于本研究的被调查对象主要是企业中高层管理人员，在做正式问卷调查前，开展大范围的走访访谈一则成本太大，二则从理论和实际研究目的的角度出发，也没有太大的意义。小范围的走访就可以达到同样的目的。所以，在调查开始的时候，首先选择适当的少数企业和人员进行预调研，结合他们的意见修改问卷，然后再做大范围的问卷调查是很有必要的。

一般情况下，样本容量要在100份以上，如果样本容量低于100份，相关分析会极不稳定，样本容量超过200份是一个中型样本。如果想采用极大似然法对样本进行估计，那么至少需要一个中型样本(Joseph et al，1998)。Gorsuch(1983)提出样本量与测量指标数的比值至少要在5：1以上的常用标准，比值在10：1以上最好(黄芳铭，2005)。根据以上分析，本研究所需样本量要符合以下两个条件：①有效样本总量在200个以上；②有效样本总量是测量指标数的5倍以上。

为了确保问卷的回收率和企业提供信息的准确性，一方面，本研究委托问卷网站代理发放问卷给相关的企业，然后通过电子邮件、快递等方式收集反馈；另一方面，笔者和朋友向MBA学员直接发放问卷。为了保证问卷收集到的信息能够较准确地反映企业的实际情况，问卷的填写人大多数是企业中负责技术创新的主管或担任研发部经理等职务的人员。

样本要求：①由具有技术创新的企业（如有研发部门或技术研发经费支出），且是企业中高层管理者填写；②最短填写时间8分钟以上；③每一方框中连续一半以上的题项填写同一答案的视为无效，填写答案有规律（如6767676……）视为无效；④如果有问卷的题项填写不完整，有大量的空白和遗漏，这种问卷应剔除。

问卷调查于2015年10月开始，对北京、上海、广东、山东、浙江、江苏、湖北等20余个省市的企业进行了抽样调查，共分为两个阶段。第一阶段从2015年10月—12月，选择了十多家企业的中高层管理者、产品经理、部门经理、项目经理等进行小范围的预调研，对问卷进行小样本测试。根据被调查者的反馈结果，与调研小组成员讨论，并征求专家的意见，对问卷的结构和问卷中的题项进行了相应的修改。第二阶段，根据预调研的调查结果对问卷的题项和结构进行一定的调整，形成正式的调查问卷，并于2016年1月进行大范围发放，调查于2016年2月结束。

五、数据分析方法

经过调查问卷的发放和回收工作之后，初步得到530份调查问卷，按照已确定的问卷筛选标准进行筛选，共获得308份有效问卷，把有效问卷复核后输入数据库，留待数据分析使用。本研究使用SPSS19.0统计分析软件，具体的数据分析方法归纳为以下三个步骤。

1. 描述性统计分析

本研究对调查对象的基本信息资料进行描述性统计分析，基本信息主要包括企业所属行业、企业成立年限、近两年(2013年和2014年)的年均销售总额以及填卷者的个人信息等，以描述样本的类别、所占比例、极大值、极小值、均值、方差、偏度、峰度等，验证调查数据的有效性，并且为下一步要进行的统计分析打好基础。

2. 对问卷效度和信度的检验

做完调查数据的描述性统计分析之后，需要分析问卷的信度和效度。

信度是问卷的可靠性，即对不同的调查对象，采用同样的方法进行反复的测量时，所取得的结果是否一致。一致性越高，说明问卷的信度就越好；反之，就越差。一般采用Cronbach's α系数来确定各指标的信度，当Cronbach's α系数值大于0.7时，通常认为问卷可靠，也就是信度较好。

效度是问卷的有效性，即问卷测量的结果是否能够很好地表示出研究所要得到的结果。问卷效度越好，问卷测量的结果越能很好地表示出研究所要得到的结果，这次调研工作才越有意义；否则，该调查工作就得重新做。本研究针对各问卷题项进行Bartlett球体检验和KMO样本测度，并做因子分析，以确定各题项是否具有很好的效度。

3. 模型分析，即变量间的结构关系分析

本研究利用SPSS19.0等分析软件对各变量进行回归分析，并利用t检验和F

检验确定各回归系数是否显著，验证前文提出的各项假设，根据验证结果修改概念模型，以确定各变量间的关系，实证检验技术创新动态能力的维度构成及其与互补资产之间的关系。

六、数据分析与假设检验

（一）描述性统计分析

本研究共发放问卷530份，回收问卷530份，其中有效问卷308份，有效回收率为58%。研究对象描述性统计分析主要包括企业所属行业、企业成立年限、近两年(2013年和2014年)的年均销售总额、被调查者在本企业的职位、被调查者学历、被调查者在本企业工作的年限等项目。

1. 被调查企业基本信息分析

（1）被调查者所在企业的所属行业

被调查企业所属行业如表3-7所示，分布于十多个行业，其中以技术创新贡献率较高的电子电气、软件与通信和机械行业为主，能够体现出样本数据的代表性。

表3-7　被调查者所在企业的所属行业表

企业所属行业	数量	百分比	累计百分比
电子电气	55	17.86%	17.86%
其他	46	14.94%	32.80%
机械	44	14.29%	47.08%
软件与通信	44	14.29%	61.37%
化工	33	10.71%	72.08%
医药	32	10.39%	82.47%
新材料	19	6.17%	88.64%
能源	15	4.87%	93.51%
交通运输	10	3.25%	96.76%
汽车	9	2.92%	99.68%
冶金	1	0.32%	100%
合计	308	100.00%	

数据来源：笔者根据调查问卷整理所得。

（2）被调查者所在企业的成立年限

被调查企业成立年限分析如表3-8所示，以10年以上的居多，能较为充分地代表技术创新的长期性和滞后性。

表3-8　被调查者所在企业成立年限表

企业成立年限	数量	百分比	累计百分比
11~20年	100	32.47%	32.47%
21~30年	76	24.68%	57.15%
5~10年	67	21.75%	78.90%
30年以上	42	13.64%	92.53%
5年以下	23	7.47%	100.00%
合计	308	100.00%	

数据来源：笔者根据调查问卷整理所得。

（3）被调查者所在企业近两年的年均销售总额

被调查企业的近两年销售总额如表3-9所示，这能在一定程度上反映企业规模的大小，从而在一定程度上确定对各种互补资产拥有量的多少。

表3-9　被调查者所在企业近两年（2013年和2014年）的年均销售总额表

企业近两年的年均销售总额约为（人民币）	数量	百分比	累计百分比
1亿~3亿元	69	22.40%	22.40%
3000万~1亿元	54	17.53%	39.93%
3亿~10亿元	45	14.61%	54.54%
300万~1000万元	39	12.66%	67.20%
10亿~50亿元	28	9.09%	76.29%
1000万~3000万元	26	8.44%	84.73%
100万~300万元	15	4.87%	89.60%
<100万元	12	3.90%	93.50%
50亿~100亿元	10	3.25%	96.75%
100亿元以上	10	3.25%	100.00%
合计	308	100.00%	

数据来源：笔者根据调查问卷整理所得。

（4）被调查者在本企业的职位

被调查者在所调查企业中的职位分析如表3-10所示。其中，以技术部门的主管经理居多，这主要是因为这部分人对技术创新了解较多。

表3-10　被调查者在本企业的职位表

被调查者在本企业的职位	数量	百分比	累计百分比
技术部经理	94	30.52%	30.52%
技术副总经理	85	27.60%	58.12%
营销副总经理	46	14.94%	73.05%
销售部经理	41	13.31%	86.36%
其他	29	9.42%	95.78%
董事长或总经理	13	4.22%	100.00%
合计	308	100.00%	

数据来源：笔者根据调查问卷整理所得。

（5）被调查者的学历

被调查者的学历分析如表3-11所示，其中以硕士和本科占大多数，这主要是因为这部分人拥有较多的专业知识和管理知识；博士较少，可能是因为博士大多是处于技术创新研发的第一线，掌握的管理知识较少。

表3-11　被调查者的学历表

学历	数量	百分比	累计百分比
硕士	114	37.01%	37.01%
本科	100	32.47%	69.48%
博士	76	24.68%	94.16%
大专及以下	18	5.84%	100.00%
合计	308	100.00%	

数据来源：笔者根据调查问卷整理所得。

（6）被调查者在本企业工作的年限

被调查者在调查企业的工作年限分析如表3-12所示，以6年以上的居多，这主要是因为工作年限越长，对工作的了解和认知就越多。

表3-12　被调查者在本企业工作的年限表

被调查者在本企业工作的年限	数量	百分比	累计百分比
6~10年	110	35.71%	35.71%
10年以上	106	34.42%	70.13%
3~5年	58	18.83%	88.96%
1~3年	32	10.39%	99.35%
1年以下	2	0.65%	100.00%
合计	308	100.00%	

数据来源：笔者根据调查问卷整理所得。

2. 样本正态分布检验

对样本进行正态分布检验，得到表3-13。由表3-13的检验结果可知，本研究样本数据的斜度绝对值均小于2，峰度绝对值均小于3。因此，本研究样本数据服从正态分布，适合做进一步的研究分析。

（二）信度检验

本研究的信度检验采用Cronbach's α系数检验方法。通过SPSS19.0对问卷所涉及的变量进行Cronbach's α信度检验，结果如表3-14所示。问卷量表中多数变量各维度的Cronbach's α系数值大于0.7，仅有4个变量的Cronbach's α系数小于0.7，但是都大于0.6。量表整体Cronbach's α系数值为0.959，大于0.9，表示量表有很高的信度。具体而言，互补物质资产、互补知识资产、互补关系资产和互补组织资产的Cronbach's α系数值分别为0.749、0.731、0.672和0.661；感知与识别技术机会的能力、整合创新资源的能力和环境适应性的组织变革能力的Cronbach's α系数值分别为0.654、0.768和0.678。因此，本研究所开发的量表具有较高的信度，适合做进一步的数据分析。

表3-13　样本的正态分布检验结果

因子	题项	N	极小值	极大值	均值	标准差	方差	偏度		峰度	
		统计量	统计量	统计量	统计量	统计量	统计量	统计量	标准误差	统计量	标准误差
互补物质资产	A_1	308	1	7	5.38	1.137	1.292	−0.933	0.139	1.593	0.277
	A_2	308	1	7	5.30	1.313	1.723	−1.051	0.139	1.375	0.277
	A_3	308	1	7	5.55	1.230	1.512	−0.957	0.139	0.862	0.277
	A_4	308	1	7	5.69	1.056	1.115	−0.679	0.139	1.015	0.277
	A_5	308	1	7	5.47	1.222	1.494	−0.971	0.139	1.607	0.277
	A_6	308	1	7	5.41	1.145	1.312	−0.752	0.139	0.825	0.277
互补知识资产	A_7	308	1	7	5.43	1.160	1.347	−0.839	0.139	0.915	0.277
	A_8	308	1	7	5.64	1.185	1.404	−0.892	0.139	1.004	0.277
	A_9	308	2	7	5.85	1.077	1.159	−0.749	0.139	0.311	0.277
	A_{10}	308	1	7	5.43	1.265	1.600	−0.764	0.139	0.413	0.277
	A_{11}	308	2	7	5.62	1.142	1.305	−0.840	0.139	0.958	0.277
	A_{12}	308	1	7	5.44	1.216	1.478	−0.718	0.139	0.746	0.277
互补关系资产	A_{13}	308	2	7	5.61	1.017	1.033	−0.864	0.139	1.550	0.277
	A_{14}	308	2	7	5.71	1.123	1.262	−0.648	0.139	0.129	0.277
	A_{15}	308	2	7	5.56	1.068	1.140	−0.630	0.139	0.794	0.277
	A_{16}	308	2	7	5.70	1.006	1.011	−0.630	0.139	0.541	0.277
互补组织资产	A_{17}	308	1	7	5.58	1.120	1.254	−1.220	0.139	2.726	0.277
	A_{18}	308	2	7	5.68	1.123	1.261	−0.758	0.139	0.368	0.277
	A_{19}	308	1	7	5.54	1.151	1.324	−0.838	0.139	1.224	0.277
	A_{20}	308	1	7	5.33	1.190	1.415	−0.647	0.139	0.781	0.277
感知与识别技术机会的能力	B_1	308	1	7	5.48	1.117	1.247	−0.670	0.139	0.741	0.277
	B_2	308	1	7	5.40	1.052	1.107	−0.467	0.139	0.734	0.277
	B_3	308	2	7	5.56	1.118	1.250	−0.817	0.139	0.852	0.277
整合创新资源的能力	B_4	308	1	7	5.56	1.144	1.308	−1.048	0.139	2.116	0.277
	B_5	308	1	7	5.65	1.122	1.259	−0.829	0.139	1.114	0.277
	B_6	308	1	7	5.54	1.102	1.213	−0.585	0.139	0.708	0.277
	B_7	308	2	7	5.48	1.233	1.521	−0.572	0.139	−0.164	0.277
	B_8	308	1	7	5.45	1.173	1.375	−0.766	0.139	0.869	0.277
	B_9	308	1	7	5.47	1.269	1.612	−0.968	0.139	1.124	0.277
环境适应性的组织变革能力	B_{10}	308	2	7	5.63	1.011	1.023	−0.359	0.139	−0.048	0.277
	B_{11}	308	1	7	5.62	1.145	1.310	−0.824	0.139	0.749	0.277
	B_{12}	308	1	7	5.44	1.121	1.258	−0.817	0.139	1.385	0.277
	B_{13}	308	1	7	5.40	1.118	1.250	−0.822	0.139	0.960	0.277

数据来源：笔者根据调查问卷整理所得。

表3-14　问卷信度分析表

变量	维度	测量项目	项数	各维度α系数	各变量α系数
互补资产	互补物质资产	A_1	6	0.749	0.901
		A_2			
		A_3			
		A_4			
		A_5			
		A_6			
	互补知识资产	A_7	6	0.731	
		A_8			
		A_9			
		A_{10}			
		A_{11}			
		A_{12}			
	互补关系资产	A_{13}	4	0.672	
		A_{14}			
		A_{15}			
		A_{16}			
	互补组织资产	A_{17}	4	0.661	
		A_{18}			
		A_{19}			
		A_{20}			
技术创新动态能力	感知与识别技术机会的能力	B_1	3	0.654	0.873
		B_2			
		B_3			
	整合创新资源的能力	B_4	6	0.768	
		B_5			
		B_6			
		B_7			
		B_8			
		B_9			
	环境适应性的组织变革能力	B_{10}	4	0.678	
		B_{11}			
		B_{12}			
		B_{13}			
问卷整体			33		0.959

数据来源：笔者根据调查问卷整理所得。

（三）效度检验

1. 互补资产量表的效度分析

首先，利用SPSS19.0软件对互补资产进行KMO样本测度和Bartlett球体检验，得到表3-15，可知KMO值为0.925>0.9，Bartlett统计值的显著性概率P为0<0.001，说明样本数据非常适合做因子分析。其次，对互补资产进行因子分析，所得结果如表3-16所示。特征值大于1的因子有4个，且其特征值分别为3.370、2.723、2.715和1.572，4个因子的累计百分比为51.899%。

互补物质资产、互补知识资产、互补关系资产和互补组织资产共同构成了互补资产，采用计算因子加权总分的方法，对互补资产进行综合评价，以4个因子的方差贡献率为权重，得到互补资产的计算公式为：

互补资产=0.16848×互补物质资产+0.13617×互补知识资产+0.13573×互补关系资产+0.07862×互补组织资产

通过以上分析可知，互补资产的维度构成和题项构成与基于文献构建的模型思路基本一致，表明量表具有良好的题项设计。

表3-15　互补资产的KMO和Bartlett的检验

取样足够度的 Kaiser-Meyer-Olkin 度量		0.925
Bartlett 的球形度检验	近似卡方	1961.829
	df	190
	Sig.	0

表3-16　互补资产解释的总方差

成分	初始特征值			提取平方和载入			旋转平方和载入		
	合计	方差/%	累计/%	合计	方差/%	累计/%	合计	方差/%	累计/%
1	7.079	35.394	35.394	7.079	35.394	35.394	3.370	16.848	16.848
2	1.231	6.153	41.548	1.231	6.153	41.548	2.723	13.617	30.465
3	1.056	5.278	46.825	1.056	5.278	46.825	2.715	13.573	44.038
4	1.015	5.074	51.899	1.015	5.074	51.899	1.572	7.862	51.899
5	0.911	4.556	56.455						
6	0.851	4.255	60.710						
7	0.798	3.991	64.701						
8	0.787	3.936	68.637						

续表

成分	初始特征值			提取平方和载入			旋转平方和载入		
	合计	方差/%	累计/%	合计	方差/%	累计/%	合计	方差/%	累计/%
9	0.708	3.541	72.178						
10	0.676	3.380	75.558						
11	0.618	3.092	78.650						
12	0.562	2.812	81.462						
13	0.559	2.793	84.255						
14	0.548	2.741	86.996						
15	0.533	2.665	89.661						
16	0.477	2.383	92.044						
17	0.471	2.356	94.399						
18	0.399	1.995	96.394						
19	0.389	1.947	98.342						
20	0.332	1.658	100.000						

提取方法：主成分分析。

2. 技术创新动态能力量表的效度分析

首先，利用SPSS19.0软件对技术创新动态能力进行KMO样本测度和Bartlett球体检验，得到表3-17，可知KMO值为0.914>0.9，Bartlett统计值的显著性概率P为0<0.001，说明样本数据非常适合做因子分析。其次，对技术创新动态能力进行因子分析，所得结果如表3-18所示。3个因子特征值分别为5.179、1.121和0.908，累计百分比55.446%。

感知与识别技术机会的能力、整合内外部创新资源的能力和环境适应性的组织变革能力共同构成了技术创新动态能力，采用计算因子加权总分的方法，对技术创新动态能力进行综合评价，以3个因子的方差贡献率为权重，得到技术创新动态能力的计算公式为：

技术创新动态能力=0.20602×感知与识别技术机会的能力+0.19973×整合内外部创新资源的能力+0.14871×环境适应性的组织变革能力

通过以上分析可知，技术创新动态能力的维度构成和题项构成与基于文献构建的模型思路基本一致，表明量表具有良好的题项设计。假设H1证明成立。

表3-17　技术创新动态能力KMO和Bartlett的检验

取样足够度的 Kaiser-Meyer-Olkin 度量		0.914
Bartlett 的球形度检验	近似卡方	1213.071
	df	78
	Sig.	0

表3-18　技术创新动态能力解释的总方差

成分	初始特征值			提取平方和载入			旋转平方和载入		
	合计	方差/%	累计/%	合计	方差/%	累计/%	合计	方差/%	累计/%
1	5.179	39.838	39.838	5.179	39.838	39.838	2.678	20.602	20.602
2	1.121	8.624	48.463	1.121	8.624	48.463	2.596	19.973	40.575
3	0.908	6.983	55.446	0.908	6.983	55.446	1.933	14.871	55.446
4	0.805	6.191	61.637						
5	0.721	5.544	67.181						
6	0.694	5.337	72.518						
7	0.597	4.591	77.109						
8	0.572	4.398	81.507						
9	0.560	4.311	85.817						
10	0.515	3.959	89.777						
11	0.493	3.791	93.567						
12	0.431	3.315	96.882						
13	0.405	3.118	100.000						

提取方法：主成分分析。

（四）相关分析

本研究用SPSS19.0把所有变量做Pearson相关分析，见表3-19。按照Williams的分类标准，相关系数大于0.7为高度相关，介于0.4~0.7为中等相关，小于0.4为低度相关。

从表3-19可以看出，企业互补资产的4个维度和技术创新动态能力的3个维度之间具有正向并且统计上显著的相关系数，这一结果说明企业互补资产的4个维度的水平有利于企业的技术创新动态能力的提升。企业互补资产的4个维度的水平两两之间存在正向而且统计上显著的相关关系，这说明3个维度的水平之间具有相互作用，它们可能共同促进了企业的技术创新动态能力(包括感知与识别技术机会的能力、整合创新资源的能力和环境适应性的组织变革能力)。

综上所述，数据相关性分析的初步结果预示着本研究模型和假设之间的合理性。

表3-19　相关分析表

		互补物质资产	互补知识资产	互补关系资产	互补组织资产	感知与识别技术机会的能力	整合创新资源的能力	环境适应性的组织变革能力
互补物质资产	Pearson 相关性	1	0.711**	0.673**	0.665**	0.658**	0.706**	0.650**
	显著性（双侧）		0	0	0	0	0	0
互补知识资产	Pearson 相关性	0.711**	1	0.669**	0.631**	0.669**	0.718**	0.672**
	显著性（双侧）	0		0	0	0	0	0
互补关系资产	Pearson 相关性	0.673**	0.669**	1	0.677**	0.619**	0.745**	0.640**
	显著性（双侧）	0	0		0	0	0	0
互补组织资产	Pearson 相关性	0.665**	0.631**	0.677**	1	0.615**	0.668**	0.561**
	显著性（双侧）	0	0	0		0	0	0
感知与识别技术机会的能力	Pearson 相关性	0.658**	0.669**	0.619**	0.615**	1	0.694**	0.641**
	显著性（双侧）	0	0	0	0		0	0
整合创新资源的能力	Pearson 相关性	0.706**	0.718**	0.745**	0.668**	0.694**	1	0.684**
	显著性（双侧）	0	0	0	0	0		0
环境适应性的组织变革能力	Pearson 相关性	0.650**	0.672**	0.640**	0.561**	0.641**	0.684**	1
	显著性（双侧）	0	0	0	0	0	0	

（五）多重共线性检验

通过对后面将要进行分析的各变量之间进行回归分析，得到表3-20。可知，企业互补资产、技术创新动态能力的各维度的方差膨胀因子(VIF)均小于10，因此可以认为，这些变量之间不存在严重的多重共线性。

表3-20　各变量共线性分析

模型		非标准化系数		标准系数	t	Sig.	共线性统计量	
		B	标准误差	试用版			容差	VIF
1	(常量)	0.201	0.822		0.245	0.807		
	互补物质资产	-0.058	0.043	-0.104	-1.362	0.174	0.336	2.976
	互补知识资产	0.156	0.035	0.338	4.480	0	0.344	2.904
	互补关系资产	0.069	0.041	0.127	1.703	0.090	0.352	2.844
	互补组织资产	0.057	0.047	0.083	1.217	0.224	0.425	2.353
	感知与识别技术机会的能力	0.022	0.045	0.035	0.497	0.620	0.396	2.524
	整合创新资源的能力	0.068	0.039	0.152	1.762	0.079	0.263	3.796
	环境适应性的组织变革能力	0.125	0.051	0.181	2.440	0.015	0.356	2.808

（六）互补资产与技术创新动态能力的关系分析

1. 互补资产与技术创新动态能力的关系分析

以技术创新动态能力为因变量，互补资产为自变量，进行回归分析，得到结果如表3-21所示：模型中常数项t检验的显著性概率为0.012<0.05，说明常数项与0存在显著性差异，常数项应该进入回归模型；互补资产t检验的显著性概率为0<0.05，互补资产进入回归模型。因此，互补资产对技术创新动态能力有显著的正向作用，且回归系数为0.642。因此，假设H2成立。

表3-21　互补资产与技术创新动态能力关系分析

模型		非标准化系数		标准系数	t	Sig.	调整R方	F值
		B	标准误差	Beta				
1	(常量)	5.953	2.347		2.537	0.012	0.753	934.431
	互补资产	0.642	0.021	0.868	30.568	0		

因变量：企业技术创新动态能力。

2. 两个变量维度之间的关系分析

（1）互补资产各维度分别与感知与识别技术机会的能力关系分析

以感知与识别技术机会的能力为因变量，互补物质资产、互补知识资产、互补关系资产和互补组织资产为自变量，分别进行回归分析，得到结果如表

3–22所示：模型中互补物质资产t检验的显著性概率为0<0.05。这说明，互补物质资产对感知与识别技术机会的能力有显著的正向作用，因此，假设H2.1成立。互补知识资产t检验的显著性概率为0<0.05。这说明，互补知识资产对感知与识别技术机会的能力有显著的正向作用，因此，假设H2.2成立。互补关系资产t检验的显著性概率为0<0.05。这说明，互补关系资产对感知与识别技术机会的能力有显著的正向作用，因此，假设H2.3成立。互补组织资产t检验的显著性概率为0<0.05。这说明，互补组织资产对感知与识别技术机会的能力有显著的正向作用，因此，假设H2.4成立。

表3–22　互补资产各维度与感知与识别技术机会的能力关系分析

模型		非标准化系数		标准系数	t	Sig.	调整R方	F值
		B	标准误差	Beta				
1	(常量)	5.692	1.071		5.316	0	0.431	233.805
	互补物质资产	0.574	0.038	0.658	15.291	0		
2	(常量)	6.131	1.014		6.049	0	0.415	247.412
	互补知识资产	0.481	0.031	0.669	15.729	0		
3	(常量)	7.303	1.071		6.819	0	0.381	188.880
	互补关系资产	0.526	0.038	0.619	13.780	0		
4	(常量)	7.297	1.083		6.741	0	0.376	185.979
	互补组织资产	0.662	0.049	0.615	13.637	0		

因变量：感知与识别技术机会的能力。

（2）互补资产各维度与整合创新资源的能力关系分析

以整合创新资源的能力为因变量，互补物质资产、互补知识资产、互补关系资产和互补组织资产为自变量，分别进行回归分析，得到结果如表3–23所示：模型中互补物质资产t检验的显著性概率为0<0.05。这说明，互补物质资产对整合创新资源的能力有显著的正向作用，因此，假设H2.5成立。互补知识资产t检验的显著性概率为0<0.05。这说明，互补知识资产对整合创新资源的能力有显著的正向作用，因此，假设H2.6成立。互补关系资产t检验的显著性概率为0<0.05。这说明，互补关系资产对整合创新资源的能力有显著的正向作用，因此，假设H2.7成立。互补组织资产t检验的显著性概率为0<0.05。这说明，互补

组织资产对整合创新资源的能力有显著的正向作用，因此，假设H2.8成立。

表3-23　互补资产各维度与整合创新资源的能力关系分析

模型		非标准化系数		标准系数	t	Sig.	调整R方	F值
		B	标准误差	Beta				
1	(常量)	8.297	1.437		5.775	0	0.497	304.785
	互补物质资产	0.880	0.050	0.706	17.458	0		
2	(常量)	8.953	1.354		6.614	0	0.514	325.938
	互补知识资产	0.738	0.041	0.718	18.054	0		
3	(常量)	8.054	1.299		6.201	0	0.553	380.942
	互补关系资产	0.904	0.046	0.745	19.518	0		
4	(常量)	10.499	1.459		7.198	0	0.444	245.927
	互补组织资产	1.025	0.065	0.668	15.682	0		

因变量：整合创新资源的能力。

（3）互补资产各维度与环境适应性的组织变革能力关系分析

以环境适应性的组织变革能力为因变量，互补物质资产、互补知识资产、互补关系资产和互补组织资产为自变量，分别进行回归分析，得到结果如表3-24所示：模型中互补物质资产t检验的显著性概率为0<0.05。这说明，互补物质资产对环境适应性的组织变革能力有显著的正向作用，因此，假设H2.9成立。互补知识资产t检验的显著性概率为0<0.05。这说明，互补知识资产对环境适应性的组织变革能力有显著的正向作用，因此，假设H2.10成立。互补关系资产t检验的显著性概率为0<0.05。这说明，互补关系资产对环境适应性的组织变革能力有显著的正向作用，因此，假设H2.11成立。互补组织资产t检验的显著性概率为0<0.05。这说明，互补组织资产对环境适应性的组织变革能力有显著的正向作用，因此，假设H2.12成立。

表3-24 互补资产各维度与环境适应性的组织变革能力关系分析

模型		非标准化系数		标准系数	t	Sig.	调整R方	F值
		B	标准误差	Beta				
1	(常量)	7.132	1.009		7.069	0	0.421	224.033
	互补物质资产	0.530	0.035	0.650	14.968	0		
2	(常量)	7.290	0.943		7.733	0	0.449	251.557
	互补知识资产	0.451	0.028	0.672	15.861	0		
3	(常量)	7.982	0.978		8.162	0	0.408	212.470
	互补关系资产	0.508	0.035	0.640	14.576	0		
4	(常量)	9.652	1.061		9.095	0	0.312	140.716
	互补组织资产	0.563	0.048	0.561	11.840	0		

因变量：环境适应性的组织变革能力。

综上所述，笔者将假设验证情况整理如表3-25所示。可以看出，研究假设都得到了支持。

表3-25 本文假设检验总结

假设	检验结果	假设	检验结果	假设	检验结果	假设	检验结果	假设	检验结果
H1	支持	H2	支持	H2.1	支持	H2.2	支持	H2.3	支持
H2.4	支持	H2.5	支持	H2.6	支持	H2.7	支持	H2.8	支持
H2.9	支持	H2.10	支持	H2.11	支持	H2.12	支持		

资料来源：笔者整理而得。

附录

企业互补资产与企业技术创新动态能力关系研究调查问卷

尊敬的女士/先生：

您好！

首先，感谢您在百忙之中抽出时间填写这份问卷。这是一份学术性研究问卷，主要目的是探讨企业在快速变化的环境下，互补资产与企业技术创新动态能力以及技术创新绩效之间的关系。

本次问卷由企业中高层管理人员填写。本问卷所得的全部资料仅供学术研究之用，问卷完全匿名填写，您所填写的所有信息我们都将严格保密。请您根据自己企业的实际情况填写，尽可能客观回答。您的回答对我们的研究非常重要，衷心感谢您的参与！

祝您工作顺利，万事如意！

第一部分 基本信息

1.企业所属行业_______。

□电子电气 □机械 □医药 □冶金 □新材料 □化工

□软件与通信 □汽车 □能源 □交通运输 □其他（请注明）

2.企业成立年限为_______。

□5年以下 □5~10年 □11~20年 □21~30年 □30年及以上

3.企业研发费用占销售额比重为_______%。

4.您在本企业的职位_______。

□董事长或总经理 □技术副总经理 □营销副总经理

□技术部经理 □销售部经理 □其他

5.您的学历_______。

□大专及以下 □本科 □硕士 □博士

6.您在本企业工作的年限_______。

□1年以下 □1~3年 □3~5年 □6~10年 □10年及以上

第二部分　企业互补资产情况调查（请根据您所在企业的实际情况，在最为接近的数字上打“√”）

序号	题项	非常不同意	不同意	比较不同意	中立	比较同意	同意	非常同意
		1	2	3	4	5	6	7
7	本企业拥有满足产品生产的各种通用机器设备							
8	本企业拥有满足特定产品生产的专用机器设备							
9	本企业建立了完善的营销渠道和销售网络							
10	本企业在市场上拥有良好的企业品牌和声誉							
11	本企业拥有充足的资金用于支持研发活动							
12	本企业拥有充足的资金用于创新成果的商业化							
13	本企业拥有较多的与核心技术相关的技术人才							
14	本企业在技术创新中能有效地利用合作单位掌握的相关学科的知识							
15	本企业拥有较多的顾客需求信息							
16	本企业时常吸收顾客参与新产品的设计							
17	本企业主要管理者参与过许多重大的经营决策							
18	本企业曾多次实施成功的战略和商业模式							
19	本企业与合作单位都信守承诺，承担合作工作义务							
20	本企业和利益相关者愿意投入时间和资源维护合作关系							
21	本企业各部门、企业与合作单位间都愿意为对方提供帮助和支持							
22	本企业各部门、企业与合作单位间有比较好的合作政策和程序							
23	本企业对技术和市场的变革方向和趋势有清晰的认识							
24	本企业各部门间、员工间交流信息和分享知识的渠道畅通							
25	本企业的薪酬制度对激励技术人员的创新活动有良好的作用							
26	本企业技术人员不担心会因创新失败而受到人们的嘲笑和打击							

第三部分　企业技术创新动态能力状况调查（请根据您所在企业的实际情况，在最为接近的数字上打“√”）

序号	题项	极不同意	不同意	稍不同意	不确定	稍微同意	同意	非常同意
		1	2	3	4	5	6	7
27	本企业频繁地考察和分析环境的变化，评估环境变化对顾客的影响							
28	本企业管理者和技术人员对技术的变化态势有较强的洞察力							
29	本企业经常开展市场调研，及时了解顾客需求的变化							
30	本企业定期吸收新的技术知识和信息，并将个人能力整合成组织能力							
31	本企业有多种渠道吸收和利用外部技术知识							
32	本企业各部门员工都有适当的途径参与技术创新活动							
33	本企业能根据需要适时获取或利用外部研发资金、样品制造、营销网络等创新资源							
34	本企业能适时获取和利用外部技术创新成果，并将其成功的产业化							
35	本企业经常和其他企业、社会研究机构开展联合创新							
36	本企业能根据新技术或新产品的特点选择合适的战略和产业化模式							
37	本企业能根据新技术发展的要求适时改变旧的决策规则							
38	本企业能根据创新项目的要求适时授予创新部门、创新团队和创新者较多的决策自主权							
39	本企业能为保护知识产权并促进创新产业化建立适宜的治理机制							

第四章　技术创新动态能力的评价研究

第一节　理论推导

一、建立技术创新动态能力评价指标体系的意义

Teece(1997)第一次提出动态能力的概念，认为企业为了适应动态变化的外部环境需要培养动态能力，强调了其整合、配置企业内外资源以适应环境变化方面的关键作用。不同于以往的能力理论，动态能力理论追求的是一种变化，即变化的企业能力而非传统单一核心竞争力，强调动态能力的两个方面：“动态”和“能力”，随市场而动，整合配置内外部资源。徐宁、徐向艺(2012)提出了企业技术创新动态能力这个概念，他们将这一概念界定为企业技术创新的投入能力、产出能力和转化能力。之后，徐宁、徐鹏、吴创(2014)运用实证方法进行了证明。熊胜绪、崔海龙、杜俊义(2016)认为技术创新动态能力作为动态能力的一部分，它是一种不同于静态的技术创新能力的、更高层次的、动态的技术变革能力。根据本文第三章的相关分析，可知企业技术创新动态能力作为推动企业技术变革的能力，它是由感知与识别技术机会的能力、整合外部创新资源的能力和环境适应性的组织变革能力三个维度构成的。

企业技术创新动态能力评价指标体系的选择和量化是构建企业技术创新动态能力评价模型的基础，技术创新动态能力指标体系的选择是否科学合理直接影响最终的评价结果，所以技术创新动态能力评价指标体系的构建应当从多维度予以考虑。技术创新动态能力评价指标的设置应当突出评价的目的，能够反映评价对象的特质。对技术创新动态能力理论的研究，切入点是分析企业技术创新动态能力的内涵特征，最终目的在于寻找、提升企业技术创新动态能力和技术创新绩效，进而改善企业整体竞争水平、获得和维持长期竞争优势的方法和途径。在本研究中，企业技术创新动态能力评价指标体系是在其内在维度构成基础上建立的，依托这3个维度指标对企业技术创新动态能力进行评价。在具体操作中，由于所要研究的对象企业所处的各自行业的不同，自身规模、组织制度、人才等诸多因素条件也存在差异，使得评价指标体系中的权重及判断标准上存在较多的不同。

二、建立技术创新动态能力评价指标体系的原则

评价的方法是依据科学、公平、合理的方法，收集数据，进行分析处理，得出判断结论。评价指标选取上要科学全面地反映问题，力求提高结论的科学性、权威性和说服力。想要客观、公正、有效地对企业技术创新动态能力及相关案例企业的技术创新动态能力进行理论和实践评价。首先，要选取合理的评价维度和相应的评价指标。这些指标在准确反映企业技术创新动态能力内涵的同时，也要具有可操作性和可度量性。其次，要选用科学合理的处理方法，对指标进行科学合理的量化处理。由以往的技术创新动态能力的理论研究和实践应用来看，技术创新动态能力具有抽象性和难以量化等特点，对其进行指标定量评估具有较大的难度。很多学者认为技术创新动态能力太过于抽象，难以识别，不易进行管理和操作，从而很大程度上限制了技术创新动态能力理论在企业实物中的应用。并且，就目前的学术研究来看，关于技术创新动态能力的评价指标体系，理论界仍然尚未取得一个被大家所接受认可的理论范式。

技术创新动态能力评价指标体系和评价方法的恰当与否直接影响企业技术创新动态能力提高工作的成效，直接影响一个国家或地区为提高某些产业、某些企业保持持续竞争优势而做的政策选择方向。企业技术创新动态能力评价指标体系是企业技术创新动态能力评价中基础性、关键性的一环，其设计直接影响评价结果的精准性。可以说，没有科学、合理的评价指标体系，就没有令人满意、信服的评价结果。

指标体系的设计必须建立在科学的设计原则基础上，能够客观地反映企业技术创新动态能力的现状和运行效率，尽可能选取能够反映企业技术创新动态能力的衡量指标，以求对企业技术创新动态能力有一个真实、可靠的评价。并且尽量选取具有共同性的综合指标，并力求数据的可得性。

在本研究中，建立技术创新动态能力的评价指标体系应把握的原则如下所述。

1. 科学性原则

技术创新动态能力的评价指标体系必须立足客观现实，建立在准确、科学的基础上，所选指标应该能够反映企业技术创新过程中的各方面的真实水平。指标概念必须明确，并且有一定的科学内涵，能够真实度量和反映技术创新动

态能力发展的情况及其主要的运行特征。

2. 可操作性原则

技术创新动态能力的评价指标体系要广泛适用于不同行业（产业），指标具有可测性和可比性，易于量化，并且所需数据应容易获得，计算方法简单易行。可操作性是实证研究论文在指标选择中一条特别重要的原则，因为指标体系的构建是为了接下来进行实证研究，对本研究来讲就是要继续进行层次分析和模糊综合评判。如果在指标体系中的指标不能有效地进行量化，那么在之后的实证中也无法得到所需要的结果。

3. 完整性原则

技术创新动态能力的评价指标体系是由多个子系统综合集成的，应该能够较全面地反映和测度企业技术创新动态能力的主要特征和发展状况。指标体系应大小适宜，过大会因指标层次过多过细而掩盖主要问题，不利于揭示所研究的主要矛盾；过小则会因指标层次过少过粗而无法反映该产业的全貌。因此，应在完整性的基础上，指标体系力求简洁，尽量选择那些有代表性的综合指标和主要指标。

4. 评价结果的可比性原则

设计的评价指标体系要具有普遍适用性，应当具有纵向和横向的可比性：要能够对企业过去、现在的状况进行评价，以反映企业动态能力变动和发展趋势；要能够把同一产业中的相同和相似企业进行比较分析，以方便企业在行业中准确定位自己。

5. 系统性原则

影响企业技术创新动态能力的因素很多，在对企业技术创新动态能力进行评价时，所选用的指标不能只单一地考虑某一方面或过分地突出某一单一因素。一方面，技术创新动态能力评价要从系统的角度出发，要有全局观；另一方面，要用发展的眼光，对企业技术创新动态能力进行评价，最终的落脚点是通过对企业技术创新动态能力的评价，更好地在动态环境中构建企业的竞争优势。系统性的原则还体现在，所设计的指标要既有侧重、又要全面地反映所要研究的问题；既要客观公正又要寻求专家、从宏观层面系统地把控所研究问题的各个方面。只要从整体把握，系统性的进行指标的构建，所得到的指标体系才可能是准确的、有效的，进而所得到结论才可能是有说服性的。

三、建立技术创新动态能力评价指标体系的方法和流程

构建一套评价指标体系对事物进行评估，通常有两种方式：一种是基于理论研究的基础构建全新的评价指标体系；另一种是在已有的评价指标体系的基础上破旧立新，进行调整。前一种方式是原始性创新，往往可以避免延续旧体系的弊端，使评价指标体系更贴近基础理论研究，但是常常因为相关指标数据的难以获取，不利于进行纵向分析评价。后一种方式是继承性创新，在原有评价指标体系的基础上进行适当的调整，常常易于获得指标数据，更具有可操作性。本研究主要采用后一种方式构建技术创新动态能力评价指标体系。

本研究选择了层次分析法和模糊综合评价法，并在指标的确定和数据的处理过程中，使用了德尔菲法。其中，层次分析法，巧妙地综合定性和定量的分析方法，并结合两种分析方法，进行更加有效的分析。模糊综合评价法，是基于模糊数学的基本原理，也是一种将定性指标与定量指标进行综合整理和评价的方法。本研究在对技术创新动态能力的评价过程中共同使用这两种方法，其中模糊综合评价法要用到层次分析法在权重等方面的结果。要获得各位专家对于企业技术创新动态能力各项评价指标的具体评价数据，需要采用一种更加科学有效的、获取数据的方法——德尔菲法。德尔菲法是管理学中比较常用且行之有效的方法，对于获取有效的数据源有着重要的保障作用。

研究结论的正确性与研究方法密切相关，科学的研究方法将大大提高研究结论的适用性与科学性。本研究中的技术创新动态能力包括3个维度（感知与识别技术机会的能力、整合外部创新资源的能力和环境适应性的组织变革能力）都是不能直接测量的潜变量，需要用另外一些更加具体细化的指标去间接测量这些潜变量。

指标体系的设计是一个不断深化、从具体到抽象再到具体的逻辑辩证性过程，通常需要经历3个过程：理论准备、指标体系初选和指标体系优化。3个阶段的具体流程可见图4–1。

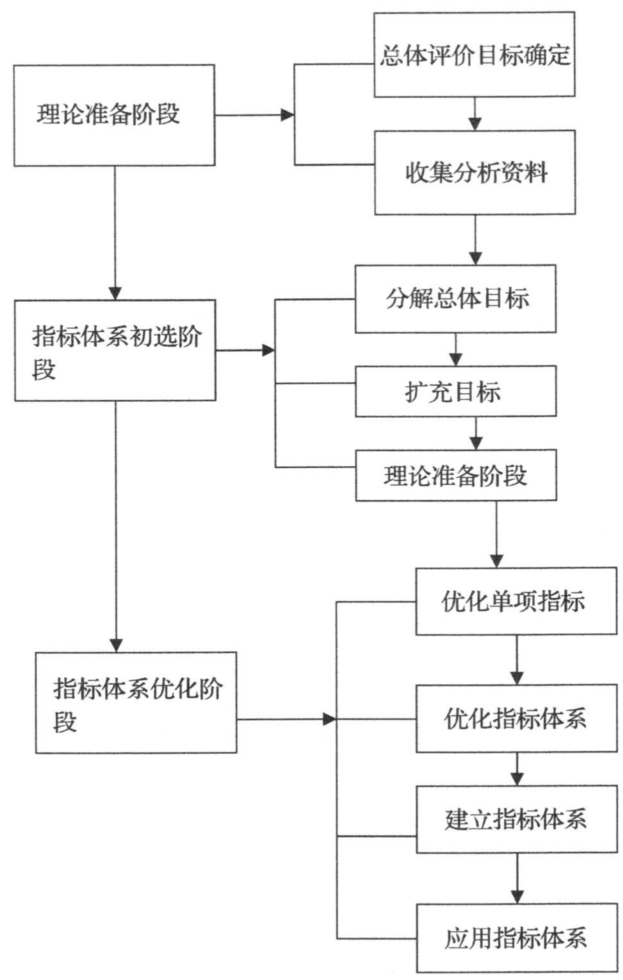

图4–1　评价指标体系流程图

构建企业技术创新动态能力评价指标体系是一项复杂的系统工作。在设计过程中主要面临以下两个难点：一是确定的各评价指标既要全面反映技术创新动态能力的水平又要能够避免各指标之间的交叉重叠，最终确保每个指标在评价中反映的内容是全面和有差异性的；二是对于收集到的数据，要选择科学的统计分析方法来进行有效的处理分析。因此，本研究在设计企业技术创新动态能力评价指标体系的过程中，首先阅读总结文献资料，从而对评价客体产生较为深刻的认识，在此基础上结合企业发展理论和企业变革理论，初步设计了一套较为全面的评价指标体系；其次，利用统计分析方法对初设指标进行筛选；最后，确定出一套较为科学、合理、适用的企业技术创新动态能力评价指标体系。

四、技术创新动态能力评价指标体系的设计与构建

目前，国内外学者对于技术创新动态能力的评价指标体系的研究较少，很多研究都是着重在技术创新能力或是动态能力的评价指标上。不仅如此，由于大家对技术创新动态能力认识的不同，以及其被提出的时间较短等缘故，目前理论界并没有提出一套成熟的、为大家所共同认可的技术创新动态能力评价指标体系。因此，技术创新动态能力评价指标体系的研究只能遵循理论构念——指标初选——指标体系优化的基本流程进行设计确定。

（一）评价指标的选取

1. 理论构念阶段

下面就梳理这几方面的既有理论研究，以期找到本研究可以借鉴的经验。

（1）技术创新能力的评价指标体系研究综述

近几十年来，企业技术创新能力已经成为众多国内外学者研究的众多热点问题之一，而且还是那个最为重要的问题。企业技术创新能力评价问题的关键，是建立一套科学、合理、适用量化的评价指标体系和选择一套适当、有效的评价方法。

Hill和Rothwell(1979)通过理论研究发现技术创新包含范围较广，涉及内容较多，通常情况下无法直接对其能力进行测度，因此往往选择恰当的替代性指标间接地反映产业技术创新能力。但是，随后的研究发现，伴随着各种方法论、统计学等学科的发展，技术创新能力的评价逐渐成为一种可以实施且能获得较好效果的一种工作。Scherer(1994)通过理论分析和实证研究，提出技术创新成果可以在新产品、新技术和新工艺上得以体现，并且由于产业、企业和外部环境不同，企业的技术创新的类型也不一样，因此应当根据企业自身所处的具体的内外部环境特征选择适用的技术创新能力评价指标体系来衡量企业的技术创新能力。经济合作与发展组织(Organisation for Economic Cooperation and Development，简称OECD) (2004)研究发现，企业技术创新能力的评价指

标体系应该从知识的投入、存量、流量、产出、网络和学习过程6个方面加以考虑，并对这一理论构念进行了分析和验证。德国人在深入分析企业技术创新能力时，根据德国企业的具体特征，选择了科研开发费、产品设计试验费、专利购买费、市场调研费以及从事产品创新工作的人员培训费占销售总额的比重5个指标作为企业技术创新能力的评价指标，运用到实际的企业技术创新实践中，获得了较好的效果。

就国内的研究而言，刘婧姝(2007)结合产业竞争力的理论范式，从技术创新过程着手，按照指标选取、指标筛选和指标分层的流程步骤，在产业技术创新能力的诸多影响因素之中抽取若干项关键要素，分别从产业内部企业技术创新能力、产业组织以及外部环境3个层面选择评价指标，采用集对分析法对中国制造业企业技术创新能力进行综合评价。陈傲(2007)采用37个规模以上工业企业的样本数据作为基础数据，考虑到绝对指标和相对指标的比例，从人力、资金和设备投入、专利和新产品产出以及环境影响等方面建立评价指标体系，运用因子分析与聚类分析法对产业技术创新能力进行综合评价，其研究结果表明，技术创新能力存在显著的行业差异性。陈萍等学者(2008)从技术创新投入能力和技术创新产出能力两方面构建评价指标体系，采用层次分析法对中国30个省市的高技术产业技术创新能力进行综合评价后发现企业技术创新能力在不同的区域内有着不同的含义和表现，需要用不同的评价标准来衡量。徐丰伟(2011)从产业自主创新能力和产业内外协同能力两个角度建立评价指标体系，采用因素综合分析法对我国装备制造业技术创新能力进行评价。

除了上述文献所涉及的评价方法之外，还包括以下几种：模糊评价模型、粗糙集法、Fuzzy-TOPSIS、灰色系统理论、Weaver-Thomas模型、TOPSIS、突变级数法、因子分析法、Non-Additive Fuzz测度模型、综合指数法、微粒群算法、密切值法和主成分分析法等。

综上所述，国内外诸多专家学者在技术创新能力评价指标体系的研究上做了大量的工作，也获得了大量而丰富的研究成果，理论范式较为成熟，可以供研究人员借鉴的成果丰富而实用。后来者在进行研究的时候，在具体研究实践情况的基础上，可选择、借鉴的理论范式比较多。

（2）动态能力的评价指标体系研究综述

有效的动态能力评价标准的制订是非常重要的。Caloghirou(2004)通过实证研究设计了一个动态能力的评价模型，这个模型包含学习能力、协调能力与变革能力3个维度，并且利用这3个维度对动态能力进行测量，得到了较好的研究结果。王核成(2005)在对企业动态能力的内涵和影响因素进行分析的基础上，构建了基于动态能力的企业竞争力模型，设计了相应的变量对企业动态能力进行测量。Jantunen(2005)利用企业重构活动的数量和成功率来测量动态能力。王斌、颜宏亮(2006)研究发现，可以把动态能力分解成4个维度，也就是企业文化、组织过程、资产和技术状况、企业发展路径，通过这些维度进而对动态能力进行分析、测量和评价。曹红军、赵剑波(2009)研究提出，可以用动态信息利用能力、动态资源获取能力、动态内部整合能力、动态资源释放与外部协调能力等因素对企业动态能力进行分析、测量和评价，并且运用因子分析方法进行分析，形成了一套动态能力测量量表，成功验证了该模型的有效性。焦豪等(2008)在前人理论研究的基础上，构建基于环境洞察能力、变革更新能力、技术柔性能力与组织柔性能力4个维度的企业动态能力测量模型，并利用因子分析的方法，对这4个维度之间的相关性进行了分析和验证。李大元等(2009)等从企业战略过程角度出发，通过理论分析和实证研究，提出可以把动态能力分解为组织意会能力、柔性决策能力和动态执行能力3个维度并加以衡量。刘小花、席升阳(2011)研究提出，可以用文化力、学习力、创新力和匹配力这4个维度指标来构成企业动态能力评价模型的主体构架，并以此对企业动态能力进行分析、测量和评价。

综上所述，目前国内外关于动态能力的评价已经有了较多的研究成果，但是这些评价指标体系差别还是比较大的，不同的专家学者对其的认识也是不一样的，对其他学者所提出的评价指标体系范式的认同度依然不高，尚未形成为学术界所共同接受的理论范式。

（3）技术创新动态能力的评价指标体系研究综述

徐宁、徐向艺等(2012)提出技术创新动态能力这个构念，并且提出技术创新动态能力由技术创新投入能力、技术创新产出能力与技术创新转化能力3个维度共同构成，并且以中国中小上市公司的数据为基础进行了验证。熊胜绪等(2016)认为技术创新动态能力作为动态能力的一部分，它是一种不同于静态的、技术创新能力的、更高层次的、动态的技术变革能力，是由感知与识别技术机会的能力、整合外部创新资源的能力和环境适应性的组织变革能力3个维度构成的。

徐楠萍(2016)参考李庆东(2005)、陈晓红等(2008)、方建国(2010)等人的研究结果，选取了企业研发经投入、研发人员数量、员工硕士学历以上人数、高管硕士学历以上人数、有技术背景的高管占比、企业发表论文数量、企业产学研机构数量、企业拥有国家级的技术中心、实验室数量和企业原始创新成果数等指标构建企业技术创新动态能力评价体系。但是，她又同时承认技术创新动态能力与技术创新能力在理论本质上一致，忽略了技术创新动态能力和技术创新能力之间的重大区别。王昌林(2017、2018)研究提出技术创新动态能力由网络能力、动态能力和原创能力三大要素构成，并且随后以412家高新技术企业为样本进行了实证检验。张林、王宇(2018)研究提出企业技术创新动态能力可以分为投入能力、产出能力、成果转化能力和管理能力要素，并以此为构念维度进行了研究。

从目前的研究成果来看，由于技术创新动态能力属于一个提出时间较短的新概念，专家学者对其的认识还不统一。总结分析以上研究成果来看，对于技术创新动态能力的构念维度主要分成两种观点：一种是以徐向艺等人的观点为主，将技术创新动态能力分成技术创新投入能力、技术创新产出能力与技术创新转化能力3个维度，并以此为基础进行分析；另一种是以熊胜绪等人的观点为基础，将技术创新动态能力分成感知与识别技术机会的能力、整合外部创新资源的能力和环境适应性的组织变革能力3个维度。

本研究认为，第一种观点带有较多的静态的技术创新能力的特征，不能很好地区分技术创新能力和技术创新动态能力之间的区别，容易将两者混淆等同，不能充分反映技术创新动态能力的动态特征。因此，本研究主要是采用第二种观点，将技术创新动态能力分成感知与识别技术机会的能力、整合外部创新资源的能力和环境适应性的组织变革能力3个维度，并以此为基础展开技术创新动态能力评价指标体系的构建。

2. 技术创新动态能力评价指标体系的初选阶段

企业技术创新动态能力指标体系的构建是企业技术创新应对市场竞争、提高自身竞争力的关键。

在确定技术创新动态能力构念的边界后，就可以在此基础上对其进行操作化。本研究主要采用演绎法和归纳法对技术创新动态能力选择初始的评价指标。演绎法是经过大量的文献阅读，借鉴现有的相关理论概念以及相似构念的量表，搜集整理涵盖所需理论范围的测量题目。归纳法是对4名战略管理领域的专家进行访谈（访谈提纲见本章附录1），讨论技术创新动态能力的评价指标；然后根据专家的反馈，合并相似题目，删除不合适的题目，使测量题目与构念匹配，得出最初的题目，并请20名企业中高层管理者对测量题目的清晰程度、效度和完整性进行评价；在管理者反馈的基础上，最终确定所有测量题目。如表4–1和表4–2所示。

表4–1 评价指标开发

构念	构念的定义	评价指标的形成过程
技术创新动态能力	企业为了应对环境已经发生的或未来可能发生的变化，不断地吸收和整合企业内外部的技术创新资源，完善企业技术创新的资源基础，重构企业技术创新的流程和惯例，推动企业技术创新能力不断提升的能力 包括感知与识别技术机会的能力、整合创新资源的能力和环境适应性的组织变革能力。	阅读文献，搜集整理了技术创新动态能力20题 对4名战略管理领域的专家进行访谈，讨论技术创新动态能力的定义以及应用哪些题目测量这些构念 根据专家的反馈，合并相似题目，删除不合适的题目，使测量题目与构念匹配，得出最初的题目，并请20名企业中高层管理者对测量题目的清晰程度、效度和完整性进行评价 在管理者反馈的基础上，最终确定了15道题目

资料来源：笔者整理分析所得。

表4-2　技术创新动态能力初始评价指标

构念	一级指标	二级指标
技术创新动态能力	C_1感知与识别技术机会的能力	C_{11}本企业频繁地考察和分析环境的变化，评估环境变化对顾客的影响
		C_{12}本企业管理者和技术人员对技术的变化态势有较强的洞察力
		C_{13}本企业经常开展市场调研，及时了解顾客需求的变化
		C_{14}本企业有很强的认知和学习能力去识别新的技术机会
	C_2整合创新资源的能力	C_{21}本企业定期吸收新的技术知识和信息，并将个人能力整合成组织能力
		C_{22}本企业有多种渠道吸收和利用外部技术知识
		C_{23}本企业各部门员工都有适当的途径参与技术创新活动
		C_{24}本企业拥有完善的技术创新流程和惯例
		C_{25}本企业能根据需要适时获取或利用外部研发资金、样品制造、营销网络等创新资源
		C_{26}本企业能适时获取和利用外部技术创新成果，并将其成功的产业化
		C_{27}本企业经常和其他企业、社会研究机构开展联合创新
	C_3环境适应性的组织变革能力	C_{31}本企业能根据新技术或新产品的特点选择合适的战略和产业化模式
		C_{32}本企业能根据新技术发展的要求适时改变旧的决策规则
		C_{33}本企业能根据创新项目的要求适时授予创新部门、创新团队和创新者较多的决策自主权
		C_{34}本企业能为保护知识产权并促进创新产业化建立适宜的治理机制

资料来源：笔者整理分析所得。

3. 评价指标优化阶段

本研究采用定性和定量相结合的分析方法，优化评价指标。目前来看，在理论界运用较为广泛的方法有鉴别力分析、相关性分析、德尔菲法、聚类分析、因子分析等方法。本研究主要采取相关性分析、德尔菲法、聚类分析、因子分析的方法来加以优化。

具体而言，本研究采用专家咨询法对指标体系进行了修正和完善。专家咨询法是将初设指标制作成一张调查问卷，通过现场咨询或者邮件等方式争取专家对各个指标的意见，并将各位专家的统计结果反馈，将此过程反复，直到专家的意见趋于一致，是修正和完善指标库的一种有效方法。而对于专家的挑选需要坚持以下原则：一是专家要熟知旅游社会企业及动态能力的情况和内涵；二是在此领域有丰富的时间经验，能够理论结合实际给出客观的建议。

本研究选择的专家主要由两部分组成：一部分是来自高校的企业战略管理

与技术创新领域专家，他们熟悉国内外关于企业战略管理与技术创新的学术动态，共4位；另一部分则是在企业从事企业战略管理与技术创新相关工作、有丰富的工作经验的中高层管理人士，共4位。采取邮件发放问卷的方式进行咨询。具体问卷见本章最后的附录2。

两轮专家咨询后，统计各位专家对于初设评价指标体系的看法和意见，对原定的技术创新动态能力的评价指标体系进行调整，删除“本企业拥有良好的实验设备和研制平台用于创新研发活动”“本企业能够从外部获取专家建议等智力资本用于支持管理决策”“本企业的重大决策都严格遵守决策程序和制度”“本企业各部门、企业与合作单位间都愿意共享知识和创新资源”等内容，形成了初步优化的技术创新动态能力评价指标体系，并利用第三章所获得的数据进行因子分析，得到因子分析结果，见表4–3。

表4–3 技术创新动态能力初始量表和因子分析结果

变量	一级指标	二级指标	CITC	旋转后的因子载荷	各维度的Cronbach's α
技术创新动态能力	感知与识别技术机会的能力	本企业频繁地考察和分析环境的变化，评估环境变化对顾客的影响	0.815	0.796	0.818
		本企业管理者和技术人员对技术的变化态势有较强的洞察力	0.829	0.795	
		本企业经常开展市场调研，及时了解顾客需求的变化	0.781	0.766	
	整合创新资源的能力	本企业定期吸收新的技术知识和信息，并将个人能力整合成组织能力	0.804	0.773	0.803
		本企业有多种渠道吸收和利用外部技术知识	0.826	0.809	
		本企业各部门员工都有适当的途径参与技术创新活动	0.767	0.754	
		本企业能根据需要适时获取或利用外部研发资金、样品制造、营销网络等创新资源	0.807	0.795	
		本企业能适时获取和利用外部技术创新成果，并将其成功的产业化	0.796	0.787	
		本企业经常和其他企业、社会研究机构开展联合创新	0.812	0.805	

续表

变量	一级指标	二级指标	CITC	旋转后的因子载荷	各维度的Cronbach's α
技术创新动态能力	环境适应性的组织变革能力	本企业能根据新技术或新产品的特点选择合适的战略和产业化模式	0.835	0.826	0.816
		本企业能根据新技术发展的要求适时改变旧的决策规则	0.869	0.857	
		本企业能根据创新项目的要求适时授予创新部门、创新团队和创新者较多的决策自主权	0.803	0.780	
		本企业能为保护知识产权并促进创新产业化建立适宜的治理机制	0.818	0.809	

数据来源：笔者整理分析所得。

Nunnally和Berstein(1994)指出，测度变量的Cronbach's α系数应大于0.7，并且题项——总体相关系数(CITC)应大于0.35。按照Nunnally(1994)的观点，旋转后的因子载荷小于0.4的测量指标和载荷在两个因子均高于0.4的测量指标应被删除。第一个因子变量所反映的4个测量指标都属于预设的技术机会的感知与识别能力构面，其中第28个测量指标(V28)的因子载荷小于0.4，因此将其删除。第二个因子变量所反映的7个测量指标都属于整合创新资源的能力构面，其中第32个测量指标(V32)的因子载荷小于0.4，因此将其删除。删减后，对剩余的测量指标进行项目分析，结果如上表4–3所示。整个预调研问卷中的各变量的KMO值都大于0.80，Bartlett's球形检验的P值为0，小于显著性水平0.05，表明适合做因子分析。同时，样本数据按特征值大于1可以提取相应的公因子，累计方差解释率都超过50%。最大方差旋转之后每个测量指标的因子载荷均大于0.6，各维度的Cronbach's α系数都大于0.7。说明删除相应的指标后，剩余的各项评价指标能够更好地表示各个变量，且有更好的信度和效度。

根据以上对所搜集数据进行因子分析以及信度和效度分析后，得到技术创新动态能力最终的评价指标，如表4–4所示。

表4–4　最终评价指标

构念	一级指标	二级指标
技术创新动态能力	C_1感知与识别技术机会的能力	C_{11}本企业频繁地考察和分析环境的变化，评估环境变化对顾客的影响 C_{12}本企业管理者和技术人员对技术的变化态势有较强的洞察力 C_{13}本企业经常开展市场调研，及时了解顾客需求的变化
	C_2整合创新资源的能力	C_{21}本企业定期吸收新的技术知识和信息，并将个人能力整合成组织能力 C_{22}本企业有多种渠道吸收和利用外部技术知识 C_{23}本企业各部门员工都有适当的途径参与技术创新活动 C_{24}本企业能根据需要适时获取或利用外部研发资金、样品制造、营销网络等创新资源 C_{25}本企业能适时获取和利用外部技术创新成果，并将其成功的产业化 C_{26}本企业经常和其他企业、社会研究机构开展联合创新
	C_3环境适应性的组织变革能力	C_{31}本企业能根据新技术或新产品的特点选择合适的战略和产业化模式 C_{32}本企业能根据新技术发展的要求适时改变旧的决策规则 C_{33}本企业能根据创新项目的要求适时授予创新部门、创新团队和创新者较多的决策自主权 C_{34}本企业能为保护知识产权并促进创新产业化建立适宜的治理机制

数据来源：笔者整理分析所得。

（二）确定评价指标权重

1. 指标权重的确定方法

目前，管理学领域关于评价模型构建方面的方法有很多，其中对于指标权重的确定，主要可以分为以下几种。

（1）主观赋权法

该种方法主要是集中在定性的主观研究中，由于某种原因，无法计算出客观的或者行之有效的权重指标，而采取定性的方式对所需的权重进行确定。这一类方法的使用过程中，为了保障所得权重的真实性和有效性，更多地依赖于专家的打分。专家的判断和打分对于主观赋权法尤为重要，在主观赋权法中，采用适当的方法，对专家的评判和打分进行合理的计算和处理，得到权重指标。在主观赋权法里面，目前比较常用的方法有二项系数法、层次分析法、专家调查法等。

（2）客观赋权法

客观的赋权是根据原始数据之间的关系通过一定的数学方法来确定权重，其判断结果不依赖人的主观判断，有较强的数学理论依据，相对主观赋权法来说，更加客观准确。使用客观赋权法，对于数据的获得渠道要求很高，其中，最主要的是要有客观的且具有一定数量的原始数据，然后基于这些原始数据，使用合理的方法，计算出所需要的权重指标。而这种方法所存在的问题也产生于此，那就是大量客观的数据很难获得，或者是由于数据的不公开，或者是由于数据本身无法从客观的渠道获得，因此客观赋权法虽然具有很好的说服性，但是其在实际应用中，受到很大程度的限制。常用的客观赋权法通常包括主成分分析法、离差及均方差法、多目标规划法等。

（3）综合赋权法

综合赋权法指的是将主观赋权法和客观赋权法结合使用。这种方法可以综合主观赋权法和客观赋权法两种方法的优点，合理避免数据获得和权重计算方面的缺点。但是，综合赋权法不一定就是最为理想的方法，在实际问题的研究时，要综合考虑数据的结构和情况，以及指标的类型，并综合判断使用何种方法。

综上所述，结合本研究的研究对象自身的特点（概念较新、范式不完整、评价指标较为抽象难以具体量化、企业技术创新动态能力数据主观化、难以判断所获得数据是否是案例对象的真实意愿的表达及其程度），本研究采用主观赋权法的专家调查法。

2. 确定指标权重

专家调查法又称“德尔斐法”，围绕某一主题或问题，征询有关专家或权威人士的意见和看法的调查方法。调查对象只限于专家。调查是多轮次的。一般为3~5次。每次都请调查对象回答内容基本一致的问卷，并要求他们简要陈述自己看法的理由根据。每轮次调查的结果经过整理后，都在下一轮调查时向所有被调查者公布，以便他们了解其他专家的意见，以及自己的看法与大多数专家意见的异同。这种调查法最早用于技术开发预测，现在已被广泛应用于对政治、经济、文化和社会发展等许多领域问题的研究。

（1）确定主持人，组织专门的调查小组

本研究确定笔者为主持人，由笔者、笔者的2名同事和5名学生共同组成技术创新动态能力评价指标权重调查小组，调查时间确定为2017年3月—5月。

（2）拟定调查提纲

调查要想获得很好的调查结果就必须有一个科学合理的调查大纲。调查大纲上所列的问题要明确具体，选择得当，数量不宜过多，并提供必要的背景材料。本研究主要是根据上一阶段确定好的技术创新动态能力评价指标体系及其明细来确定本次调查的调查大纲。

调查提纲的基本内容是：①说明课题的意义及要达到的调研目标；②确定研究主题及重点，选定调研突破口；③根据需要，灵活确定实施调研的方法、技术系统；④确定搜集、处理、分析调查资料及进行理论探索的方法，对调查研究程序、实施步骤提出实际建议；⑤提出问卷和访谈提纲的基本构架和理论说明；⑥对课题的预期结果和可能获得的社会价值、学术价值做出基本的估计。

本次调查共涉及3个一级指标和13个二级指标，采用李克特5分量表，由1、2、3、4、5分别表示很不重要、不重要、无所谓、重要和很重要。要求调查对象（企业人士和学院派专家）对这16个指标进行打分选择。

（3）选择调查对象

所选的专家要有广泛的代表性，他们要熟悉业务，有特长、一定的声望、较强的判断和洞察能力。专家人数要适量，一般以10~50人为宜。

为了保证数据的可靠性，确定调查对象为10名高科技企业内的中高层领导人员（产品经理、部门经理、项目经理等人员为主）和10名企业战略管理与技术创新专业方面的专家教授。要求调查对象在所在领域有3年以上的工作经历，确保调查对象熟悉企业技术创新动态能力情况，进而得出真实客观的调研数据用于实证分析。

（4）轮番征询意见

本研究采取三轮调查。第一轮是提出问题，要求10名高科技企业内的中高层领导人员和10名企业战略管理与专家教授在1个星期的时间里把调查表格中的选择题（各指标）打分之后寄回；第二轮是修改问题，对第一轮获得的20张调查表的所打分值汇总求平均值，客观地分析出各表中所打分值的最大值、最小值、平均数等统计分析值，然后把这些分析过程和分析结果汇总发给各填表人，再一次征求他们的意见；第三轮是最后判定，重复第二轮所做的工作，然后把企业人士和专家教授最后重新考虑的意见、所打分值收集上来，加以整理。

（5）整理调查结果，提出调查报告中的表格数据

对征询所得的指标权重值进行统计处理，一般采用平均数法，把处于平均数的专家意见作为调查结论，并进行文字归纳，写成报告。

根据上述方法，最终形成了技术创新动态能力评价指标的权重，如表4-5所示。

根据上述分析，可以得到技术创新动态能力评价指标体系，并据以计算企业的技术创新动态能力指数。该指数用C来表示。

$$
\begin{aligned}
C &= 0.25C_1+0.30C_2+0.45C_3 \\
&= 0.25(0.30C_{11}+0.40C_{12}+0.30C_{13})+0.30(0.20C_{21}+0.10C_{22}+0.15C_{23}+0.15C_{24}+0.30C_{25} \\
&\quad +0.10C_{26})+0.45(0.25C_{31}+0.30C_{32}+0.20C_{33}+0.25C_{34})
\end{aligned}
\tag{4.1}
$$

表4-5　评价指标权重

构念	一级指标	权重	二级指标	权重
技术创新动态能力	C_1感知与识别技术机会的能力	25	C_{11}本企业频繁地考察和分析环境的变化，评估环境变化对顾客的影响	30
			C_{12}本企业管理者和技术人员对技术的变化态势有较强的洞察力	40
			C_{13}本企业经常开展市场调研，及时了解顾客需求的变化	30
	C_2整合创新资源的能力	30	C_{21}本企业定期吸收新的技术知识和信息，并将个人能力整合成组织能力	20
			C_{22}本企业有多种渠道吸收和利用外部技术知识	10
			C_{23}本企业各部门员工都有适当的途径参与技术创新活动	15
			C_{24}本企业能根据需要适时获取或利用外部研发资金、样品制造、营销网络等创新资源	15
			C_{25}本企业能适时获取和利用外部技术创新成果，并将其成功的产业化	30
			C_{26}本企业经常和其他企业、社会研究机构开展联合创新	10

续表

构念	一级指标	权重	二级指标	权重
技术创新动态能力	C_3环境适应性的组织变革能力	45	C_{31}本企业能根据新技术或新产品的特点选择合适的战略和产业化模式	25
			C_{32}本企业能根据新技术发展的要求适时改变旧的决策规则	30
			C_{33}本企业能根据创新项目的要求适时授予创新部门、创新团队和创新者较多的决策自主权	20
			C_{34}本企业能为保护知识产权并促进创新产业化建立适宜的治理机制	25

数据来源：笔者根据专家反馈意见整理分析所得。

第二节　案例企业分析评价

在第一节中，我们通过理论分析得到了关于技术创新动态能力的评价指标体系。但是，该指标体系是否科学、合理、适用，还需要在实践中验证。在本节中，作者拟以在通信、信息技术行业中的规模、行业地位、产值等相近的两家企业H公司和Z公司为例（出于保密的考虑，本研究中的公司名称用字母代替）。进行技术创新动态能力评价，验证技术创新动态能力评价指标体系的科学性和合理性。

一、案例企业简介

（一）H公司

1. 公司简介

H公司创立于1987年，以信息和通信技术为核心业务，是全球领先的ICT（信息与通信）基础设施和智能终端提供商，在通信网络、IT、智能终端和云服务等领域为客户提供有竞争力、安全、可信赖的产品和解决方案与服务，公司致力于把数字世界带给每个人、每个家庭、每个组织，构建万物互联的智能世界。

H公司在战略模式上实行“聚焦战略、厚积薄发”的方针，面向未来，一直保持清醒的头脑，迎接挑战、抓住机遇。并始终坚持以客户为中心，持续为客户创造价值。在服务管理方面，H公司以技术为中心，坚持以客户利益为核心的价值观。

目前，H公司有19.4万员工，业务遍及170多个国家和地区，服务30多亿人口。截至2016年年底，H公司市场份额超过15%的国家有33个，超过20%的有22个国家；在企业业务方面，H公司有近12000个渠道伙伴，近2000个服务伙伴，与400多家解决方案商存在合作关系。与300多家高校建立合作伙伴关系，网络学院超过190 所，还有45家培训中心，与260个培训合作伙伴签约。

2. 公司组织架构

在组织管理方面，H公司的组织模式随着战略定位的发展而变化。总的来说，主要经历了在创业初期快速反应的线性组织结构，以及以业务部门和分支为中心的矩阵组织模式。同时，公司以创新模式的转变路径为基础，根据通信行业信息技术的特点，在这样一个环境中还建立了在相对稳定的前提下可以迅速调整组织结构以及持续的组织变革，使得公司迅速提升服务客户的能力。此外，公司的组织模式从单一过渡到复杂，即从集中到分权管理的过程。

H公司的组织结构见图4–2。

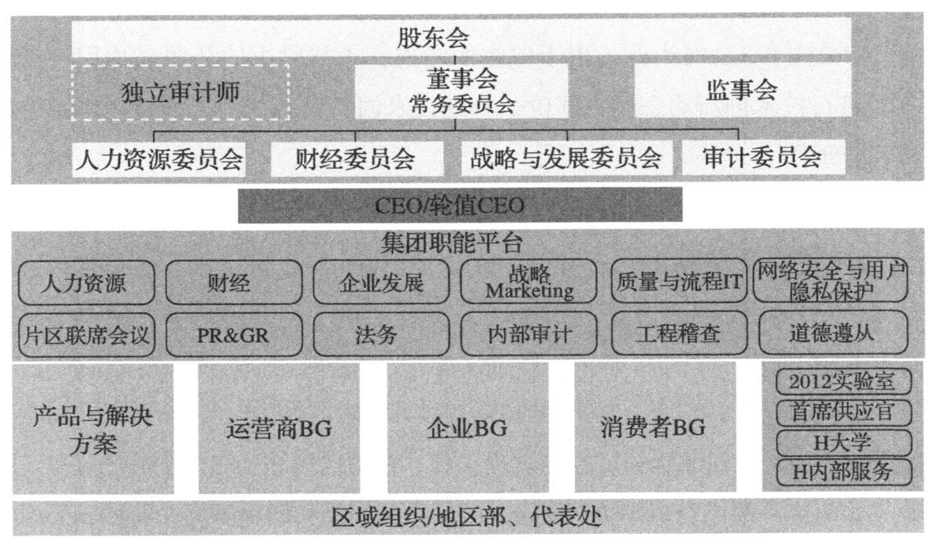

图4–2　H公司组织架构图

1996年，H公司的技术开发工作实现了组织管理系统化，将技术开发工作划分为三个模块，并分别交由三个不同的部门负责：负责技术规划的产品战略研究规划办公室，这个部门确定技术开发的方向，即“做什么产品”，主抓预研立项；中央研究部，属于管理层，主要负责“做出产品”，避免产品上市时间滞后；中试部，负责控制产品品质，“做好产品”，找出产品存在的缺陷并加以完善。

在H公司内部，为了应对商业和技术这两个不同维度的问题，从组织设置上进行了切割和划分。为应对商业层面的问题，设立了SPDT/PDT(Solution Product Development Team/Product Development Team，即产品解决方案开发团队)，重点关注商业层面的问题，做好市场洞察、客户分析，针对客户的痛点问题，输出相应的产品技术方案和技术规格。为应对技术层面的问题，设立了PDU(Product Development Unit，即产品开发部)，负责调用公司内外部的技术资源，专注解决技术问题，完成产品的开发过程。为协调两者的关系，设立了IPMT(Integrated Product Management Team，即集成产品管理团队)，一方面从投资回报的视角，负责审批具体的研发投资计划；另一方面，审批具体的营销计划和服务计划，督促销售、服务等周边职能部门，完成商业销售和服务，实现技术的变现，从而实现技术的商业化，即技术创新的过程。

技术组织、商业组织和协调组织三足鼎立，共同支撑技术创新的技术、商业双轮驱动，良性循环。技术组织的相对独立性使得技术部门能够专注于技术问题，在人才选拔、能力培养等方面侧重于技术发展的长期性，形成技术突破，同时，受商业组织的密切影响，不至于“唯技术论”而偏离技术创新要达成商业成功的最终目标；商业组织的相对独立性使得商业部门能够专注于市场研究，把握商业机会，牵引研发方向，同时，受前瞻性技术研究的影响，贡献新的创新思想，更好地满足客户需求，实现技术创新成果的顺利落地。两者通过IPMT进行协调，权衡短期利益与长期利益，平衡商业与技术的关系，实现良性互动，循环发展。

3. 技术创新战略

H公司的技术创新战略经历了“从低端模仿创新、实现跟跑，到中期改良创新、实现并跑，到技术领先创新、实现领跑”的过程，属于“成长”型技术创新战略。一方面，体现在技术创新的领先程度逐步加强、技术驱动力量逐步强化、技术创新的新颖程度逐步加强；另一方面，也体现了匹配公司当时所处的市场环境、技术实力等现实条件的约束，以支撑公司成长的过程。

在坚持技术创新服务企业成长、牵引企业成长的成长型技术创新战略的同时，其成长型技术创新也体现了以下几个特点。

（1）技术平台化，谋求核心突破，避免低水平重复建设

H公司研发非常注重技术平台建设，将各个产品解决方案所用到的共性技术，统一归口到一个部门进行研究和开发，形成技术平台，然后将技术平台成果在整个公司范围应用，充分实现共享。

（2）开放创新，构筑“为我所知、为我所用、为我所有”的知识体系

创新的根本目的在于满足客户需求，创造商业价值，技术是满足客户需求、创造商业价值的重要手段。从创新的目标出发，在“技术密集”特点非常突出的电信设备制造型行业，H公司需要集成组合业界最优秀的技术，创造出质量好、成本低、充分满足客户需求的高质量产品。面对纷繁复杂的各项专业技术，H公司作为一家企业，尽管其研发投入巨大，仍然无法实现所有的技术均自行投资研发，开放合作、充分引进吸收业界的先进成果，成为其保证产品技术竞争力的必要手段和必由之路。

（3）交叉授权，共同发展的知识产权战略

技术创新与知识产权密切相关。因此，知识产权战略也是技术创新战略的一个重要组成部分。H公司认为，“要站在别人的基础上去做创新。片面强调自主创新会导致企业整体创新进展缓慢，效率低下，很容易错过主要市场或者市场利润丰厚的时间窗。通过缴费来合法地换取别人的技术进行使用，使得企业能够快速地推出质优价廉的产品，满足客户和市场的需求，获得大量销售收入，之后企业才能有足够资金投入创新中”。因此，在保护自己知识产权的同时，以缴纳专利费、知识产权交叉许可等方式，与业界同行共同发展，成为H公司主要的知识产权战略。

4. 人力资源情况

H公司在确定公司的自主创新战略的基础上，一直注重人才团队的培育与激励。近年来，H公司的研发人员占公司总人数的比例一直在45%上下，保持着稳定的状态。近年来，全世界有700多名技术人员在H公司工作，其中近三分之一是欧

洲人，五分之一是美国人。此外，H公司在全球多个国家建立了研究所，拥有全球的优秀人才，还有技术资源平台，为构建H公司强大的研发能力提供了保障。

H公司在2005年正式注册成立H公司大学，H公司大学有自己的认证体系，把整个H公司打造成一个学习型的企业。这所大学不仅培训本公司的员工，还培训客户。H公司每年都培育出30万人，包含大量的优秀ICT人才，是企业不可或缺的人力资源。早在1999年，H公司就出台了《专利创新鼓励办法》，把专利与员工工资联系在一起，激励了员工的工作热情，促进了专利申请数量的增加，提高了企业的技术创新能力。

5. 研发投入及技术创新绩效情况

H公司的研发投入尤其强调“聚焦”的原则，将研发费用投入到关键、核心技术上，主要体现在全连接网络、智能计算、创新终端，在产品、技术、基础研究、工程能力等方面的持续投入。其余的部分，尽可能采用已有的、现成的第三方合作伙伴的产品和服务，共同组织一个整体，提供最适合市场的产品和服务。

不仅如此，H公司总是在关键、核心技术点上，保持高强度、数倍于竞争对手的研发投入，以寻求核心突破。无线领域、光传输领域、数据通信领域和手机终端领域均体现出这个特点。H公司在这些领域的研发人员数量和研发费用数额是竞争对手的2倍以上。

在研发投入上，H公司坚持每年将10%以上的销售收入投入研究开发；近几年，研发费用率已经超过14%；近十年来，H公司累计投入的研发费用超过4800亿元人民币。具体情况如表4–6所示。

表4–6　H公司2010—2018年研发费用情况表　(单位：亿元)

	2010年	2011年	2012年	2013年	2014年	2015年	2016年	2017年	2018年
研发费用	165.56	236.96	297.47	306.72	408.45	596.07	763.91	896.90	1015.09
销售收入	1851.76	2039.29	2201.98	2390.25	2881.97	3950.09	5215.74	6036	7212
研发费用率(%)	8.9	11.6	13.5	12.8	14.2	15.1	14.6	14.9	14.1

数据来源：根据H公司年报整理所得。

长期大量研发经费的投入，为H公司的技术创新打下了坚实的基础，使其获得了很好的技术创新绩效。自2000年起，H公司专利申请量每年递增，截至2018年，H公司成为全球最大专利持有企业之一，累计获得授权专利87.805件。因为H公司在技术创新方面的特殊贡献，获得多项奖项，如表4–7所示。

表4–7 H公司近年获奖列表

时间	奖项	发布机构
2010年	2010年度公司创新大奖	英国《经济学人》
2010年	最具创新力公司	美国Fast Company
2011年	国家技术创新示范企业	中华人民共和国工业和信息化部
2013年	最佳LTE创新商用奖	2013LTE全球峰会
2015年	NFV最佳创新奖、5G最杰出贡献奖	2015LTE/5G全球峰会
2016年	2016年度国家科学技术进步特等奖	中华人民共和国科学技术部
2018年	中国500家最具价值品牌	World Brand Lab
2018年	2018世界品牌500强	World Brand Lab

资料来源：根据H公司官网资料整理。

6. 供应链管理情况

H公司有意识地拓展供应渠道以减轻对单一供应商的依赖。H公司在采购、制造、供应、全球技术服务等领域建立端到端业务连续性管理体系，并制订突发事件应急预案及业务连续性计划；同时力求避免单一来源供应商的采购方案，并对关键部件优选有多产地制造的供应资源。2017年，H公司对76家拟引入供应商进行可持续发展审核，对1088家供应商进行可持续发展风险评估，对117家中高关注度供应商进行现场审核，对1230家供应商进行绩效评估，对可持续发展绩效不合格的3家供应商进行业务限制。

2019年5月16日，美国商务部将H公司及其68家关联企业列入出口管制“实体清单”，除非得到美国政府批准，否则其不能向美国公司购买零部件。4天之后，美国商务部宣布给H公司及其合作伙伴90天的“临时许可”，允许H公司购买一些美国产品以维护现有网络。8月19日，美国商务部长当天宣布，将对H公司的禁令再推迟90天。三个月复三个月，延长“临时通用许可证”也显现出美国的尴尬：一再以“国家安全”的名义打压H公司，但是又不得不依赖H公司的设备。H公司外籍高管曾指出，在美国大约有40家农村电信运营商和数万农民，受惠于H公司安全且具有价格竞争力的设备。

2018年H公司芯片采购额为210亿美元，位列全球第三，对于美国芯片供应商的依赖度较高，H公司核心供应商中，美国企业差不多占50%左右。H公司禁运事件之后，高通、英特尔、TI、安森美、谷歌、博通、美光、伟创力等都收到美国商务部的函件，要求相关供应商禁止向H公司供货，暂停所有新订单等。

H公司2019年的销售收入达到了8500亿元人民币，比2018年的销售收入增长了18%。手机出货量排在三星之后，成为世界第二大智能手机厂商。这主要得力于H公司20多年来持续不断的技术创新，使得其拥有了强大的技术创新动态能力，能够根据外部环境的变化来调整自己的企业运营。

（二）Z公司

1. 公司简介

1985年，Z公司在深圳成立，2003年于深圳和香港上市并改名为Z公司股份有限公司，是全球领先的综合性通信设备制造业上市公司和全球综合通信信息解决方案提供商之一，业务范围包括无线通信、通信接入、承载、互联网、云计算、售后服务等内容。公司为全球160个国家和地区的企业网商户、运营商提供通信处理方案和技术革新，使得全世界的用户能够享受到通话服务、无线宽带服务、多媒体等服务。

Z公司致力于为客户提供满意的ICT产品及解决方案，集“设计、开发、生产、销售、服务”等一体，聚焦于“运营商网络、政企业务、消费者业务”，拥有通信行业完整的、端到端的产品和融合解决方案，通过全系列的 “无线、有线、云计算、终端”等产品，灵活满足全球不同客户的差异化需求，以及快速创新的追求。

截至2018年年末，Z公司员工共68240人(其中母公司总人数为57538人)，平均年龄32岁，其中研发人员25969人，占比38.1%；硕士以上学历21954人，占比32.2%。资产总额1239.5亿元人民币，营业收入855.1亿元人民币。

2. 公司组织架构及发展情况

Z公司的组织结构如图4–3所示。

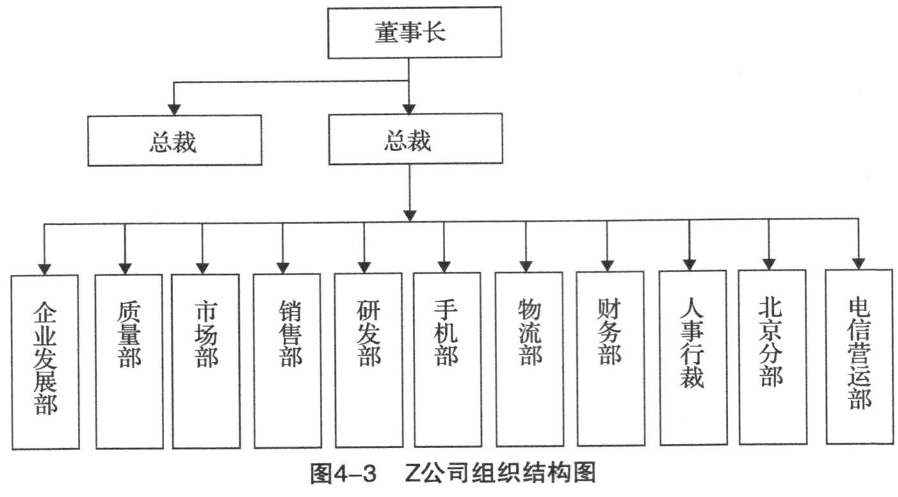

图4-3　Z公司组织结构图

通过整理和分析案例企业的相关资料后，我们根据Z公司所处环境和核心战略的变化，将其发展历程划分为四个主要阶段(如图4-4所示）。

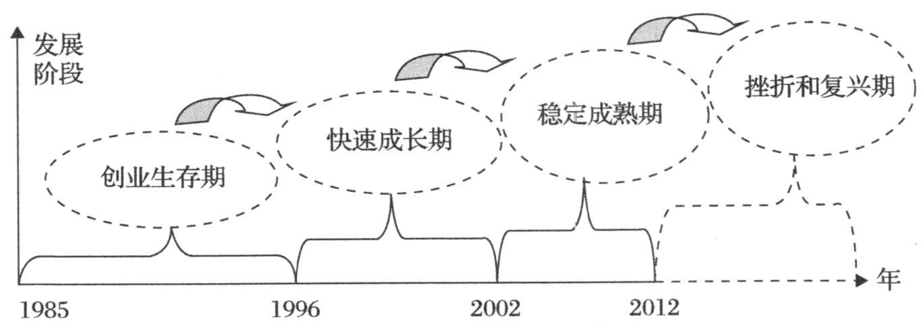

图4-4　Z公司发展阶段图

资料来源：汝雷. 组织惰性视角下企业持续成长机理研究——基于xxxx的案例研究[D]. 大连：东北财经大学，2015.

在分析Z公司的案例中，我们发现，Z公司在创业生存期、快速成长期和稳定成熟期过程中，不止一次地出现了较为严重的组织惰性。Harman和Freeman(1977)最早提出“组织惰性”这个学术概念，认为组织惰性是组织结构所具有的难以改变的特性。既有研究证实，在动态的环境背景下，当组织惰性阻碍企业的持续成长时，组织变革就是克服组织惰性的必要的和有效的方式和手段(Colombo和Delmastro，2002)。

分析还表明，虽然Z公司在不同的发展时期所形成的特定组织模式促进了其在该时期的成长，但该模式也会在环境变化时成为阻碍其发展的组织惰性。Z公司通过持续地实施包括战略和组织结构的全面的组织变革，并实现基于二者的动态匹配的新的组织模式，使得自身能够始终稳健、持续地成长。

3. 人力资源管理情况

为了培养国际化创新人才，Z公司采用了两类方式：一类方式是将国内优秀的人才派遣到国外。在该公司走向国际的早期阶段，公司采用校园招募等方式，将毕业生招募到中欧国家、东欧国家，非洲等地，工作岗位涵盖技术经理、售后技术工程师和客户经理等，为企业培养了诸多业务本领强的国际化人才；另一类方式是在所在地进行招募。Z公司海外公司从事研发工作、销售工作的当地员工数量占到了总从业人员数量的65%，在印度，当地员工数量在该公司工作的数量超过了90%。

Z公司在北京、上海、深圳、广州、南京、西安等城市都有研究所，重点招聘985/211的高校毕业生，提前锁定产学研项目和国家重点实验室优质学生，在人才定位、培训培养、薪酬待遇等方面寻求重点突破，着力为硕士、博士营造良好的生存和发展环境。对于招聘来到研究所的研发人员，公司帮助解决当地户口。公司内部实行人员积分制，通过人员的入职年限、岗位级别、在相关刊物发表论文的数量等一系列评分标准来排名，以内部优惠价即市场价的一半购买安居房，在南京、深圳、上海等地都有自己的安居房。

关于人员激励，Z公司有三条跑道：行政线、业务线和技术线。其中技术线的职称级别是助理工程师、主任工程师、高级工程师，最高可达公司的第二层。公司的工资级别分为1~9级，级别越高工资越高。一部分研发人员在技术研发岗位工作几年以后会转岗到技术支持、商业支持等岗位，同时公司每年的考核都有3%左右的淘汰比例，转岗和淘汰空出来的位置，公司会招聘新的高校毕业生，这种流动性保证了新鲜的血液流入研发岗位。

4. 技术研发投入及技术创新绩效情况

Z公司坚持创新驱动，积极探索新兴技术，以更开放的态度与合作伙伴密切合作，保持在5G无线、核心网、承载、接入、芯片等核心领域的研发投入。2010—2018年，Z公司研发费用投入情况如表4–8所示。

表4-8 Z公司2010—2018年研发费用投入情况表 (单位：亿元)

	2010年	2011年	2012年	2013年	2014年	2015年	2016年	2017年	2018年
研发费用	70.92	84.92	88.29	73.839	90.085	122.005	116.892	129.622	109.1
营业收入	602.72	862.545	841.198	752.337	814.713	1001.864	1012.332	1088.153	855.132
研发费用率(%)	10.14	9.85	10.5	9.81	111.06	12.18	14.6	14.9	12.8

数据来源：根据Z公司年报整理所得。

截至2018年年底，Z公司累计申请的专利超过7.3万件。其中，全球授权专利累计超过3.5万件。Z公司是全球5G技术研究和标准制定活动的主要参与者和贡献者，5G战略布局专利超过3000件。Z公司已成为ITU（国际电信联盟）、3GPP（第三代合作伙伴计划）、IEEE（电气和电子工程师协会）、NGMN（下一代移动网络）、CCSA（中国通信标准化协会）、ETSI（欧洲电信标准化协会）等70多个国际标准化组织和论坛的成员，向3GPP等组织提交5G NR／NexGenCore国际标准提案7000余篇，在5G技术标准制定的重要国际标准组织3GPP中担任多个技术标准报告人。

Z公司是我国重要的科技型企业和技术创新试点企业，以及科技成果孵化基地，肩负着国家指定的30项重大课题，担任的课题数目是通信设备领域企业数目中最多的。近年来，Z公司获得多项奖项，主要如表4-9所示。

表4-9 Z公司2016—2018年获奖列表

时间	奖项	发布机构
2016年	2016 年度 GTI 创新方案和应用奖	GTI(Global TD-LTE Initiative，全球最大的TD-LTE 产业联盟)峰会
2017年	最佳创新IOT方案奖	2017 世界通信大奖
2017年	最佳多层 SDN 控制器应用大奖	全球下一代光网络和数据中心互联论坛
2018年	国家科技进步二等奖	中华人民共和国科学技术部
2018年	科技进步一等奖	中国通信学会
2018年	科技进步一等奖	中国电子学会

资料来源：笔者根据Z公司官网资料整理。

2016年3月，美国商务部对Z公司实施出口限制措施，导致公司暂时停牌交易。其后，在双方政府协调下，美国商务部给Z公司颁布了临时许可证，从而保证Z公司可以正常采购美国元器件和软件。但是，Z公司的经营业务已受到影响，2016年Z公司净亏损达23.6亿元人民币。2017年3月，Z公司因被控违反美国的制裁，同意接受处罚，支付11.9亿美元的罚款。同年，Z公司根据美国方面的要求，解聘了部分高管人员，并发出惩戒信。2018年4月16日，美国商务部工业与安全局（BIS)做出了激活对Z公司拒绝令的决定。美国商务部下令拒绝Z公司的出口特权，禁止美国公司向Z公司出口电讯零部件产品，期限为7年。在此打击下，2018年Z公司亏损69.8亿元人民币。

二、案例企业技术创新动态能力评价对比分析

（一）案例企业技术创新动态能力评价

关于上述的案例企业（H公司和Z公司）的技术创新动态能力的评价，本研究使用本节第一部分中建立的技术创新动态能力评价指标体系、采取德尔斐法进行打分，然后使用公式4.1汇总加权，得到2个案例企业的技术创新动态能力评价分值。

关于德尔菲法的操作流程和本节第一部分中所使用的操作流程完全一致，囿于篇幅所限，其原理、范式、优缺点等内容在本部分中就不详细阐述了，只介绍和本部分内容有关系的具体的评价过程，以达到评价2个案例企业的技术创新动态能力的目的。

（1）确定主持人，组织专门的调查小组

本研究确定笔者为主持人，由笔者和笔者的1名同事共同组成案例企业技术创新动态能力评价小组，调查时间确定为2017年5月—6月，调查的目的是利用上文中的技术创新动态能力评价指标体系对2个案例企业评价打分。

（2）拟定调查提纲

本次调查的大纲和上文中的大纲基本类似，只不过多出几部分不同的内容。第一，2个案例企业的基本资料介绍，这部分内容要求客观公正，尽量使用数据、案例、实际资料，少使用主观性、倾向性的语句和表达形式（具体内容见本节第一部分的内容。因为内容较多，这里就不一一列出了）；第二，在

前面调查表的基础之上，增加一级指标和二级指标的打分标准说明、“打分”列和“技术创新动态能力总分”一列。本次调查共涉及3个一级指标和13个二级指标，要求调查对象（学院派专家）对这16个指标进行打分选择。

（3）选择调查对象

所选的专家要有广泛的代表性，他们要熟悉技术创新相关业务，有专业特长、一定的声望、较强的判断和洞察能力，而且还要比较熟悉2个案例企业。选定的专家人数20人。

为了保证数据的可靠性，确定调查对象为20名企业战略和技术创新管理方向的专家教授，主要来自中南财经政法大学、深圳大学、华南理工大学等知名高校，且距离案例企业所在地比较近，确保调查对象对案例企业及其技术创新动态能力情况比较熟悉，进而得出真实客观的调研数据用于实证分析。

（4）轮番征询意见

本研究采取三轮调查。第一轮是提出问题，要求20名企业战略管理与技术创新专业领域方面的专家教授在1个星期的时间里把调查表格里的各项指标打分之后寄回。打分采用百分制，取整数。在具体的打分过程中，专家教授认为案例企业在这一方面做得优秀的打分在90~100，良好的在75~90分，一般的在60~75分，做得差的在60分以下。

专家教授只对13个二级指标打分，二级指标的汇总求和得到一级指标分值和一级指标汇总求和得到总的技术创新动态能力分值的2个运算过程不需要专家参与，按照评价指标确定的权重和各指标的简单加权法得到的分值汇总求和，避免各专家教授由于对各指标的理解程度不同而导致所打分值受到影响。

这一步骤使用的技术创新动态能力打分表如表4–10所示。

表4–10　技术创新动态能力打分表

构念	评价指标	打分
C技术创新动态能力	C_1本企业频繁地考察和分析环境的变化，评估环境变化对顾客的影响	
	C_2本企业管理者和技术人员对技术的变化态势有较强的洞察力	
	C_3本企业经常开展市场调研，及时了解顾客需求的变化	
	C_4本企业定期吸收新的技术知识和信息，并将个人能力整合成组织能力	
	C_5本企业有多种渠道吸收和利用外部技术知识	
	C_6本企业各部门员工都有适当的途径参与技术创新活动	
	C_7本企业能根据需要适时获取或利用外部研发资金、样品制造、营销网络等创新资源	
	C_8本企业能适时获取和利用外部技术创新成果，并将其成功的产业化	
	C_9本企业经常和其他企业、社会研究机构开展联合创新	
	C_{10}本企业能根据新技术或新产品的特点选择合适的战略和产业化模式	
	C_{11}本企业能根据新技术发展的要求适时改变旧的决策规则	
	C_{12}本企业能根据创新项目的要求适时授予创新部门、创新团队和创新者较多的决策自主权	
	C_{13}本企业能为保护知识产权并促进创新产业化建立适宜的治理机制	

资料来源：笔者自制。

第二轮是修改问题，对第一轮获得的20张调查表的所打分值汇总求平均分，并客观地分析出各表中所打分值的最大值、最小值、平均数等统计分析值，分析结果见表4–11和表4–12。然后把这些分析过程和分析结果汇总发给各填表人，再一次征求他们的意见；第三轮是最后判定，重复第二轮所做的工作，然后把专家教授最后重新考虑的意见、所打分值收集上来，加以整理得到表4–13和表4–14。

表4-11 第一轮H公司各专家打分汇总分析表

评价指标		评价指标打分						
		优秀(个)	良好(个)	一般(个)	差(个)	最大值(分)	最小值(分)	平均数(分)
C技术创新动态能力	C_1本企业频繁地考察和分析环境的变化，评估环境变化对顾客的影响	15	5	0	0	100	82	93
	C_2本企业管理者和技术人员对技术的变化态势有较强的洞察力	18	2	0	0	100	84	95
	C_3本企业经常开展市场调研，及时了解顾客需求的变化	13	5	2	0	100	72	90
	C_4本企业定期吸收新的技术知识和信息，并将个人能力整合成组织能力	10	5	5	0	100	70	85
	C_5本企业有多种渠道吸收和利用外部技术知识	13	6	1	0	97	74	88
	C_6本企业各部门员工都有适当的途径参与技术创新活动	10	4	6	0	95	70	83
	C_7本企业能根据需要适时获取或利用外部研发资金、样品制造、营销网络等创新资源	9	8	3	0	94	70	84
	C_8本企业能适时获取和利用外部技术创新成果，并将其成功的产业化	15	3	2	0	97	70	86
	C_9本企业经常和其他企业、社会研究机构开展联合创新	16	3	1	0	98	73	89
	C_{10}本企业能根据新技术或新产品的特点选择合适的战略和产业化模式	17	2	1	0	96	70	88
	C_{11}本企业能根据新技术发展的要求适时改变旧的决策规则	18	2	0	0	100	83	93
	C_{12}本企业能根据创新项目的要求适时授予创新部门、创新团队和创新者较多的决策自主权	20	0	0	0	100	92	96
	C_{13}本企业能为保护知识产权并促进创新产业化建立适宜的治理机制	18	2	0	0	100	82	91

数据来源：笔者根据专家反馈意见整理分析所得。

表4–12　第一轮Z公司各专家打分汇总分析表

评价指标		评价指标打分						
		优秀（个）	良好（个）	一般（个）	差（个）	最大值（分）	最小值（分）	平均数（分）
C技术创新动态能力	C_1本企业频繁地考察和分析环境的变化，评估环境变化对顾客的影响	10	5	4	1	93	50	73
	C_2本企业管理者和技术人员对技术的变化态势有较强的洞察力	9	5	3	3	95	50	70
	C_3本企业经常开展市场调研，及时了解顾客需求的变化	10	5	5	0	96	65	80
	C_4本企业定期吸收新的技术知识和信息，并将个人能力整合成组织能力	10	5	5	0	100	70	85
	C_5本企业有多种渠道吸收和利用外部技术知识	13	4	3	0	97	74	87
	C_6本企业各部门员工都有适当的途径参与技术创新活动	10	5	5	0	95	72	82
	C_7本企业能根据需要适时获取或利用外部研发资金、样品制造、营销网络等创新资源	14	5	1	0	96	70	86
	C_8本企业能适时获取和利用外部技术创新成果，并将其成功的产业化	10	5	4	1	95	55	75
	C_9本企业经常和其他企业、社会研究机构开展联合创新	10	5	3	2	95	53	77
	C_{10}本企业能根据新技术或新产品的特点选择合适的战略和产业化模式	11	3	4	2	96	50	73
	C_{11}本企业能根据新技术发展的要求适时改变旧的决策规则	8	5	7	0	93	73	82
	C_{12}本企业能根据创新项目的要求适时授予创新部门、创新团队和创新者较多的决策自主权	14	5	1	0	95	71	85
	C_{13}本企业能为保护知识产权并促进创新产业化建立适宜的治理机制	10	5	5	0	95	72	85

数据来源：笔者根据专家反馈意见整理分析所得。

表4-13 第二轮H公司各专家打分汇总分析表

评价指标		评价指标打分						
		优秀（个）	良好（个）	一般（个）	差（个）	最大值（分）	最小值（分）	平均数（分）
C技术创新动态能力	C_1本企业频繁地考察和分析环境的变化，评估环境变化对顾客的影响	15	5	0	0	100	86	94
	C_2本企业管理者和技术人员对技术的变化态势有较强的洞察力	18	2	0	0	100	88	95
	C_3本企业经常开展市场调研，及时了解顾客需求的变化	15	5	0	0	100	82	92
	C_4本企业定期吸收新的技术知识和信息，并将个人能力整合成组织能力	13	5	2	0	100	70	86
	C_5本企业有多种渠道吸收和利用外部技术知识	13	7	0	0	97	74	90
	C_6本企业各部门员工都有适当的途径参与技术创新活动	12	6	2	0	95	73	85
	C_7本企业能根据需要适时获取或利用外部研发资金、样品制造、营销网络等创新资源	12	8	0	0	94	76	86
	C_8本企业能适时获取和利用外部技术创新成果，并将其成功的产业化	15	4	1	0	97	70	86
	C_9本企业经常和其他企业、社会研究机构开展联合创新	16	4	0	0	98	80	90
	C_{10}本企业能根据新技术或新产品的特点选择合适的战略和产业化模式	17	3	0	0	96	80	88
	C_{11}本企业能根据新技术发展的要求适时改变旧的决策规则	16	4	0	0	100	83	90
	C_{12}本企业能根据创新项目的要求适时授予创新部门、创新团队和创新者较多的决策自主权	20	0	0	0	100	92	96
	C_{13}本企业能为保护知识产权并促进创新产业化建立适宜的治理机制	15	5	0	0	100	85	93

数据来源：笔者根据专家反馈意见整理分析所得。

表4-14　第二轮Z公司各专家打分汇总分析表

评价指标		评价指标打分						
		优秀（个）	良好（个）	一般（个）	差（个）	最大值（分）	最小值（分）	平均数（分）
C技术创新动态能力	C_1本企业频繁地考察和分析环境的变化，评估环境变化对顾客的影响	12	5	3	0	93	70	80
	C_2本企业管理者和技术人员对技术的变化态势有较强的洞察力	11	6	3	0	95	70	78
	C_3本企业经常开展市场调研，及时了解顾客需求的变化	10	5	5	0	96	70	83
	C_4本企业定期吸收新的技术知识和信息，并将个人能力整合成组织能力	12	6	2	0	100	71	87
	C_5本企业有多种渠道吸收和利用外部技术知识	12	5	3	0	97	74	85
	C_6本企业各部门员工都有适当的途径参与技术创新活动	12	5	3	0	95	75	86
	C_7本企业能根据需要适时获取或利用外部研发资金、样品制造、营销网络等创新资源	13	7	0	0	96	80	88
	C_8本企业能适时获取和利用外部技术创新成果，并将其成功的产业化	10	5	5	0	95	70	80
	C_9本企业经常和其他企业、社会研究机构开展联合创新	12	5	3	0	95	68	80
	C_{10}本企业能根据新技术或新产品的特点选择合适的战略和产业化模式	12	5	3	0	96	68	80
	C_{11}本企业能根据新技术发展的要求适时改变旧的决策规则	10	5	5	0	93	73	85
	C_{12}本企业能根据创新项目的要求适时授予创新部门、创新团队和创新者较多的决策自主权	13	5	2	0	95	70	85
	C_{13}本企业能为保护知识产权并促进创新产业化建立适宜的治理机制	10	5	5	0	95	72	85

数据来源：笔者根据专家反馈意见整理分析所得。

（5）整理调查结果，提出调查报告中的表格数据

对征询所得的指标权重值进行统计处理，代入公式4.1，使用简单加权法汇总求和得到2个案例企业的技术创新动态能力分值，并进行文字归纳，写成报告。

根据上述资料，H公司的技术创新动态能力计算得：

$$C=0.25C_1+0.30C_2+0.45C_3$$

$$=0.25(0.30C_{11}+0.40C_{12}+0.30C_{13})+0.30(0.20C_{21}+0.10C_{22}+0.15C_{23}+0.15C_{24}+0.30C_{25}+0.10C_{26})+0.45(0.25C_{31}+0.30C_{32}+0.20C_{33}+0.25C_{34})$$

$$=0.25(0.30\times 94+0.40\times 95+0.30\times 92)+0.30(0.20\times 86+0.10\times 90+0.15\times 85+0.15\times 86+0.30\times 86+0.10\times 90)+0.45(0.25\times 88+0.30\times 90+0.20\times 96+0.25\times 93)$$

$$=0.25\times 93.8+0.30\times 86.65+0.45\times 91.45$$

$$=91$$

Z公司的技术创新动态能力计算得：

$$C=0.25C_1+0.30C_2+0.45C_3$$

$$=0.25(0.30C_{11}+0.40C_{12}+0.30C_{13})+0.30(0.20C_{21}+0.10C_{22}+0.15C_{23}+0.15C_{24}+0.30C_{25}+0.10C_{26})+0.45(0.25C_{31}+0.30C_{32}+0.20C_{33}+0.25C_{34})$$

$$=0.25(0.30\times 80+0.40\times 78+0.30\times 83)+0.30(0.20\times 87+0.10\times 85+0.15\times 86+0.15\times 88+0.30\times 80+0.10\times 80)+0.45(0.25\times 80+0.30\times 85+0.20\times 85+0.25\times 85)$$

$$=0.25\times 80.1+0.30\times 84+0.45\times 83.75$$

$$=83$$

根据上述计算结果得到2家企业的技术创新动态能力评价分数，如表4–15和表4–16所示。

表4–15　H公司技术创新动态能力评价

	分数	一级指标	权重	分数	二级指标	权重	分数
C技术创新动态能力	91	C_1感知与识别技术机会的能力	25	93.8	C_{11}本企业频繁地考察和分析环境的变化，评估环境变化对顾客的影响	30	94
					C_{12}本企业管理者和技术人员对技术的变化态势有较强的洞察力	40	95
					C_{13}本企业经常开展市场调研，及时了解顾客需求的变化	30	92
		C_2整合创新资源的能力	30	86.65	C_{21}本企业定期吸收新的技术知识和信息，并将个人能力整合成组织能力	20	86
					C_{22}本企业有多种渠道吸收和利用外部技术知识	10	90
					C_{23}本企业各部门员工都有适当的途径参与技术创新活动	15	85
					C_{24}本企业能根据需要适时获取或利用外部研发资金、样品制造、营销网络等创新资源	15	86
					C_{25}本企业能适时获取和利用外部技术创新成果，并将其成功的产业化	30	86
					C_{26}本企业经常和其他企业、社会研究机构开展联合创新	10	90
		C_3环境适应性的组织变革能力	45	91.45	C_{31}本企业能根据新技术或新产品的特点选择合适的战略和产业化模式	25	88
					C_{32}本企业能根据新技术发展的要求适时改变旧的决策规则	30	90
					C_{33}本企业能根据创新项目的要求适时授予创新部门、创新团队和创新者较多的决策自主权	20	96
					C_{34}本企业能为保护知识产权并促进创新产业化建立适宜的治理机制	25	93

数据来源：笔者根据数据计算所得。

表4–16　Z公司技术创新动态能力评价

	分数	一级指标	权重	分数	二级指标	权重	分数
C技术创新动态能力	83	C_1感知与识别技术机会的能力	25	80.1	C_{11}本企业频繁地考察和分析环境的变化，评估环境变化对顾客的影响	30	80
					C_{12}本企业管理者和技术人员对技术的变化态势有较强的洞察力	40	78
					C_{13}本企业经常开展市场调研，及时了解顾客需求的变化	30	83
		C_2整合创新资源的能力	30	84	C_{21}本企业定期吸收新的技术知识和信息，并将个人能力整合成组织能力	20	87
					C_{22}本企业有多种渠道吸收和利用外部技术知识	10	85
					C_{23}本企业各部门员工都有适当的途径参与技术创新活动	15	86
					C_{24}本企业能根据需要适时获取或利用外部研发资金、样品制造、营销网络等创新资源	15	88
					C_{25}本企业能适时获取和利用外部技术创新成果，并将其成功的产业化	30	80
					C_{26}本企业经常和其他企业、社会研究机构开展联合创新	10	80
		C_3环境适应性的组织变革能力	45	83.75	C_{31}本企业能根据新技术或新产品的特点选择合适的战略和产业化模式	25	80
					C_{32}本企业能根据新技术发展的要求适时改变旧的决策规则	30	85
					C_{33}本企业能根据创新项目的要求适时授予创新部门、创新团队和创新者较多的决策自主权	20	85
					C_{34}本企业能为保护知识产权并促进创新产业化建立适宜的治理机制	25	85

数据来源：笔者根据数据计算所得。

根据上述分析，可以得到如下结论：

①H公司的技术创新动态能力属于优秀的范畴，而Z公司的技术创新动态能力属于良好的范畴，但是两个区域都属于行业前列，都是拥有较强行业竞争力、具备行业竞争优势的企业。

②H公司的技术创新动态能力明显强于Z公司。一方面，H公司的技术创新

动态能力整体上是强于Z公司的技术创新动态能力的；另一方面，在技术创新动态能力3个一级指标中，H公司全面领先Z公司，但是不同的一级指标，领先程度不同，按领先程度差异看，分别是感知与识别技术机会的能力、环境适应性的组织变革能力和整合创新资源的能力。这意味着两家企业的差异主要体现在对技术机会的感知与识别，以及基于动态环境下的组织结构做出相应的变革和调整，而两家企业在整合资源的能力方面则相差不大。

（二）案例企业对比分析

通过本节上一部分的分析，我们可以看出，属于同一行业的H公司和Z公司在技术创新绩效上存在很大的差别。在研发投入上，H公司研发人员占比45%以上，每年将10%以上的销售收入投入研究开发，近十年累计投入的研发费用超过4800亿元人民币。2018年年末，H公司在全世界累计获得授权专利87805件，其中90%以上为发明专利；H公司销售收入7212亿元人民币，净利润593亿元，研发费用为1015.09亿元，研发费用占比14.1%。

在研发投入上，Z公司研发人员25969人，占比38.1%。2018年，Z公司营业收入855亿元人民币，亏损69.8亿元，研发费用为109亿元，研发费用占比12.8%。2018年，Z公司累计申请的专利资产超过7.3万件。

两家公司在技术创新绩效方面存在着差异，究其原因，两家公司之间存在很大的不同，反映在技术创新动态能力方面，主要体现在以下几点。

1. 两家公司的产权性质和股权结构不同

H公司属于民营企业，尊奉“狼文化”，奉行市场经济、全员持股，但是同股不同权，公司董事长拥有一票否决权，对公司运营拥有极高的控制器，可以控制公司按照自己的意志发展。Z公司属于国有企业，其后虽然已上市，一定程度上实现了同股同权，公司治理结构非常规范，但是在公司的发展过程中，在公司业务的选择和权衡过程中，仍然不可避免地受到母公司的影响，同时作为上市公司，追求短期的公司业绩靓丽、更多的分红、更为短期的市场行为，以应对和满足公司股东和社会大众的要求。这就造成Z公司在运营过程中，公司的高管层和核心人员很难像H公司那样按照自己的发展思路运营公司。

2. 公司管理层的思维不同

H公司属于民营企业，自负盈亏，对外部环境的感知意识更加敏感，更加注重本行业，甚至是其他相关行业的技术变化的趋势，对新出现的技术创新、技术类型、技术构念等都非常敏感，时刻保持对外部环境的接触，有畅通的与外部科研院所、自身供应链上各节点企业、行业内企业技术发展相沟通的渠道和机制。

Z公司属于国有企业，公司高管中的某些人做官的欲望很大，甚至在某些场合某种程度上是超过了做企业的欲望，对外部环境，特别是外部技术创新的变化认识不足。Z公司近几年来研发费用不断减少、研发人员不断缩减、对外部不利环境的抗压能力不足等方面的情况证实了这一点。

3. 组织柔性不同

H公司的组织架构是柔性的组织架构，方便灵活，组织层级少、沟通方便、信息流通快速、通畅、失真度小，而且还能够较为容易地随着外部环境的变化来调整组织架构，使之能够适应技术创新的需要。这就使得H公司拥有较强的组织变革能力，以适应市场竞争不断动态变化的形势。适者生存。

Z公司的组织架构虽然由于要满足上市的需要而建立了相当规范、符合现代企业制度要求的范式，但是这个范式机械性、刚性、惰性较强，只是适应了当时静态的要求，其动态特征很差。在Z公司的发展过程中，其组织架构总是由于其惰性而落后于外部环境的要求，导致组织变革能力差。例如，在Z公司的快速成长期，面对程控交换机业务竞争加剧、利润减少、技术升级等环境变化，许多管理者依然坚持深化和细化程控交换机的研发，意识不到这种变化。在Z公司的稳定成熟期，外部环境进一步变化导致其既有的组织模式再次体现出惰性特征。管理者对前期的成功模式过度信赖，如一些管理者表示“我们的模式没有问题，就是在这种模式下我们取得了小灵通业务的空前成功”。在Z公司的挫折和复兴期，面对环境的进一步变化，组织结构惰性凸显，且导致了战略变革的失败。

通过以上利用德尔菲法使用技术创新动态能力评价指标体系对H公司和Z公司打分做量化比较和使用公司既有资料对H公司和Z公司的技术创新动态能力做理论分析两个方面的工作，可以看出，分析的结论是一致的。由于组织产权结构和高管思维的差异导致H公司和Z公司在技术创新动态能力，特别是在感知与识别技术机会能力和应对外部环境变化的组织变革能力方面存在较大的差异，这进一步导致H公司和Z公司的技术创新绩效存在很大差异，也使得H公司和Z公司在运营绩效、市场竞争能力和市场地位等方面存在巨大差异。

附录1

企业技术创新动态能力构念测量题项调查问卷

尊敬的女士/先生：

您好！

首先感谢您在百忙之中抽出时间填写这份问卷。这是一份学术性研究问卷，主要目的是企业技术创新动态能力构念及其测量题项。

本次问卷由企业战略与技术创新管理专业领域的专家教授填写。本问卷所得的全部资料仅供学术研究之用，调查完全匿名进行，您所填写的所有信息我们都将严格保密。请您根据自己企业的实际情况放心填写，尽可能客观回答。您的回答对我们的研究非常重要，衷心感谢您的参与！

祝您工作顺利，万事如意！

第一部分　技术创新动态能力构念

企业技术创新动态能力不同于技术创新能力，技术创新能力指的是企业对新技术的开发及产业化能力，它是建立在企业现有的创新资源、创新流程与惯例基础上的一种能力，这种能力我们称之为静态的技术变革能力。技术创新动态能力是重构和提升企业的创新资源基础、变革创新流程与惯例、推动企业创新能力不断提升的能力，它是比技术创新能力更高一层次的、动态的、技术变革能力。

结合企业变革理论的理论框架，沿用Teece、Cohen，Levinthal，焦豪等人的观点，本研究认为技术创新动态能力是由感知与识别技术机会的能力、整合内外部创新资源的能力和环境适应性的组织变革能力3个维度构成的。

第二部分　技术创新动态能力测量题项

以下部分是初步设定的技术创新动态能力测量题项，请您根据自己的专业知识和经验在每道题项之后的括号内打“√”或“×”以表示您赞同或者该题项能够测量技术创新动态能力。

1. 本企业频繁地考察和分析环境的变化，评估环境变化对顾客的影响。（　）

2. 本企业管理者和技术人员对技术的变化态势有较强的洞察力。（　）

3. 本企业经常开展市场调研，及时了解顾客需求的变化。（　）

4. 本企业经常邀请供应链企业召开座谈会。（　）

5. 本企业有很强的认知和学习能力去识别新的技术机会。（　）

6. 本企业定期吸收新的技术知识和信息，并将个人能力整合成组织能力。（　）

7. 本企业经常参加各种技术峰会。（　）

8. 本企业有多种渠道吸收和利用外部技术知识。（　）

9. 本企业各部门员工都有适当的途径参与技术创新活动。（　）

10. 本企业拥有较高比例的硕士以上学历人员。（　）

11. 本企业拥有完善的技术创新流程和惯例。（　）

12. 本企业能根据需要适时获取或利用外部研发资金、样品制造、营销网络等创新资源。（　）

13. 本企业能适时获取和利用外部技术创新成果，并将其成功的产业化。（　）

14. 本企业经常和其他企业、社会研究机构开展联合创新。（　）

15. 本企业能根据新技术或新产品的特点选择合适的战略和产业化模式。（　）

16. 本企业能根据新技术发展的要求适时改变旧的决策规则。（　）

17. 本企业的组织架构调整比较容易。（　）

18. 本企业能根据创新项目的要求适时授予创新部门、创新团队和创新者较多的决策自主权。（　）

19. 本企业45岁以上人员比例较低。（　）

20. 本企业能为保护知识产权并促进创新产业化建立适宜的治理机制。（　）

附录2

企业技术创新动态能力评价指标优化调查问卷

尊敬的女士/先生：

您好！

首先感谢您在百忙之中抽出时间填写这份问卷。这是一份学术性研究问卷，主要目的是对初步形成的企业技术创新动态能力评价指标进行优化。以下部分是初步设定的技术创新动态能力评价指标，请您根据自己的专业知识和经验在每道题项之后的括号内打“√”或“×”以表示您赞同或者反对该题项能够评价技术创新动态能力。

本次问卷由企业内与技术创新相关岗位的中高层管理人员和企业战略与技术创新管理专业领域的专家教授填写。本问卷所得的全部资料仅供学术研究之用，调查完全匿名进行，您所填写的所有信息我们都将严格保密。请您根据自己企业的实际情况放心填写，尽可能客观回答。您的回答对我们的研究非常重要，衷心感谢您的参与！

祝您工作顺利，万事如意！

1. 本企业频繁地考察和分析环境的变化，评估环境变化对顾客的影响。（　）

2. 本企业管理者和技术人员对技术的变化态势有较强的洞察力。（　）

3. 本企业经常开展市场调研，及时了解顾客需求的变化。（　）

4. 本企业有很强的认知和学习能力去识别新的技术机会。（　）

5. 本企业定期吸收新的技术知识和信息，并将个人能力整合成组织能力。（　）

6. 本企业有多种渠道吸收和利用外部技术知识。（　）

7. 本企业各部门员工都有适当的途径参与技术创新活动。（　）

8. 本企业拥有完善的技术创新流程和惯例。（　）

9. 本企业能根据需要适时获取或利用外部研发资金、样品制造、营销网络等创新资源。（　）

10. 本企业能适时获取和利用外部技术创新成果，并将其成功的产业化。（ ）

11. 本企业经常和其他企业、社会研究机构开展联合创新。 （ ）

12. 本企业能根据新技术或新产品的特点选择合适的战略和产业化模式。（ ）

13. 本企业能根据新技术发展的要求适时改变旧的决策规则。 （ ）

14. 本企业能根据创新项目的要求适时授予创新部门、创新团队和创新者较多的决策自主权。 （ ）

15. 本企业能为保护知识产权并促进创新产业化建立适宜的治理机制。（ ）

第五章　技术创新动态能力与技术创新绩效关系研究

第一节 理论推导

一、概念模型的建构

从20世纪80年代中后期开始，众多的专家学者开始把对竞争优势的研究重点从外部环境转移到企业内部资源。于是，从企业内部资源和能力的角度来研究企业市场竞争优势的资源基础论开始兴起。Wernerfelt(1984)在《企业资源基础观》一文中第一次提出来企业资源基础论，认为企业所拥有和控制的各种资源的数量和质量决定了企业在市场上的竞争状况。随后的研究中，国内外诸多的专家学者把对企业市场竞争力和竞争优势的源泉又向前推进了一步，也就是说认为企业市场竞争优势的来源由原来的具体的、可以轻易显化衡量的各种资源转变成了抽象的、很难显化衡量的各种能力，由此产生了企业能力理论。Prahalad和Hamel(1990)在《哈弗商业评论》上发表文章，首先提出了核心能力理论，认为企业所拥有的不可模仿、不可替代、难以转移的核心能力才是企业可以维持长期竞争优势的源泉，并由此引起了对核心能力研究的高潮。但是核心能力的核心刚性及其静态特征在动态环境下将不可避免地会给企业带来负价值。而Teece等提出的动态能力理论则主要把注意力放在了企业用以积累影响学习和研究进程的概率和方向的机制上。

Teece等(1997)认为任何同质的、能够在市场上买卖的资产和实物都不是战略性的，不能由此获得竞争优势。动态能力是独特的、异质的，具有价值性、稀缺性、难模仿性、难复杂性和不可替代性，但是它不是竞争优势的来源，而是持续竞争优势的来源。因此，这种观点认为能力或资源是竞争优势的来源，而动态能力是持续竞争优势的来源。持有这种观点的学者还有Helfat、Peteraf和Adner等。动态能力理论是企业能力理论发展的一个重大突破，是企业演化理论与企业能力理论的有机整合。

在动态能力理论的基础之上，由徐宁、熊胜绪等专家学者所提出的技术创新动态能力理论则是针对企业技术创新活动实践所提出的创新型理论范式，对企业技术创新实践、技术创新绩效以及相关企业依托技术创新改善企业市场竞争地位、获得市场竞争优势具有正向的促进作用。

基于以上分析，本研究提出技术创新动态能力和技术创新绩效之间关系的概念模型，如图5-1所示。本研究拟通过这一模型来研究技术创新动态能力和技术创新绩效之间的深层次关系。

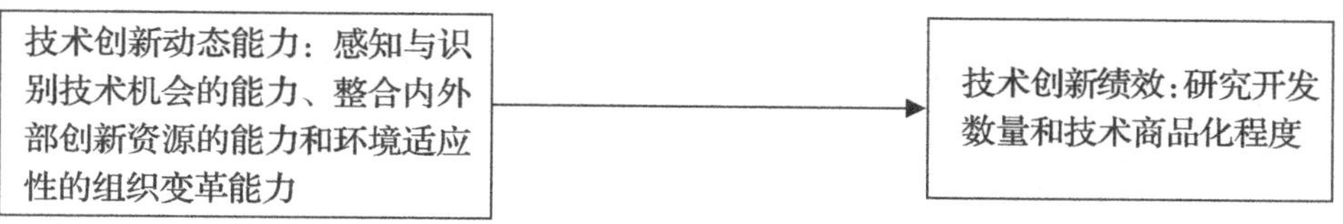

图5-1　技术创新动态能力与创新绩效关系的概念模型

二、概念模型中的要素及其维度

（一）技术创新动态能力

本研究认为技术创新动态能力作为动态能力的一个构成部分，也属于企业变革能力的一部分。企业技术创新动态能力是重构和优化企业的创新资源基础、变革创新流程与惯例、推动企业创新能力不断提升的能力，它是比技术创新能力更高层次的、动态的技术变革能力。结合企业变革理论的理论框架，沿用Teece、Cohen、Levinthal、焦豪等人的观点，按照对技术创新的过程性影响，本研究认为技术创新动态能力是由感知与识别技术机会的能力、整合内外部创新资源的能力和环境适应性的组织变革能力3个维度构成的。

1. 感知与识别技术机会的能力

感知与识别技术机会是推动技术创新的前提，只有感知到了环境变化提供的技术机会，才可能采取相应的投资行为，按照新技术的要求调整创新资源、创新流程与惯例，以便更好地探索新的技术。

2. 整合内外部创新资源的能力

只有开发出整合企业员工知识的新流程或新惯例，推动知识创新能力提升的能力才属于动态能力。创新资源除了知识资源外，还包括技术创新所需的其他有形和无形资产，如企业的财务资源、物质资源、营销网络、专利技术和品牌资产等物质基础设施。企业对这些物质基础设施的获取能力也是企业技术动态创新能力的基础，决定企业对新技术的开发能力。

3. 环境适应性的组织变革能力

感知与识别技术机会的能力可能受到组织惯例和流程的制约。一个以效率为目标建立的企业，较多的管理层级会使决策者对新的技术机会丧失应有的敏感，信息在组织层级上层和下层流动时也可能存在扭曲和漏损，影响人们对机会的正确感知，因此，效率型企业在向创新型企业转变时，必须设计出一种分权的组织惯例和流程，因为分散化的、具有较大分权的组织是不太可能对市场和技术的发展视而不见的。

（二）技术创新绩效

本研究主要关注技术创新和产品创新，主要研究企业通过技术创新和产品创新所获得的新产品数量、专利数量以及新产品的市场化销售情况。因此，对于既往研究中学者们采用的财务指标、工艺指标、效率指标等指标就不再采用，本研究沿用Robert、Cooper、高健、马宁等人的观点和互补资产的概念界定，从技术创新的成功商业化角度出发，将企业的技术创新绩效划分为研究开发数量和技术商品化程度两个维度，并对比进行分析。

三、技术创新动态能力与技术创新绩效的关系分析

由于技术创新动态能力这个概念提出的时间较晚，众多专家学者对这个概念的认识没有取得一致意见，甚至有些人还未认识到技术创新动态能力和技术创新能力之间的区别。因此，本研究从动态能力出发来研究其与技术创新绩效之间的关系。而关于动态能力对企业技术创新绩效的影响，理论界做了较长期的研究，取得了较为丰富的成果。有些专家学者认为动态能力是通过其他变量间接影响企业技术创新绩效的。如Zott(2003)认为，动态能力通过改变企业的能力、经营惯例和资源位势而间接地作用于企业绩效，起到正向影响作用。另外一些专家学者却认为动态能力是作为其他变量和技术创新绩效之间的中介变量而存在的，如Prieto等(2008)认为动态能力对知识管理策略，例如授权、评估、管理支持、信任和学习气氛等变量与企业产品和工艺效率等绩效指标之间起中介效应。还有一些学者认为动态能力是直接影响企业绩效或者企业的技术创新绩效的，如郝晓明(2014)的研究发现动态能力对企业的竞争优势是直接起作用的，对其是正向的作用关系，但动态能力的各维度对企业的竞争优势的作用程度是不同的。Ruta(2014)证明了动态能力在创造颠覆性创新方面的影响。在阐释动态能力与颠覆性创新概念的基础上，对颠覆性创新标准的研究需要对

比不同的创新类型。研究发现，动态能力在颠覆性创新方面的作用具有显著的周期性，相比其他类型创新，诸多案例都表明动态能力更能促进颠覆性创新。

技术创新动态能力各维度与技术创新绩效之间的关系分析如下所述。

（一）感知与识别技术机会的能力对技术创新绩效的影响

龚军姣(2014)以浙江省燃气行业企业为案例企业展开研究，研究发现企业家能力，尤其是对外部机会的发现能力，对民营企业进入城市公用事业的难易起到正向的促进作用，而民营企业进入城市公用事业的程度也正向影响这些企业的绩效。支凤稳(2015)研究发现感知环境不确定性(重要性、复杂性、变化性)对知识创新能力和知识创新绩效有显著的影响，这种对外部环境的感知被美国哈佛商学院教授Francis Aguilar(1967)称之为环境扫描。企业环境扫描的范围显著地正向影响企业知识创新能力，环境扫描频率显著地正向影响知识创新能力和知识创新绩效，环境扫描兴趣对企业知识创新能力和知识创新绩效的影响都不显著。

企业经常开展市场调研、及时了解顾客需求的变化、企业频繁地考察和分析环境的变化，评估环境变化对顾客的影响、企业对技术的变化态势有较强的洞察力等，这些可以帮助企业及时地感知外界环境(特别是技术环境)的变化，敏锐而准确地识别外界存在的各种技术机会，提高技术创新的针对性，从而提高企业的技术创新绩效。

（二）整合创新资源的能力对创新绩效的影响

自20世纪90年代以来，整个世界市场的竞争日益激烈和动荡不定，变化日益增强。这种日益动态化的外部环境迫使身处其中的企业必须不断地根据外部环境的变化来重新构建自己的资源基础。而企业所使用的资源，不管是外部的、属于其他市场主体的资源还是内部的、属于自己企业的资源，其种类和数量都是很多的，需要企业采取一定的模式对其进行整合。Michael A. Hitt、Leonard Bierman、Katsuhiko Shimizu等人(2001)认为整合企业所拥有、控制或是使用的创新所需要的各种资源是一个非常复杂的、系统的动态过程，其整合能力的高低往往是正向影响企业创新绩效的。Stratman和Roth (2002)从资源理论学派的理论范式出发，研究认为企业资源规划能力强弱正向影响企业动态能力的形成程度，进而正向影响企业竞争优势的强弱和持久程度。

其后，许多专家学者展开了对资源整合能力与企业的动态能力、竞争优势关系的研究，研究认为企业要想提升其各种动态性能力，就必须有效地开展对企业内外部资源的整合，具备强大的对企业内外部资源的整合能力(Wang和Ahmed，2007)。而动态能力形成之后，就能够很好地提高企业绩效，使得企业的成长变得更加容易和持久(Wu, 2007和2010)。Enkel E.和O. Cassmann(2010)研究发现，由于跨行业的资源之间存在很大的差异，使得把它们整合在一起所形成的资源整体上显示出很大的异质性，这使得具备这种能力的企业更有可能采取突破式的技术创新，取得更好更大的技术创新绩效的可能性也就更强。

金勋(2012)研究发现，企业的资源整合对企业的资源保障系统与创新绩效的关系起到显著的中介效应，并且正向地影响企业的创新绩效。林健、王亚洲(2013)研究发现，对企业创新资源的有效整合能够显著正向地影响企业的系统创新绩效，这一作用机制是通过团队互动这一中介变量发挥作用的。

崔楠、张丽娜、张建(2015)研究发现行业内资源整合对新产品速度有正向作用，对新产品新颖性有负向作用；而跨行业资源整合对企业新产品的新颖性有正向作用，对新产品开发速度却有负向作用。

企业定期吸收新的技术知识和信息，并将个人能力整合成组织能力；经常和其他企业、社会研究机构开展联合创新；企业能适时获取和利用外部技术创新成果，并将其成功的产业化；企业能根据需要适时获取或利用外部研发资金、样品制造、营销网络等创新资源等。这些可以帮助企业利用其并不拥有所有权的资源为自己服务，并且整合所有的企业内外的各种资源，达到“1+1 > 2”效果，从而提高企业的技术创新绩效。

（三）环境适应性的组织变革能力对创新绩效的影响

许多学者对组织变革与组织绩效间的内在联系进行研究。Michael L. Tushman等(1998)提出企业必须发现自身存在的创新障碍并通过变革活动予以消除，才能保证技术创新方向的正确性。Donaldson(2000)研究发现，组织变革和组织绩效是互为影响、互相促进的关系。企业的适应外部环境变化的组织变革能力越强，企业的绩效就越好，就越会获得持久的竞争优势。刘从九(2003)研究表明，企业根据外部环境的变化而实施的组织结构变革是技术创新更有效率的前提和基础。只有更好地进行适应性的组织变革，技术创新才得以顺利的实施和实现。王一鸣、王君(2005)研究认为技术创新使用一种新的技术体系来代替老的不适应的技术体系，这本身就是一种组织变革。从某种意义上讲，组织方式的革新和技术创新是等同的。张雪冰等(2006)提出组织变革的目的是通过改变组织结构、制度、文化和技术等，使得组织内部物质、能量等重新配置和利用，进而改善和提高组织绩效。张珑、于德海(2007)研究发现，技术创新会导致企业原有的权力和利益格局被打破，技术创新的成果及其对企业竞争和发展的重要性越大，技术部门在企业内的重要性就越强，就会得到更大的决策权和利益分享权，而这就会进一步地推动技术部门用于创新，从而形成一个技术部门进行创新—技术部门更加重要—技术部门更有技术创新的欲望的循环模式。

杨建君等(2009)在研究企业的领导风格和企业的技术创新绩效间的关系时发现，变革型的领导风格正向地显著影响企业的技术创新绩效，这一机制是以企业内部的创新文化为中间变量的，它们之间的相互关系对管理实践活动有很好的指导意义。Quan Jing等(2010)基于动态能力观的研究视角，研究发现企业实现组织敏捷性的前提是实现企业的技术敏捷性，实现组织敏捷性就可以正向地显著影响企业的财务绩效和市场绩效，而这一影响是以业务流程为中介变量的，即技术敏捷性—组织敏捷性—业务流程—企业的财务绩效和市场绩效。其中，敏捷性包括企业的市场感知力、知识吸纳能力和资源重构能力。

基于以上分析，本研究提出以下假设。

假设H3：技术创新动态能力对技术创新绩效有显著的正向作用。

假设H3.1：感知与识别技术机会的能力对研究开发数量有显著的正向作用。

假设H3.2：感知与识别技术机会的能力对技术商品化程度有显著的正向作用。

假设H3.3：整合创新资源的能力对研究开发数量有显著的正向作用。

假设H3.4：整合创新资源的能力对技术商品化程度有显著的正向作用。

假设H3.5：环境适应性的组织变革能力对研究开发数量有显著的正向作用。

假设H3.6：环境适应性的组织变革能力对技术商品化程度有显著的正向作用。

第二节　实证研究

一、变量的测量

（一）因变量

本研究主要关注技术创新和产品创新，主要研究企业通过技术创新和产品创新所获得的新产品数量、专利数量以及新产品的市场化销售情况。因此，对于既往研究中学者们采用的财务指标、工艺指标、效率指标等指标就不再采用，本研究沿用Robert. Cooper、高健、马宁等人的观点和互补资产的概念界定，从技术创新的成功商业化角度出发，将企业的技术创新绩效划分为研究开发数量和技术商品化程度两个维度，并对比进行分析。

（二）自变量

对于作为自变量的技术创新动态能力，本研究将其分为感知与识别技术机会的能力、整合创新资源的能力和环境适应性的组织变革能力3个维度，用若干题项进行测量。

1. 感知与识别技术机会的能力

感知与识别技术机会的能力帮助企业感知环境的各种变化，识别由环境变化所产生的机会和威胁。

2. 整合创新资源的能力

整合创新资源的能力是组织内部创新活动的协调以及组织外部创新活动与创新技术的整合能力。

3. 环境适应性的组织变革能力

环境适应性的组织变革能力使企业各个流程都具备柔性和灵活性，是企业正确且迅速识别环境变化及进行资源整合和变革的支持力量。

（三）控制变量

本研究中的控制变量包括企业产权性质、企业所属行业、企业成立年限、被调查者所在企业近两年(2013年和2014年)的年均销售总额以及填卷者的个人信息等。

企业的产权性质决定了企业内部的生产关系，进而决定信息与知识的流通方式，因此在技术创新绩效上可能存在差异。本研究将企业性质分为如下几种：国有、民营、三资——外资控股、三资——内资控股、集体和其他。

企业所属行业的差异对企业的技术创新绩效也会产生影响，因为不同行业的知识和技术密集度不同，竞争强度不同，从而创新的驱动力及其强度也不同。本研究将行业初步分为电子电气、机械、医药、冶金、新材料、化工、软件与通信、汽车、能源、交通运输和其他。

一般而言，企业成立时间越长，参与市场竞争越久越深，其对技术创新的感知就越强烈，因此企业成立的年限也会影响企业的技术创新绩效。本研究将企业年龄分为5年以下、5~10年、11~20年、21~30年和30年以上。

企业规模对技术创新的影响有两种不同的观点：一种观点认为大企业更有利于创新(Joseph Schumpeter，1942；W. Cohen和D.A. Levinthal，1990)；另一种观点认为大企业不利于创新(Z. Griffing，2002)。但是，就企业规模对技术创新产生影响这一点来看，认识则是一致的。本研究借鉴Hansen和Hill(1991)等人的做法，用近两年的年均销售总额来表示企业规模的大小。

调查问卷回收的质量高低直接受制于调查问卷填写人的素质，该素质包括填写人的职位高低、学历水平和工作年限。

以上各变量具体的题项内容见本章附录。

二、量表设计

本研究的问卷量表设计是围绕技术创新动态能力和技术创新绩效关系机理概念模型展开的，要求问卷内容能为各部分研究内容提供所需的有效数据，本研究运用相关分析、因子分析、方差分析、多元回归等方法对这些数据进行统计分析。

根据本研究的概念模型和研究假设，确定问卷量表中需要测量的变量。本研究所设计的调查问卷包括三个方面的基本内容：一是企业基本信息；二是企业技术创新动态能力情况；三是企业技术创新绩效情况。其中第一部分介绍企业基本信息和控制变量的形成，较多的属于常识性的内容，不太需要进行专门的量表设计。第二部分的量表可以参考引用上一章的量表。第三部分有较为成熟的量表可以引用。

三、数据收集

本研究主要采用多元回归分析建模来验证假设，主模型共涉及17个题项。为了保证数据的可靠性，本研究确定调查对象以创新企业内的中高层领导人员、产品经理、部门经理、项目经理等人员为主，要求调查对象在所在企业有一定年限的工作经历，确保调查对象对企业的互补资产、技术创新动态能力情况比较熟悉，进而得出真实客观的调研数据用于实证分析。

本研究的数据收集以问卷调查的方式为主，以进驻企业实地调查为辅，问卷所涉及的企业主要集中在北京、上海、广东、山东、浙江、江苏、湖北等20余个省市。由于本研究的被调查对象主要是企业中高层管理人员，在做正式问卷调查前，开展大范围的走访访谈一则成本太大，二则从理论和实际研究目的的角度出发，没有太大的意义。通过小范围的走访，也可以达到同样的目的。所以，在调查开始的时候，首先选择适当的少数企业和人员进行预调研，结合他们的意见修改问卷，然后再做大范围的问卷调查是很有必要的。

一般情况下，样本容量要在100份以上，如果样本容量低于100份，相关分析会极不稳定，样本容量超过200份算是一个中型样本。如果想采用极大似然法对样本进行估计，那么至少需要一个中型样本(Joseph et al，1998)。Gorsuch(1983)提出样本量与测量指标数的比值至少要在5：1以上的常用标准，比值在10：1以上最好(黄芳铭，2005)。根据以上分析，本研究所需样本量要符合以下两个条件：①有效样本总量在200份以上；②有效样本总量是测量指标数的5倍以上。

为了确保问卷的回收率和企业提供信息的准确性，一方面，本研究采取委托问卷网站代理发放问卷给相关的企业，然后通过电子邮件、快递等方式收集反馈。另一方面，利用与MBA学员接触的机会直接向他们发送问卷。为了保证问卷收集到的信息能够比较准确地反映企业的实际情况，问卷的填写人大多数都是该企业负责技术创新的主管或担任研发部经理等职务的人员。

样本要求：①由具有技术创新的企业（如有研发部门或技术研发经费支出）、且是企业中高层管理者填写；②最短填写时间8分钟以上；③每一方框中连续一半以上的题项填写同一答案的视为无效，填写答案有规律（如6767676……）视为无效；④如果问卷题项填写不完整，留有大量的空白，这种问卷应被剔除。

问卷调查于2015年12月开始，对北京、上海、广东、山东、浙江、江苏、湖北等20余个省市的企业进行了抽样调查，共分为两个阶段。第一个阶段从2015年12月—2016年1月，选择十多家企业的中高层管理者、产品经理、部门经理、项目经理等进行小范围的预调研，对问卷进行小样本测试。根据被调查者的反馈结果，与调研小组成员讨论，并征求专家意见，对问卷的结构和问卷中的题项进行相应的修改。第二个阶段，根据预调研的调查结果对问卷的题项和结构进行一定的调整，形成正式的调查问卷，并于2016年2月进行大范围发放，调查于2016年3月结束。

四、数据分析方法

经过调查问卷的发放和回收工作之后，初步得到500份调查问卷，按照前面确定的问卷筛选标准进行筛选，共获得360份有效问卷，把有效问卷复核后输入数据库，留待数据分析使用。本研究使用SPSS19.0统计分析软件。具体的数据分析方法可以归纳为以下三个步骤。

1. 描述性统计分析

本研究对调查对象的基本信息资料进行描述性统计分析，基本信息资料主要包括企业所属行业、企业成立年限、被调查者所在企业近两年的年均销售总额以及填卷者的个人信息等，描述样本的类别、所占比例、极大值、极小值、均值、方差、偏度、峰度等，验证调查数据的有效性，并且为下一步要进行的统计分析打好基础。

2. 对问卷效度、信度的检验

做完调查数据的描述性统计分析之后，还需要做问卷的信度和效度分析。

信度是问卷的可靠性，也就是指对不同的调查对象，采用同样的方法进行反复测量时，所取得的结果是不是一致的。一致性越高，说明问卷的信度就越好；反之，就越差。一般采用Cronbach's α系数来确定各指标的信度，当Cronbach's α系数值大于0.7时，通常认为问卷的信度较好。

效度是问卷的有效性，也就是说问卷测量的结果是否能够很好地表示出研究所要得到的结果。问卷效度越好，问卷测量的结果就越能很好地表示出研究所要得到的结果，这样调研工作才有意义；否则，该调研工作就得重新做。本研究针对各问卷题项进行Bartlett球体检验和KMO样本测度，并做因子分析，以确定各题项是否具有很好的效度。

3. 模型分析，即变量间的结构关系分析

本研究利用SPSS19.0等分析软件对各变量进行回归分析，并利用t检验和F检验确定各回归系数是否显著，对前文提出的各项假设进行验证，根据验证结果修改概念模型，以确定各变量间的关系，实证检验技术创新动态能力的维度构成及其与互补资产之间的关系。

五、数据分析

（一）描述性统计分析

本研究共发放问卷500份，回收问卷500份，其中有效问卷360份，有效回收率为72%。研究对象描述性统计分析主要包括企业产权性质、企业所属行业、企业成立年限、被调查者所在企业近两年的年均销售总额、被调查者在本企业的职位、被调查者学历、被调查者在本企业工作的年限等项目。

1. 被调查企业基本信息分析

（1）被调查者所在企业产权性质

被调查企业的产权性质如表5-1所示，各种产权性质的企业都有，其中以民营企业为主。

表5-1　被调查者所在企业的产权性质表

企业产权性质	数量	百分比	累计百分比
民营	195	54.17%	54.17%
三资——内资控股	42	11.67%	65.84%
其他（上市）	40	11.11%	76.95%
三资——外资控股	39	10.83%	87.78%
国有	34	9.44%	97.22%
集体	10	2.78%	100.00%
合计	360	100.00%	

数据来源：笔者根据调查问卷整理所得。

（2）被调查者所在企业的所属行业

被调查企业的所属行业如表5-2所示，分布于十多个行业，其中以技术创新贡献率较高的软件与通信、电子电气和机械行业为主，能够体现出样本数据的代表性。

表5-2　被调查者所在企业的所属行业表

企业所属行业	数量	百分比	累计百分比
软件与通信	60	16.67%	16.67%
电子电气	55	15.28%	31.94%
机械	50	13.89%	45.83%
其他	46	12.78%	58.61%
化工	40	11.11%	69.72%
医药	36	10.00%	79.72%
新材料	19	5.28%	85.00%
能源	17	4.72%	89.72%
交通运输	15	4.17%	93.89%
汽车	12	3.33%	97.22%
冶金	10	2.78%	100.00%
合计	360	100.00%	

数据来源：笔者根据调查问卷整理所得。

（3）被调查者所在企业的成立年限

被调查企业成立年限分析如表5-3所示，能较为充分地代表技术创新的长期性和滞后性。

表5-3　被调查者所在企业的成立年限表

企业成立年限	数量	百分比	累计百分比
11~20年	120	33.33%	33.33%
21~30年	100	27.78%	61.11%
5~10年	60	16.67%	77.78%
30年以上	50	13.89%	91.67%
5年以下	30	8.33%	100.00%
合计	360	100.00%	

数据来源：笔者根据调查问卷整理所得。

（4）被调查者所在企业近两年的年均销售总额

被调查企业的近两年的年均销售总额如表5-4所示，这能在一定程度上反映企业规模的大小，从而在一定程度上确定对各种互补资产拥有量的多少。

表5-4　被调查者所在企业近两年（2013年和2014年）的年均销售总额表

企业近两年年均销售总额（人民币）	数量	百分比	累计百分比
1亿~3亿元	75	20.83%	20.83%
3000万~1亿元	54	15.00%	35.83%
1000万~3000万元	50	13.89%	49.72%
3亿~10亿元	45	12.50%	62.22%
10亿~50亿元	40	11.11%	73.33%
300万~1000万元	39	10.83%	84.16%
50亿~100亿元	20	5.56%	89.72%
100万~300万元	15	4.17%	93.89%
<100万元	12	3.33%	97.22%
100亿元以上	10	2.78%	100.00%
合计	360	100.00%	

数据来源：笔者根据调查问卷整理所得。

（5）被调查者在本企业的职位

被调查者在本企业中的职位分析如表5-5所示。其中，以技术部门的主管经理居多，这主要是因为这部分人对技术创新了解较多。

表5-5　被调查者在本企业的职位表

被调查者在本企业的职位	数量	百分比	累计百分比
技术部经理	120	33.33%	33.33%
技术副总经理	85	23.61%	56.94%
营销副总经理	60	16.67%	73.61%
销售部经理	46	12.78%	86.39%
其他	29	8.06%	94.44%
董事长或总经理	20	5.56%	100.00%
合计	360	100.00%	

数据来源：笔者根据调查问卷整理所得。

（6）被调查者的学历

被调查者的学历分析如表5-6所示，其中博士和硕士占大多数，主要是这部分人拥有较多的专业知识和管理知识所致；大专学历及以下较少，可能是因为这些人学历较低，不处于技术创新研发的第一线。

表5-6　被调查者的学历表

学历	数量	百分比	累计百分比
博士	120	33.33%	33.33%
硕士	114	31.67%	65.00%
本科	100	27.78%	92.78%
大专及以下	26	7.22%	100.00%
合计	360	100.00%	

数据来源：笔者根据调查问卷整理所得。

（7）被调查者在本企业的工作年限

被调查者在调查企业的工作年限分析如表5-7所示，以6年以上的居多，这主要是因为工作年限越长，对工作的了解和认知就越多。

表5-7　被调查者在本企业工作的年限表

您在本企业工作的年限	数量	百分比	累计百分比
10年以上	110	30.56%	30.56%
6~10年	110	30.56%	61.12%
3~5年	80	22.22%	83.34%
1~3年	40	11.11%	94.45%
1年以下	20	5.56%	100.00%
合计	360	100.00%	

数据来源：笔者根据调查问卷整理所得。

2. 样本正态分布检验

对样本进行正态分布检验，得到表5-8。由表5-8的检验结果可知，本研究样本数据的斜度绝对值均小于2，峰度绝对值均小于3。一般而言，当样本数据斜度绝对值小于3，峰度绝对值小于10时，说明样本数据基本服从正态分布。因此，本研究样本数据服从正态分布，适合做进一步的研究分析。

表5–8 样本的正态分布检验结果

因子	题项	N	极小值	极大值	均值	标准差	方差	偏度		峰度	
		统计量	统计量	统计量	统计量	统计量	统计量	统计量	标准误差	统计量	标准误差
感知与识别技术机会的能力	B_1	360	1	7	5.48	1.117	1.247	–0.670	0.139	0.741	0.277
	B_2	360	1	7	5.40	1.052	1.107	–0.467	0.139	0.734	0.277
	B_3	360	2	7	5.56	1.118	1.250	–0.817	0.139	0.852	0.277
整合创新资源的能力	B_4	360	1	7	5.56	1.144	1.360	–1.048	0.139	2.116	0.277
	B_5	360	1	7	5.65	1.122	1.259	–0.829	0.139	1.114	0.277
	B_6	360	1	7	5.54	1.102	1.213	–0.585	0.139	0.708	0.277
	B_7	360	2	7	5.48	1.233	1.521	–0.572	0.139	–0.164	0.277
	B_8	360	1	7	5.45	1.173	1.375	–0.766	0.139	0.869	0.277
	B_9	360	1	7	5.47	1.269	1.612	–0.968	0.139	1.124	0.277
环境适应性的组织变革能力	B_{10}	360	2	7	5.63	1.011	1.023	–0.359	0.139	–0.048	0.277
	B_{11}	360	1	7	5.62	1.145	1.310	–0.824	0.139	0.749	0.277
	B_{12}	360	1	7	5.44	1.121	1.258	–0.817	0.139	1.385	0.277
	B_{13}	360	1	7	5.40	1.118	1.250	–0.822	0.139	0.960	0.277
研究开发数量	D_1	360	2	7	5.29	1.160	1.345	–0.662	0.139	0.375	0.277
	D_2	360	1	7	5.07	1.396	1.949	–0.750	0.139	0.320	0.277
技术商品化程度	D_3	360	2	7	5.46	1.182	1.396	–0.558	0.139	–0.058	0.277
	D_4	360	1	7	5.36	1.282	1.644	–0.701	0.139	0.088	0.277

数据来源：调查问卷数据分析。

（二）信度检验

信度是指研究中所用论证方法的合理性、可靠性和收集到的样本数据测量结果的可靠性和一致性，是指测试分数的特性，分数会因受试者的不同而有所不同，所以多数学者认为每次利用问卷的量表进行调研后，应估计分数的特性。即使是前人编辑或修订过的量表也应该进行信度检验。

本研究的信度检验采用常用的Cronbach's α系数检验方法。Cronbach's α系数是内部一致性系数，临界值设为0.7。如果信度系数α在0.9以上，则表示量表有很高的信度；如果信度系数0.7<α<0.9，则表示信度高；如果信度系数0.35<α<0.7，则表示信度中等；α<0.35表示低信度，应当拒绝(Nunnally，

1978；Churchill和Peter，1984)。一般认为，在社会科学研究中，α>0.6表明问卷调查题目的信度能够接受。通过SPSS19.0统计软件对问卷所涉及的变量进行Cronbach's α信度检验，结果如表5–9所示。

表5–9 问卷信度分析表

	变量	测量项目	测量项数	α 系数	
技术创新动态能力	感知与识别技术机会的能力	B_1	3	0.654	0.873
		B_2			
		B_3			
	整合创新资源的能力	B_4	6	0.768	
		B_5			
		B_6			
		B_7			
		B_8			
		B_9			
	环境适应性的组织变革能力	B_{10}	4	0.678	
		B_{11}			
		B_{12}			
		B_{13}			
技术创新绩效	研究开发数量	D_1	2	0.656	0.805
		D_2			
	技术商品化程度	D_3	2	0.701	
		D_4			
问卷整体			17		0.959

数据来源：调查问卷数据分析。

由表5–9的结果可知，问卷量表中多数变量各维度的Cronbach's α系数值大于0.7，有3个变量的Cronbach's α系数小于0.7，但是都大于0.6。量表整体Cronbach's α系数值为0.959，大于0.9，表示量表有很高的信度。具体而言，感知与识别技术机会的能力、整合创新资源的能力和环境适应性的组织变革能力的Cronbach's α系数值分别为0.654、0.768和0.678；研究开发数量和技术商品化程度的Cronbach's α系数值为0.656和0.701；技术创新动态能力的Cronbach's α系数值为0.873，技术创新绩效的Cronbach's α系数值为0.805。因此，本研究所开发的量表具有较高的信度，适合做进一步的数据分析。

（三）效度检验

本研究对于模型中包含的潜在变量测量量表的设计是在参考了国内外相关研究的基础上得出的，有些测量变项的效度和信度已经得到验证。但由于在问卷的设计过程中量表的含义不可能完全和原文一致，再加上本研究新增加的一些量表的设计还需要检验，所以在统计分析中，本研究对于每个潜在变量的量表设计进行探索性因子分析，来验证量表的效度。

进行探索因子分析之前，先对样本数据进行Bartlett球体检验和KMO样本测度以检验样本是否适合做因子分析。一般而言，KMO在0.9以上，非常适合；0.8~0.9，很适合；0.7~0.8，适合；0.6~0.7，不太适合；0.5~0.6，很勉强；0.5以下，不适合。Bartlett球体检验的统计值显著性概率$p \leqslant \alpha$时，可以做因子分析(马庆国，2002)。进行探索性因子分析时，以特征值大于1为提取标准，通过主成分分析法提取因子，并使用方差最大旋转因子。当因子的累计百分比(Cumulative% of Variance)大于50%时，则表明量表具有良好的效度。

1. 技术创新动态能力量表的效度分析

首先利用SPSS19.0软件对技术创新动态能力进行KMO样本测度和Bartlett球体检验，得到表5-10，可知KMO值为0.914>0.9，Bartlett统计值的显著性概率P为0<0.001，说明样本数据非常适合做因子分析。然后对技术创新动态能力进行因子分析，所得结果如表5-11所示。通过以上分析可知，技术创新动态能力的题项构成与基于文献构建的模型思路基本一致，表明量表具有良好的题项设计。

表5-10　技术创新动态能力KMO和Bartlett的检验

取样足够度的 Kaiser-Meyer-Olkin 度量		0.914
Bartlett的球形度检验	近似卡方	1213.071
	df	78
	Sig.	0

数据来源：调查问卷数据分析。

表5-11　技术创新动态能力解释的总方差

成分	初始特征值			提取平方和载入			旋转平方和载入		
	合计	方差/%	累计/%	合计	方差/%	累计/%	合计	方差/%	累计/%
1	5.179	39.838	39.838	5.179	39.838	39.838	2.678	20.602	20.602
2	1.121	8.624	48.463	1.121	8.624	48.463	2.596	19.973	40.575
3	0.908	6.983	55.446	0.908	6.983	55.446	1.933	14.871	55.446
4	0.805	6.191	61.637						
5	0.721	5.544	67.181						
6	0.694	5.337	72.518						
7	0.597	4.591	77.109						
8	0.572	4.398	81.507						
9	0.560	4.311	85.817						
10	0.515	3.959	89.777						
11	0.493	3.791	93.567						
12	0.431	3.315	96.882						
13	0.405	3.118	100.000						

提取方法：主成分分析。

2. 技术创新绩效量表的效度分析

首先利用SPSS19.0软件对技术创新绩效进行KMO样本测度和Bartlett球体检验，得到表5-12，可知KMO值为0.800>0.7，Bartlett统计值的显著性概率P为0<0.001，说明样本数据适合做因子分析。然后对技术创新绩效进行因子分析，所得结果如表5-13所示。发现特征值大于1的因子有2个，其特征值为1.699和1.364，因子的累计百分比为63.485%。这表明技术创新绩效的维度构成和题项构成分别为1.699和1.364，累计百分比为76.580%。

研究开发数量和技术商品化程度共同构成了技术创新绩效，采用计算因子加权总分的方法，对技术创新绩效进行综合评价，以2个因子的方差贡献率为权重，得到技术创新绩效的计算公式为：

技术创新绩效=0.42476×研究开发数量+0.34103×技术商品化程度

通过以上分析可知，技术创新绩效的维度构成和题项构成与基于文献构建的模型思路基本一致，表明量表具有良好的题项设计。

表5-12　技术创新绩效KMO和Bartlett的检验

取样足够度的 Kaiser–Meyer–Olkin 度量		0.800
Bartlett 的球形度检验	近似卡方	377.879
	df	6
	Sig.	0

数据来源：调查问卷数据分析。

表5-13 技术创新绩效解释的总方差

成分	初始特征值			提取平方和载入			旋转平方和载入		
	合计	方差/%	累计/%	合计	方差/%	累计/%	合计	方差/%	累计/%
1	2.539	63.485	63.485	2.539	63.485	63.485	1.699	42.476	42.476
2	0.524	13.095	76.580	0.524	13.095	76.580	1.364	34.103	76.580
3	0.510	12.760	89.340						
4	0.426	10.660	100.000						

①提取方法：主成分分析。
②数据来源：调查问卷数据分析。

（三）相关分析

相关分析的目的是初步检查变量之间是否存在相互影响，它反映的是相互作用的可能性。通过相关分析，可以初步判断模型设置或假设是否合理，也可以根据变量相关程度决定是否做共线性检测。本文用SPSS19.0把所有变量做Pearson相关分析，见表5-14。按照Williams的分类标准，相关系数大于0.7为高度相关，介于0.4~0.7为中等相关，小于0.4为低度相关。

从表5-14可以看出，技术创新动态能力的3个维度与技术创新绩效的2个维度之间具有正向、显著的相关系数。这一结果说明技术创新动态能力的水平显著有利于技术创新绩效的提高。技术创新动态能力3个维度之间存在着较高的正相关，这说明这些要素可能共同发生作用以提高技术创新绩效。此外，技术创新动态能力的3个维度之间、技术创新绩效的2个维度之间也存在着较高的正相关关系，这说明各变量内部的各个维度之间并不是孤立地发挥作用的，其中的1个维度会积极地影响其他维度。

综上所述，数据相关性分析的初步结果预示着本研究中的模型和假设之间的合理性。

表5-14　技术创新动态能力与技术创新绩效相关分析表

		感知与识别技术机会的能力	整合创新资源的能力	环境适应性的组织变革能力	研究开发数量	技术商品化程度
感知与识别技术机会的能力	Pearson 相关性	1	0.694**	0.641**	0.582**	0.478**
	显著性（双侧）		0	0	0	0
整合创新资源的能力	Pearson 相关性	0.694**	1	0.684**	0.610**	0.552**
	显著性（双侧）	0		0	0	0
环境适应性的组织变革能力	Pearson相关性	0.641**	0.684**	1	0.535**	0.527**
	显著性（双侧）	0	0		0	0
研究开发数量	Pearson 相关性	0.582**	0.610**	0.535**	1	0.670**
	显著性（双侧）	0	0	0		0
技术商品化程度	Pearson 相关性	0.478**	0.552**	0.527**	0.670**	1
	显著性（双侧）	0	0	0	0	

数据来源：调查问卷数据分析。

（四）多重共线性检验

由表5-14可知，技术创新动态能力的各维度之间并不是完全独立的，而是有着一定程度的相关性，因此在这里有必要进一步做共线性检验，以判断技术创新动态能力的各维度之间是否存在共线性以及共线性的严重程度，并根据理论逻辑和模型假设确定共线性问题是否需要修正。在SPSS19.0统计中，一般用方差膨胀因子(Variance Inflation Factor, VIF)指数的大小来衡量各变量之间是否存在多重共线性，判断标准通常是：当0<VIF<10，变量之间不存在多重共线性；当10<VIF<100，则变量之间存在较强的多重共线性；当VIF>100，则变量之间存在严重的多重共线性。

通过对后面将要进行的变量之间的回归分析，得到表5-15。可知，技术创新动态能力和技术创新绩效的各维度的方差膨胀因子（VIF）均小于10，因此可以认为，这些变量之间不存在严重的多重共线性。

表5-15　各变量共线性分析

模型		非标准化系数		标准系数	t	Sig.	共线性统计量	
		Bi	标准误差	试用版			容差	VIF
1	(常量)	0.201	0.822		0.245	0.807		
	感知与识别技术机会的能力	0.022	0.045	0.035	0.497	0.620	0.396	2.524
	整合创新资源的能力	0.068	0.039	0.152	1.762	0.079	0.263	3.796
	环境适应性的组织变革能力	0.125	0.051	0.181	2.440	0.015	0.356	2.808

因变量：企业技术创新绩效。

六、技术创新动态能力与技术创新绩效的关系分析

（一）技术创新动态能力与技术创新绩效的关系分析

以技术创新绩效为因变量，以技术创新动态能力为自变量，进行回归分析，得到结果如表5-16所示：模型中常数项t检验的显著性概率为0<0.05，说明常数项存在显著性差异，常数项应该进入回归模型；互补资产t检验的显著性概率为0<0.05，技术创新动态能力进入回归模型。由回归模型可知，技术创新动态能力对技术创新绩效有显著的正向作用，且回归系数为0.271。因此，假设H3成立。

表5-16　技术创新动态能力与技术创新绩效的关系分析

模型		非标准化系数		标准系数	t	Sig.	调整R方	F值
		B	标准误差	Beta				
1	(常量)	0.244	1.299		6.576	0	0.462	264.151
	企业技术创新动态能力	0.271	0.017	0.681	16.253	0		

因变量：企业技术创新绩效。

（二）两个变量维度之间的关系分析

1. 感知与识别技术机会的能力与研究开发数量关系分析

以研究开发数量为因变量，以感知与识别技术机会的能力为自变量，进行回归分析，得到结果如表5-17所示：模型中常数项t检验的显著性概率为

0.004<0.05，说明常数项与0存在显著性差异，常数项应该进入回归模型；感知与识别技术机会的能力t检验的显著性概率为0<0.05，感知与识别技术机会的能力进入回归模型。因此，感知与识别技术机会的能力对研究开发数量有显著的正向作用，假设H3.1成立。

表5–17　感知与识别技术机会的能力与研究开发数量关系分析

模型		非标准化系数		标准系数	t	Sig.	调整 R 方	F值
		B	标准误差	Beta				
1	(常量)	1.961	0.679		2.889	0.004	0.336	156.541
	感知与识别技术机会的能力	0.383	0.031	0.582	12.512	0		

因变量：研究开发数量。

2. 感知与识别技术机会的能力与技术商品化程度关系

以研究开发数量为因变量，以感知与识别技术机会的能力为自变量，进行回归分析，得到结果如表5–18所示：模型中常数项t检验的显著性概率为0<0.05，说明常数项与0存在显著性差异，常数项应该进入回归模型；感知与识别技术机会的能力t检验的显著性概率为0<0.05，感知与识别技术机会的能力进入回归模型。因此，感知与识别技术机会的能力对技术商品化程度有显著的正向作用，假设H3.2成立。

表5–18　感知与识别技术机会的能力与技术商品化程度分析

模型		非标准化系数		标准系数	t	Sig.	调整 R方	F值
		B	标准误差	Beta				
1	(常量)	4.074	0.716		5.687	0	0.226	90.828
	感知与识别技术机会的能力	0.360	0.032	0.478	9.530	0		

因变量：技术商品化程度。

3. 整合创新资源的能力与研究开发数量关系分析

以研究开发数量为因变量，以整合创新资源的能力为自变量，进行回归分析，得到结果如表5–19所示：模型中常数项t检验的显著性概率为0<0.05，说明常数项与0存在显著性差异，常数项应该进入回归模型；整合创新资源的能力t

检验的显著性概率为0<0.05，整合创新资源的能力进入回归模型。因此，整合创新资源的能力对研究开发数量有显著的正向作用，假设H3.3成立。

表5–19　整合创新资源的能力与研究开发数量分析

模型		非标准化系数		标准系数	t	Sig.	调整 R方	F值
		B	标准误差	Beta				
1	(常量)	2.565	0.720		3.563	0	0.303	134.322
	整合创新资源的能力	0.249	0.021	0.552	11.590	0		

因变量：研究开发数量。

4. 整合创新资源的能力与技术商品化程度关系分析

以研究开发数量为因变量，以整合创新资源的能力为自变量，进行回归分析，得到结果如表5–20所示：模型中常数项t检验的显著性概率为0.141>0.05，说明常数项与0不存在显著性差异，常数项不应该进入回归模型；整合创新资源的能力t检验的显著性概率为0<0.05，整合创新资源的能力进入回归模型。因此，整合创新资源的能力对技术商品化程度有显著的正向作用，假设H3.4成立。

表5–20　整合创新资源的能力与技术商品化程度分析

模型		非标准化系数		标准系数	t	Sig.	调整R方	F值
		B	标准误差	Beta				
1	(常量)	1.034	0.700		1.476	0.141	0.369	180.867
	整合创新资源的能力	0.281	0.021	0.610	13.449	0		

因变量：技术商品化程度。

5. 环境适应性的组织变革能力与研究开发数量关系分析

以研究开发数量为因变量，以环境适应性的组织变革能力为自变量，进行回归分析，得到结果如表5–21所示：模型中常数项t检验的显著性概率为0.004<0.05，说明常数项与0存在显著性差异，常数项应该进入回归模型；环境适应性的组织变革能力t检验的显著性概率为0<0.05，环境适应性的组织变革能力进入回归模型。因此，环境适应性的组织变革能力对研究开发数量有显著的

正向作用，假设H3.5成立。

表5-21 环境适应性的组织变革能力与研究开发数量分析

模型		非标准化系数		标准系数	t	Sig.	调整R方	F值
		B	标准误差	Beta				
1	(常量)	2.017	0.760		2.653	0.004	0.284	122.817
	环境适应性的组织变革能力	0.377	0.034	0.535	11.082	0		

因变量：研究开发数量。

6. 环境适应性的组织变革能力与技术商品化程度关系分析

以技术商品化程度为因变量，以环境适应性的组织变革能力为自变量，进行回归分析，得到结果如表5-22所示：模型中常数项t检验的显著性概率为0<0.05，说明常数项与0存在显著性差异，常数项应该进入回归模型；环境适应性的组织变革能力t检验的显著性概率为0<0.05，环境适应性的组织变革能力进入回归模型。因此，环境适应性的组织变革能力对技术商品化程度量有显著的正向作用，假设H3.6成立。

表5-22 环境适应性的组织变革能力与技术商品化程度分析

模型		非标准化系数		标准系数	t	Sig.	调整R方	F值
		B	标准 误差	Beta				
1	(常量)	2.791	0.747		3.735	0	0.276	117.808
	环境适应性的组织变革能力	0.363	0.033	0.527	10.854	0		

因变量：技术商品化程度。

综合以上分析，可得假设检验结果如表5-23所示。

表5-23 假设检验总结

假设	检验结果	假设	检验结果	假设	检验结果	假设	检验结果
H3	支持	H3.1	支持	H3.2	支持	H3.3	支持
H3.4	支持	H3.5	支持	H3.6	支持		

资料来源：笔者整理而得。

附录

企业技术创新动态能力与技术创新绩效关系研究调查问卷

尊敬的女士/先生：

您好！

首先感谢您在百忙之中抽出时间填写这份问卷。这是一份学术性研究问卷，主要目的是探讨企业在快速变化的环境下，互补资产与企业技术创新动态能力以及技术创新绩效之间的关系。

本次问卷由企业中高层管理人员填写。本问卷所得的全部资料仅供学术研究之用，调查完全匿名，您所填写的所有信息我们都将严格保密。请您根据自己企业的实际情况放心填写，尽可能客观地回答。您的回答对我们的研究非常重要，衷心感谢您的参与！

祝您工作顺利，万事如意！

第一部分 基本信息

1. 企业产权性质________。

□国有 □民营 □三资——外资控股 □三资——内资控股 □集体 □其他

2. 企业所属行业________。

□电子电气 □机械 □医药 □冶金 □新材料 □化工 □软件与通信 □汽车 □能源 □交通运输 □其他（请注明）

3. 企业成立年限为________。

□5年以下 □5~10年 □11~20年 □21~30年 □30年以上

4. 企业近两年年均销售总额约为________元人民币。

□<100万 □100万~300万 □300万~1000万 □1000万~3000万 □3000万~1亿 □1亿~3亿 □3亿~10亿 □10亿~50亿 □50亿~100亿 □100亿以上

5. 您在本企业的职位________。

□董事长或总经理 □技术副总经理 □营销副总经理

□技术部经理 □销售部经理 □其他

6. 您的学历________。

□大专及以下 □本科 □硕士 □博士

7. 您在本企业工作的年限________。

□1年以下 □1~3年 □3~5年 □6~10年 □10年以上

第二部分 企业技术创新动态能力状况调查（请根据您所在企业的实际情况，在最为接近的数字上打“√”）

序号	题项	极不同意	不同意	稍不同意	不确定	稍微同意	同意	非常同意
		1	2	3	4	5	6	7
8	本企业频繁地考察和分析环境的变化，评估环境变化对顾客的影响							
9	本企业管理者和技术人员对技术的变化态势有较强的洞察力							
10	本企业经常开展市场调研，及时了解顾客需求的变化							
11	本企业定期吸收新的技术知识和信息，并将个人能力整合成组织能力							
12	本企业有多种渠道吸收和利用外部技术知识							
13	本企业各部门员工都有适当的途径参与技术创新活动							
14	本企业能根据需要适时获取或利用外部研发资金、样品制造、营销网络等创新资源							
15	本企业能适时获取和利用外部技术创新成果，并将其成功的产业化							
16	本企业经常和其他企业、社会研究机构开展联合创新							
17	本企业能根据新技术或新产品的特点选择合适的战略和产业化模式							
18	本企业能根据新技术发展的要求适时改变旧的决策规则							

续表

序号	题项	极不同意	不同意	稍不同意	不确定	稍微同意	同意	非常同意
		1	2	3	4	5	6	7
19	本企业能根据创新项目的要求适时授予创新部门、创新团队和创新者较多的决策自主权							
20	本企业能为保护知识产权并促进创新产业化建立适宜的治理机制							

第三部分　企业技术创新绩效的情况调查（请根据您所在企业的实际情况，在最为接近的数字上打“√”）

序号	题项	极不同意	不同意	稍不同意	不确定	稍微同意	同意	非常同意
		1	2	3	4	5	6	7
21	和同类企业相比，本企业所开发的新产品数量较多							
22	和同类企业相比，本企业申请的专利数量较多							
23	本企业新产品的销售额占销售总额的比重较大							
24	和同类企业相比，本企业推出新产品的速度较快							

第六章　技术创新动态能力的中介效应研究

第一节　理论分析与推导

一、概念模型的建构

企业资源战略观认为，企业是资源束的集合体，当企业拥有有价值的、稀缺的、不可模仿的、不可替代的资源时，可以通过实施价值战略为企业带来持续竞争优势。尤其是当这些资源与其他相关活动体系互补时，就会创造可持续竞争优势。由此可见，企业资源战略观认为，资源是企业绩效的根本决定因素。

资源学派提出了“资源—能力—绩效”的理论分析框架。根据这一理论分析框架，本研究认为，互补资产作为企业的重要资源，它对企业的技术创新绩效会产生重要的影响，并且这一影响是以技术创新动态能力为中介的。同时，本研究也认为，技术创新动态能力对互补资产与技术创新绩效关系的中介效应要受到组织学习的调节。基于这一认识，本研究提出以下概念模型（如图6–1所示）。

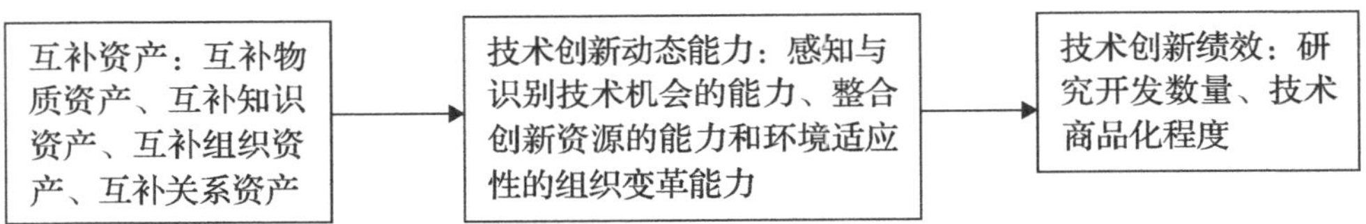

图6–1　互补资产、技术创新动态能力与创新绩效关系的概念模型

本研究拟通过这一模型来研究互补资产、技术创新动态能力和技术创新绩效之间的深层次关系。这个模型分为四个部分：第一部分为互补资产与技术创新动态能力之间的关系；第二部分为技术创新动态能力与技术创新绩效之间的关系；第三部分为互补资产与技术创新绩效之间的关系；第四部分为技术创新动态能力的中介效应。

二、概念模型中的要素及其维度

本部分共涉及互补资产、技术创新动态能力和技术创新绩效3个变量。互补资产包括互补物质资产、互补知识资产、互补关系资产和互补组织资产4个维度。技术创新动态能力包括感知与识别技术机会的能力、整合创新资源的能力和环境适应性的组织变革能力3个维度。企业的技术创新绩效包括研究开发数量和技术商品化程度2个维度。

其具体内容与第三章和第四章相关内容部分完全一致，由于篇幅所限，在此就不过多阐述。

三、互补资产与技术创新绩效间的关系分析

在谈到互补性资产对技术创新的重要性时，Teece(1986)研究认为，企业可以通过拥有开发互补资产而获得较好的技术创新绩效。Cohen和Levinthal(1989)提出，在企业的研发能提高其学习能力时，竞争者之间在研发上的高外溢性会正面激励研发活动。Ashish Arora和Alfonso Gambardella(1990)的研究发现企业之间、企业与大学之间的协议以及企业对新型的生物技术企业的投资或并购行为都是为了获得互补资产。Miller等人(1998)研究发现，技术路线图是一种重要的合作创新机制，其目的是协调企业内部与产品创新和工艺创新相关的互补资产投资，以及协调生产互补产品的各相关企业的互补资产投资，提高创新的协同性和效率。

Stefan Thomke和Walter Kuemmerle(2002)的研究表明互补资产的拥有数量会影响企业技术创新的类型。如果企业拥有比较多的互补资产，则会倾向于渐进式创新；而不拥有或少拥有互补资产的企业则往往倾向于突破式创新。

Herbert Dawid(2003)研究发现，在给定的市场条件下，创新投入水平与企业的盈利是正相关的，而这一关系受到互补资产的可获得性的影响。

刘和东、梁东黎、耿修林(2003)通过对贵州和新疆创新差异的比较，认为我国的西南地区和西北地区存在着较大的技术创新绩效差异的原因是企业技术创新能力、创新环境等方面的不同。

韩新严、吴添祖(2003)提出企业创新虽然包括管理创新、体制创新等内容，但最终都要以产品创新的形式体现出来，并认为净现值指数是一种较好的衡量技术创新绩效的指标。Yi-Chia Chiu(2008)通过对582家中国台湾企业1997—2005年间面板数据的分析发现，专业化的制造设施通常有套牢的效果，当技术发生突破性变革时，这些专业生产设施不容易应用新的技术。

李宏贵、熊胜绪(2010)提出了一个关于互补资产、突破性创新能力和突破

性创新绩效的概念模型，认为互补性资产主要通过影响技术创新能力，进而影响创新绩效。Jie-Heng Lin、Ming-Yeu Wang(2015)通过对中国台湾生物技术企业的实证分析得出结论：互补性资产对专利商业化绩效有显著的正向影响。

蔡建华(2011)提出，企业要将突破性创新转化为竞争优势，需构建和培育相应的互补资产，并通过提高它们的经营效率来强化企业战略定位。贾军、张卓和张伟(2013)采用中国上市公司2004—2010年的面板数据，经过实证分析发现，不同互补资产对技术多元化与企业绩效关系的调节作用是不同的。

互补资产各维度与技术创新动态的关系具体分析如下所述。

（一）互补物质资产对企业技术创新绩效的影响

Teece(1986)认为很多的创新企业之所以不能够从自己的创新中获益，是因为它们缺乏创新成功所必需的互补资产，特别是那些有益于创新成功商业化的互补性的营销资产、生产制造资产等物质资产。在Teece看来，企业创新的成功不仅仅是创新本身的问题，更为重要的是那些能够支持创新成果商业化的互补性的物质资产。

Calantone等人(1990)在研究营销资源时，发现营销资源中的销售预测、分销、促销、营销整合技能都对产品创新绩效有显著的正向作用。Song等学者(1997)通过研究产品创新绩效的提升有赖于创新产品的市场化成功程度，而这个过程明显地受到企业各种营销资源和营销能力的影响。Tripsas(1997)的研究支持了上述观点。Farjoun(1998)通过对众多制造业企业调研发现，制造资源的数量、质量、整合程度及其之间的关联程度对企业绩效有显著的正向作用。

Tripsas(1997)研究发现，在新一代排字机技术摧毁企业原有核心技术的价值时，只要作为互补资产的专用制造能力、销售和服务网络仍保留其价值，在位企业仍然可能保留其行业主导地位。Frank T. Rothaermel(2002)通过对以生物技术为代表的制药行业20世纪70年代中期的技术创新进行研究，发现在这些创新中，占主导地位的传统化药企业的品牌形象、销售渠道等互补资产并没有受到破坏，反而成为该企业与另外那些缺乏这些互补资产的企业合作的基础。

陈钰芬和陈劲(2009)在研究发现，在不同的技术创新开发阶段中，互补资产对技术创新的影响程度是不一样的。互补资产其主导性作用的阶段是在产品设计定型之后，进行生产和商业化运作的阶段。

秦剑、王迎军(2010)研究发现，在对突破性产品创新绩效起到正向促进作用的营销资源和技术资源之间存在着替代关系和互补关系，二者的交互效应对突破性产品创新绩效的影响更为复杂。

而对于金融资产对技术创新及其绩效的影响，已经有众多的学者进行了研究，本研究此处就不再过多地赘述了。

（二）互补知识资产对企业技术创新绩效的影响

Krohmer等(2002)研究发现，对企业技术创新有正向作用的不仅仅是企业的技术研发人员，其他部门和人员对技术创新也是有很大的影响作用的，部门之间、人员之间的相互交流和共同协作，可以为技术创新提供更多、更好的研发思路(Postrel, 2002)。企业内部各部门、各人员的整合程度越高，系统性越好，企业技术创新的过程就会越短，技术创新商业化成功的可能性就越大(Feng和Wang, 2013)。Ashish Arora等(2006)研究发现，在知识产权、专利保护制度较强的时候，如果新技术商业化当新技术商业化所需要的互补资产为通用资产时，往往会形成技术转让或许可，这样技术创新的收益机会增加。

吴俊杰、戴勇(2013)以浙江、江苏和上海等地的200家科技创新企业为研究样本，对企业家和高层领导两类群体进行调查研究，结果表明企业家社会资本对企业技术创新绩效的影响作用是通过知识整合能力这个中介变量起作用的。

（三）互补组织资产对企业技术创新绩效的影响

Swink和Song(2007)的研究指出，企业内部各部门之间的有效合作、组织文化的有效统一对技术创新的成功有非常大的影响作用。企业内部通畅的资源流通和转化机制会帮助各部门之间形成良好的关系，这更有利于企业内资源的整合和重组，加快企业内资源的流动和分享，促进企业技术创新行为的产生(Goh和Richards, 1997；张光磊和刘善仕，2012)。

在信息资源的利用和分享方面，整合众多的来源不同、格式迥异的信息资源，更有利于有效地利用各类信息，对于提高企业的创新绩效极为重要(李贞和杨洪涛，2012)。研发部门在新产品研发阶段，就应该广泛地了解有关新产品的市场信息，引入顾客对新产品的研发参与，这样设计和生产出来的产品才能满足市场需求，会使销售状况变得很好(Crittenden和Woodside, 2006)。

（四）互补关系资产对企业技术创新绩效的影响

Tsai和Ghoshal(1998)从企业社会资本理论的视角出发，发现企业的社会资本可以帮助企业获得更多的市场信息，帮助企业与其他企业、企业内部各部门之间以及企业内部的各员工之间实现信息的顺畅流通，这将有助于新产品研发速度的提升和创新绩效的改善。杨立新(2005)提出了企业应与客户、供应商、设计企业和制造企业进行整合，以实现价值创新的观点。

张霞蓉(2012)通过对2008年到2009年期间申报广东省高新技术型企业和民营科技型企业的企业进行调查研究发现企业网络强度对技术创新绩效有直接显著的正向影响关系。赵冬梅(2013)通过对甘肃、湖南、山东等地企业的实地调研进行实证分析，研究结果显示，在不考虑信息协同的情况下，企业关系资本正向作用于企业技术创新绩效的提升。

基于以上分析，提出以下假设。

假设H4：互补资产对技术创新绩效具有显著的正向作用。

假设H4.1：互补物质资产对研究开发数量有显著的正向作用。

假设H4.2：互补知识资产对研究开发数量有显著的正向作用。

假设H4.3：互补关系资产对研究开发数量有显著的正向作用。

假设H4.4：互补组织资产对研究开发数量有显著的正向作用。

假设H4.5：互补物质资产对技术商品化程度有显著的正向作用。

假设H4.6：互补知识资产对技术商品化程度有显著的正向作用。

假设H4.7：互补关系资产对技术商品化程度有显著的正向作用。

假设H4.8：互补组织资产对技术商品化程度有显著的正向作用。

四、技术创新动态能力的中介效应分析

动态能力是企业资产与技术创新绩效之间的连接部分，它不断更新或创新企业现有的知识和技能，通过创造更多的新产品，进入新的细分市场，促进技术创新绩效的提升(罗眠、刘永俊，2009)。企业建立自身技术创新动态能力的基础是企业所拥有和控制的各种资源，这种资源除了核心资产之外，尚需要创新商业化所需的营销能力、制造能力和售后服务，即互补资产。企业所拥有和能够控制的互补资产的数量和质量越多、越好，其技术创新动态能力的构建基

础就越扎实。企业在对企业所拥有和能够控制的资源进行整合重构的过程中逐渐形成独有的适应能力，这种能力是提升企业创新绩效的直接动力(Eisenhardt和Martin, 2000)。董保宝等(2011)基于资源基础观和动态能力观，提出了一个整体结构模型，即外部资源识取—动态能力—竞争优势，动态能力在这个模型中起到完全中介作用，而在另外一个模型企业的资源配用—动态能力—竞争优势中起到部分中介作用。Jie-Heng Lin, Ming-Yeu Wang(2015)通过对中国台湾生物技术企业的实证分析后发现市场感知能力显著正向调节互补资产和专利商业化性能之间的关系，而该调节作用对独占性和商业化的绩效不显著。

技术创新动态能力各维度的中介效应具体分析如下所述。

（一）感知与识别技术机会的能力的中介作用分析

程金林、石金涛(2006)研究发现IT与IT能力与持续竞争优势之间存在正相关关系，而竞争行动是二者的中介变量。他们认为，竞争行动的产生和行动机制必须要以详细、灵敏的对外部的技术机会的感知与识别为基础和前提，否则就是盲目而有害的。这实质上就是企业对外部环境和技术机会的感知与识别能力。李志远(2012)以吉林省汽车行业为研究对象，以企业资源学派的“资源—能力—绩效”范式为基础，提出科技资源整合通过科技资源识别与获取能力产生正向显著的、对企业创新绩效的影响。

郭润萍(2015)采用案例研究的方法，对杭州和长春的高技术新创企业进行调研分析，结果表明机会识别在灵活型知识整合与高技术新创企业绩效间关系中具有中介作用。Jie-Heng Lin和Ming-Yeu Wang(2015)基于利润来源于创新和动态能力理论框架，对中国台湾生物技术企业进行实证分析发现，市场感知能力作为中间变量，对互补性资产与专利商业化绩效关系有显著的正向影响。

企业经常开展市场调研，密切关注和分析环境的变化，评估环境变化对顾客的影响，企业管理者和技术人员对技术的变化态势有较强的洞察力，就可以随时把握外在市场变化，了解技术变化和发展的趋势，调整自身互补资产的质、量及其结构，才能更好地发挥企业的互补资产的作用，进而增强企业的技术创新绩效。

（二）整合创新资源的能力的中介作用分析

对企业所用或者能够控制的各种资源进行有效的整合已经成为企业构建提

升核心竞争力的基础，也是企业在动态的竞争环境中取胜的关键。面临快速变化的外部环境，企业必须能够根据外部环境的变化适时不断地调整、整合资源，形成强有力的资源整合能力，才能够在激烈、动荡的市场竞争中获得并维持企业的持续竞争优势。

官建成、史晓敏(2004)以能力观为基础理论，结合我国制造业企业技术创新实践，研究发现，我国大型制造业企业是否拥有强大的配置资源的能力正向地显著影响企业的技术创新绩效。马鸿佳等(2011)的实证研究证实，资源整合能力对资源识取过程/资源配用过程与企业绩效的中介效应显著。李志远(2012)以吉林省汽车行业为对象研究科技资源整合对企业创新绩效的影响，研究发现科技资源整合对企业创新绩效有显著的正向作用；把科技资源划分为科技人力资源、科技财物资源和科技信息资源之后做进一步研究后发现，这3种子资源也都对企业创新绩效有显著的正向作用。

周华、周水银(2014)研究指出企业的敏捷性包括市场感知力、知识吸纳能力和资源重构能力，并通过对全国321家企业的数据进行实证分析，得出结论：敏捷性对互动能力和组织绩效关系起到显著的中介效应。宋丹丹(2015)基于动态能力理论的研究视角，研究发现，组织敏捷性对知识管理能力与组织绩效的关系影响机制起显著的中介作用；研究模型里的知识管理能力包含了对知识资源的整合能力。

奉小斌、陈丽琼(2015)结合知识搜索与协同创新理论，以188家浙江省科技型中小微企业为实证样本进行研究，发现：互补性知识整合和辅助性知识整合在市场知识搜索与企业协同创新能力之间起着部分中介作用，而互补性知识整合在技术知识搜索与企业协同创新能力之间起着完全中介作用。段艳玲、徐茂卫、陈曦(2016)通过对245家体育企业的问卷调查数据进行分析后发现，不同资源整合方式对体育企业创新绩效的影响程度是不同的，而资源整合对协同创新网络能力与体育企业创新绩效之间关系有显著的中介效应。

拥有强大的整合创新资源的能力，如一方面对企业内部的机器设备、研发资金、营销网络、技术人员等互补资产进行整合，进一步发挥互补资产的使用效能，提高创新效果和效率，进而增强企业的技术创新绩效；另一方面，利用多种渠道吸收和利用外部技术知识，采取多种形式和其他企业、社会研究机构开展联合创新，能有效地发挥外部互补资产的使用效率，改善技术创新惯例和范式，进而增强企业的技术创新绩效。

（三）环境适应性的组织变革能力的中介作用分析

组织文化显著影响组织变革的推动落实程度，而推动落实程度越高又将影响企业创新绩效。组织拥有创新型的企业文化的时候，就会对员工的创新行为持积极的支持态度，对员工的创新绩效实时奖励；对员工由于持续导致的资源浪费和成本的增加，持宽容的包涵态度。这样就会激励广大员工参与技术创新，有效地提升组织技术创新的效率和效果，改善组织的技术创新绩效(Deal和Kennedy，1982；Peter和Waterman，1982；Benison，1984)。冯美珊(2010)以广东、广西、湖南等地的高科技创业企业为调查样本，研究分析发现组织变革在组织学习与技术创新绩效之间起显著的中介效应；具体到各维度，文化变革对学习承诺(与开放心智)与技术创新绩效起显著的中介效应，技术变革对开放心智与技术创新绩效之间起显著的中介效应。

拥有强大的环境适应性的组织变革能力，例如，企业能根据新技术或新产品的特点适时改变旧的决策规则，或者选择合适的战略和产业化模式，或者适时授予创新部门、创新团队和创新者较多的决策自主权，这些都能够改变企业的各类互补资产的配置，形成不同的适应外部环境变化要求的资产配置模式，提高资产的使用和管理效率，达到更好的创新效果，进而增强企业的技术创新绩效。

因此，根据上述分析和前文所提出的假设，提出以下假设。

假设H5：技术创新动态能力对互补资产与技术创新绩效起中介效应。

假设H5.1：感知与识别技术机会的能力对互补物质资产与研究开发数量起中介效应。

假设H5.2：感知与识别技术机会的能力对互补知识资产与研究开发数量起中介效应。

假设H5.3：感知与识别技术机会的能力对互补关系资产与研究开发数量起中介效应。

假设H5.4：感知与识别技术机会的能力对互补组织资产与研究开发数量起中介效应。

假设H5.5：感知与识别技术机会的能力对互补物质资产与技术商品化程度起中介效应。

假设H5.6：感知与识别技术机会的能力对互补知识资产与技术商品化程度起中介效应。

假设H5.7：感知与识别技术机会的能力对互补关系资产与技术商品化程度起中介效应。

假设H5.8：感知与识别技术机会的能力对互补组织资产与技术商品化程度起中介效应。

假设H5.9：整合创新资源的能力对互补物质资产与研究开发数量起中介效应。

假设H5.10：整合创新资源的能力对互补知识资产与研究开发数量起中介效应。

假设H5.11：整合创新资源的能力对互补关系资产与研究开发数量起中介效应。

假设H5.12：整合创新资源的能力对互补组织资产与研究开发数量起中介效应。

假设H5.13：整合创新资源的能力对互补物质资产与技术商品化程度起中介效应。

假设H5.14：整合创新资源的能力对互补知识资产与技术商品化程度起中介效应。

假设H5.15：整合创新资源的能力对互补关系资产与技术商品化程度起中介效应。

假设H5.16：整合创新资源的能力对互补组织资产与技术商品化程度起中介效应。

假设H5.17：环境适应性的组织变革能力对互补物质资产与研究开发数量起中介效应。

假设H5.18：环境适应性的组织变革能力对互补知识资产与研究开发数量起中介效应。

假设H5.19：环境适应性的组织变革能力对互补关系资产与研究开发数量

起中介效应。

假设H5.20：环境适应性的组织变革能力对互补组织资产与研究开发数量起中介效应。

假设H5.21：环境适应性的组织变革能力对互补物质资产与技术商品化程度起中介效应。

假设H5.22：环境适应性的组织变革能力对互补知识资产与技术商品化程度起中介效应。

假设H5.23：环境适应性的组织变革能力对互补关系资产与技术商品化程度起中介效应。

假设H5.24：环境适应性的组织变革能力对互补组织资产与技术商品化程度起中介效应。

第二节　实证研究

一、变量的测量

1. 因变量

本部分以技术创新绩效为因变量，具体内容与第四章相关内容完全一致。

2. 自变量

本部分以互补资产为自变量，具体内容与第三章相关内容完全一致。

3. 中介变量

本部分以技术创新动态能力为中介变量，具体内容与第三章和第四章相关内容完全一致。

4. 控制变量

本研究中的控制变量包括企业产权性质、企业所属行业、企业成立年限、企业员工规模、企业近两年的年均销售总额、企业研发费用占销售额比重等。本部分具体内容与第三章和第四章相关内容完全一致。

以上各变量具体的题项内容见本章附录。

二、量表设计

本研究的问卷量表设计是围绕互补资产、技术创新动态能力和技术创新绩效关系机理概念模型而展开的，要求问卷内容能为各部分研究内容提供所需的有效数据，能够运用相关分析、因子分析、方差分析、多元回归等方法对这些数据进行统计分析。

本部分内容结合第三章和第四章相关内容确定所得。

三、数据收集

本研究主要采用多元回归分析建模来验证本文的假设，主模型共涉及37个题项。为了保证数据的可靠性，本研究确定调查对象以创新企业内的中高层领导人员、产品经理、部门经理、项目经理等人员为主，要求调查对象在所在企业有一定年限的工作经历，以确保调查对象对企业的互补资产、技术创新动态能力情况比较熟悉，进而得出真实客观的调研数据并用于实证分析。

本研究的数据收集以问卷调查的方式为主，以进驻企业实地调查为辅，问卷所涉及的企业主要集中在北京、上海、广东、山东、浙江、江苏、湖北等20余个省市。由于本研究的被调查对象主要是企业中高层管理人员，在做正式问卷调查前，开展大范围的走访访谈一则成本太大，二则从理论和实际研究目的的角度出发，也没有太大的意义。小范围的走访就可以达到同样的目的。所以，在调查开始的时候，首先选择适当的少数企业和人员进行预调研，结合他们的意见修改问卷，然后再做大范围的问卷调查，这是很有必要的。

一般情况下，样本容量要在100份以上，如果样本容量低于100份，相关分析会极不稳定，样本容量超过200份算是一个中型样本。如果想采用极大似然法对样本进行估计，那么至少需要一个中型样本(Joseph et al，1998)。Gorsuch(1983)提出样本量与测量指标数的比值至少要在5：1以上的常用标准，比值在10：1以上最好(黄芳铭，2005)。根据以上分析，本研究所需样本量要符合以下两个条件：①有效样本总量在200份以上；②有效样本总量是测量指标数的5倍以上。

为了确保问卷的回收率和企业提供信息的准确性，一方面，本研究委托问卷网站代理发放问卷给相关的企业，然后通过电子邮件、快递等方式进行反馈。另一方面，通过与MBA学员接触的机会直接向他们发送问卷。为了保证问卷收集到的信息能够较准确地反映企业的实际情况，问卷的填写人大多数都是该企业负责技术创新的主管或担任研发部经理等职务的人员。

样本要求：①由具有技术创新的企业（如有研发部门或技术研发经费支出），且是企业中高层管理者填写；②最短填写时间为8分钟以上；③每一方框中连续一半以上的题项填写同一答案的视为无效，填写答案有规律（如6767676…）视为无效；④如果有问卷题项填写不完整，具有大量的空白和遗漏，这种问卷应被剔除。

问卷调查于2016年3月开始，对北京、上海、广东、山东、浙江、江苏、湖北等20余个省市的企业进行了抽样调查，共分为两个阶段。第一阶段从2016年3月到2016年4月，选择了十多家企业的中高层管理者、产品经理、部门经理、项目经理等进行小范围的预调研，对问卷进行小样本测试。根据被调查者的反馈结果，与调研小组成员讨论，并征求专家意见，对问卷的结构和问卷中的题项进行了相应的修改。第二阶段，根据预调研的调查结果对问卷的题项和结构进行一定的调整，形成正式的调查问卷，并于2016年4月进行大范围发放，调查于5月结束。

四、数据分析方法

经过调查问卷的发放和回收工作之后，初步得到500份调查文卷，按照前面确定的问卷筛选标准进行筛选，共获得380份有效问卷，把这些有效问卷进行复核后输入数据库，留待数据分析使用。本研究使用SPSS19.0统计分析软件。具体的数据分析方法可以归纳为以下三个步骤。

1. 描述性统计分析

本研究对调查对象基本信息的资料进行描述性统计分析，基本信息资料主要包括企业产权性质、企业所属行业、企业成立年限、企业员工规模、企业近两年的年均销售总额、企业研发费用占销售额比重等，描述样本的类别、所占比例、极大值、极小值、均值、方差、偏度、峰度等，验证调查数据的有效性，并且为下一步要进行的统计分析打好基础。

2. 对问卷效度、信度的检验

在做完调查数据的描述性统计分析之后，就需要分析问卷的信度和效度。

信度是问卷的可靠性，也就是指对不同的调查对象，采用同样的方法进行反复的测量时，所取得结果是不是一致的。一致性越高，说明问卷的信度就越好；反之，就越差。一般采用Cronbach's α系数来确定各指标的信度，当Cronbach's α系数值大于0.7时，通常认为问卷的可靠性，也就是信度较好。

效度是问卷的有效性，也就是说问卷测量的结果是否能够很好地表示出研究所要得到的结果。问卷效度越好，问卷测量的结果就越能很好地表示出研究所要得到的结果，这次调研工作才越有意义；否则，该调查工作就得重新做。本研究针对各问卷题项进行Bartlett球体检验和KMO样本测度，并做因子分析，以确定各题项是否具有很好的效度。

3. 模型分析，也即变量间的结构关系分析

本研究利用SPSS19.0等分析软件对各变量进行回归分析，并利用t检验和F检验确定各回归系数是否显著，对前文提出的各项假设进行验证，根据验证结果对概念模型进行修改，以确定各变量间的关系，实证检验技术创新动态能力的维度构成及其与互补资产之间的关系。

五、数据分析

（一）描述性统计分析

本研究共发放问卷500份，回收问卷500份，其中有效问卷380份，有效回收率为76%。研究对象描述性统计分析主要包括企业产权性质、企业所属行业、企业成立年限、企业员工规模、企业近两年的年均销售总额、企业研发费用占销售额比重等项目。

1. 被调查企业基本信息分析

（1）被调查者所在企业的产权性质

被调查企业的产权性质如表6-1所示，各种产权性质的企业都有，其中以民营企业为主。

表6–1　被调查者所在企业的产权性质表

企业产权性质	数量	百分比	累计百分比
民营	180	47.37%	47.37%
三资——内资控股	60	15.79%	63.16%
三资——外资控股	60	15.79%	78.95%
国有	50	13.16%	92.11%
其他［上市］	25	6.58%	98.69%
集体	5	1.32%	100.00%
合计	380	100.00%	

数据来源：笔者根据调查问卷整理所得。

（2）被调查者所在企业的所属行业

被调查企业所属行业如表6–2所示，分布于十多个行业，其中以技术创新贡献率较高的电子电气、软件与通信和机械行业为主，能够体现出样本数据的代表性。

表6–2 被调查者所在企业的所属行业表

企业所属行业	数量	百分比	累计百分比
电子电气	80	21.05%	21.05%
机械	60	15.79%	36.84%
软件与通信	60	15.79%	52.63%
其他	46	12.11%	64.73%
医药	40	10.53%	75.26%
化工	40	10.53%	85.79%
新材料	19	5.00%	90.79%
能源	15	3.95%	94.73%
交通运输	10	2.63%	97.37%
汽车	9	2.37%	99.73%
冶金	1	0.26%	100.00%
合计	380	100.00%	

数据来源：笔者根据调查问卷整理所得。

（3）被调查者所在企业的成立年限

被调查企业成立年限分析如表6–3所示，以10年以上的居多，能较为充分地代表技术创新的长期性和滞后性。

表6-3　被调查者所在企业的成立年限表

企业成立年限	数量	百分比	累计百分比
30年以上	42	11.05%	11.05%
11~20年	102	26.84%	37.89%
5~10年	100	26.32%	64.21%
21~30年	76	20.00%	84.21%
5年以下	60	15.79%	100.00%
合计	380	100.00%	

数据来源：笔者根据调查问卷整理所得。

（4）被调查者所在企业的员工规模

被调查企业的员工规模如表6-4所示，能在一定程度上反映企业规模的大小，从而在一定程度上确定对各种互补资产拥有量的多少。

表6-4　被调查者所在企业的员工规模表

企业员工规模	数量	百分比	累计百分比
501~1000人	130	34.21%	34.21%
1000人以上	110	28.95%	63.16%
101~500人	110	28.95%	92.11%
51~100人	20	5.26%	97.37%
50人以下	10	2.63%	100.00%
合计	380	100.00%	

数据来源：笔者根据调查问卷整理所得。

（5）被调查者所在企业近两年的年均销售总额

被调查企业的近两年的年均销售总额如表6-5所示，这能在一定程度上反映企业规模的大小，从而在一定程度上确定对各种互补资产拥有量的多少。

表6-5　被调查者所在企业近两年（2013年和2014年）的年均销售总额表

企业近两年年均销售总额（人民币）	数量	百分比	累计百分比
1亿~3亿元	75	19.74%	19.74%
3000万~1亿元	55	14.47%	34.21%
1000万~3000万元	55	14.47%	48.69%
3亿~10亿元	50	13.16%	61.85%

续表

企业近两年年均销售总额（人民币）	数量	百分比	累计百分比
10亿~50亿元	40	10.53%	72.37%
300万~1000万元	40	10.53%	82.90%
50亿~100亿元	25	6.58%	89.48%
100万~300万元	15	3.95%	93.42%
<100万元	15	3.95%	97.37%
100亿元以上	10	2.63%	100.00%
合计	380	100.00%	

数据来源：笔者根据调查问卷整理所得。

（6）企业研发费用占销售额比重

被调查企业研发费用占销售额比重的统计分析如表6–6所示。

表6–6　被调查企业研发费用占销售额比重

被调查企业研发费用占销售额比重（%）	数量	百分比（%）	累计百分比（%）
10年以上	110	28.95%	28.95%
6~10年	110	28.95%	57.90%
3~5年	100	26.32%	84.21%
1~3年	50	13.16%	97.37%
1年以下	10	2.63%	100.00%
合计	380	100.00%	

数据来源：笔者根据调查问卷整理所得。

（7）控制变量的单因素方差分析

从目前的理论文献来看，关于技术创新动态能力中介效应的研究较少，其控制变量的确定尚存在较多的可供研究的认识不一致的区域，因而，本研究在这一部分继续做各控制变量的实证检验以验证理论分析结果。利用SPSS 19.0对各控制变量做单因素方差分析，得到表6–7至表6–12。具体如下。

由表6–7至表6–12的数据分析结果可知，企业产权性质对“企业技术创新动态能力：环境适应性的组织变革能力”、企业员工规模对“企业技术创新动态能力：感知与识别技术机会的能力”单因素方差分析结果不显著，不能起到很好的控制作用；但是这两个控制变量对其他的变量单因素方差分析结果显著，能够起到很好的控制作用。其他4个控制变量的单因素方差分析结果显著，都能够起到很好的控制作用。

表6–7　企业产权性质的单因素方差分析

		平方和	df	均方	F	显著性
企业互补资产：1234总和	组间	5530.280	5	1106.056	6.554	0
	组内	50962.353	302	168.750		
	总数	56492.633	307			
企业互补资产：1互补物质资产	组间	367.054	5	73.411	5.294	0
	组内	4187.683	302	13.867		
	总数	4554.737	307			
企业互补资产：2互补知识资产	组间	503.998	5	100.800	4.913	0
	组内	6196.313	302	20.518		
	总数	6700.312	307			
企业互补资产：3互补关系资产	组间	378.038	5	75.608	5.165	0
	组内	4420.595	302	14.638		
	总数	4798.633	307			
企业互补资产：4互补组织资产	组间	238.760	5	47.752	5.230	0
	组内	2757.510	302	9.131		
	总数	2996.269	307			
企业技术创新动态能力总和	组间	3368.037	5	673.607	7.386	0
	组内	27541.167	302	91.196		
	总数	30909.205	307			
企业技术创新动态能力：感知与识别技术机会的能力	组间	306.309	5	61.262	5.848	0
	组内	3163.496	302	10.475		
	总数	3469.805	307			
企业技术创新动态能力：整合创新资源的能力	组间	900.027	5	180.005	8.815	0
	组内	6167.103	302	20.421		
	总数	7067.130	307			
企业技术创新动态能力：环境适应性的组织变革能力	组间	142.009	5	28.402	2.976	0.012
	组内	2882.260	302	9.544		
	总数	3024.269	307			

续表

		平方和	df	均方	F	显著性
企业技术创新绩效情况总和	组间	464.419	5	92.884	6.308	0
	组内	4446.760	302	14.724		
	总数	4911.179	307			
企业技术创新绩效情况：研究开发数量	组间	140.103	5	28.021	6.201	0
	组内	1364.611	302	4.519		
	总数	1504.714	307			
企业技术创新绩效情况：技术商品化程度	组间	100.584	5	20.117	4.545	0.001
	组内	1336.595	302	4.426		
	总数	1437.179	307			

表6–8　企业所属行业单因素方差分析

		平方和	df	均方	F	显著性
企业互补资产：1234总和	组间	18286.359	46	397.530	2.716	0
	组内	38206.274	261	146.384		
	总数	56492.633	307			
企业互补资产：1互补物质资产	组间	1416.962	46	30.804	2.562	0
	组内	3137.775	261	12.022		
	总数	4554.737	307			
企业互补资产：2互补知识资产	组间	1938.826	46	42.148	2.310	0
	组内	4761.485	261	18.243		
	总数	6700.312	307			
企业互补资产：3互补关系资产	组间	1547.315	46	33.637	2.700	0
	组内	3251.318	261	12.457		
	总数	4798.633	307			
企业互补资产：4互补组织资产	组间	770.037	46	16.740	1.963	0.001
	组内	2226.232	261	8.530		
	总数	2996.269	307			
企业技术创新动态能力总和	组间	10730.842	46	233.279	3.017	0
	组内	20178.363	261	77.312		
	总数	30909.205	307			
企业技术创新动态能力：感知与识别技术机会的能力	组间	1182.723	46	25.711	2.934	0
	组内	2287.082	261	8.763		
	总数	3469.805	307			

续表

		平方和	df	均方	F	显著性
企业技术创新动态能力：整合创新资源的能力	组间	2289.341	46	49.768	2.719	0
	组内	4777.789	261	18.306		
	总数	7067.130	307			
企业技术创新动态能力：环境适应性的组织变革能力	组间	786.245	46	17.092	1.993	0
	组内	2238.024	261	8.575		
	总数	3024.269	307			
企业技术创新绩效情况总和	组间	1711.788	46	37.213	3.036	0
	组内	3199.391	261	12.258		
	总数	4911.179	307			
企业技术创新绩效情况：研究开发数量	组间	532.080	46	11.567	3.104	0
	组内	972.634	261	3.727		
	总数	1504.714	307			
企业技术创新绩效情况：技术商品化程度	组间	433.684	46	9.428	2.452	0
	组内	1003.495	261	3.845		
	总数	1437.179	307			

表6–9　企业成立年限单因素方差分析

		平方和	df	均方	F	显著性
企业互补资产：1234总和	组间	5276.040	4	1319.010	7.803	0
	组内	51216.593	303	169.032		
	总数	56492.633	307			
企业互补资产：1互补物质资产	组间	224.156	4	56.039	3.921	0.004
	组内	4330.581	303	14.292		
	总数	4554.737	307			
企业互补资产：2互补知识资产	组间	712.410	4	178.103	9.012	0
	组内	5987.902	303	19.762		
	总数	6700.312	307			
企业互补资产：3互补关系资产	组间	318.662	4	79.665	5.388	0
	组内	4479.971	303	14.785		
	总数	4798.633	307			
企业互补资产：4互补组织资产	组间	198.968	4	49.742	5.388	0
	组内	2797.301	303	9.232		
	总数	2996.269	307			

续表

		平方和	df	均方	F	显著性
企业技术创新动态能力总和	组间	2594.494	4	648.624	6.941	0
	组内	28314.710	303	93.448		
	总数	30909.205	307			
企业技术创新动态能力：感知与识别技术机会的能力	组间	152.784	4	38.196	3.489	0.008
	组内	3317.021	303	10.947		
	总数	3469.805	307			
企业技术创新动态能力：整合创新资源的能力	组间	620.216	4	155.054	7.287	0
	组内	6446.914	303	21.277		
	总数	7067.130	307			
企业技术创新动态能力：环境适应性的组织变革能力	组间	213.320	4	53.330	5.749	0
	组内	2810.950	303	9.277		
	总数	3024.269	307			
企业技术创新绩效情况总和	组间	761.443	4	190.361	13.900	0
	组内	4149.735	303	13.695		
	总数	4911.179	307			
企业技术创新绩效情况：研究开发数量	组间	186.025	4	46.506	10.686	0
	组内	1318.689	303	4.352		
	总数	1504.714	307			
企业技术创新绩效情况：技术商品化程度	组间	197.141	4	49.285	12.043	0
	组内	1240.037	303	4.093		
	总数	1437.179	307			

表6-10　企业员工规模单因素方差分析

		平方和	df	均方	F	显著性
企业互补资产：1234总和	组间	5467.899	4	1366.975	8.118	0
	组内	51024.734	303	168.398		
	总数	56492.633	307			
企业互补资产：1互补物质资产	组间	249.463	4	62.366	4.389	0.002
	组内	4305.274	303	14.209		
	总数	4554.737	307			

续表

		平方和	df	均方	F	显著性
企业互补资产：2互补知识资产	组间	551.945	4	137.986	6.800	0
	组内	6148.366	303	20.292		
	总数	6700.312	307			
企业互补资产：3互补关系资产	组间	490.994	4	122.748	8.634	0
	组内	4307.640	303	14.217		
	总数	4798.633	307			
企业互补资产：4互补组织资产	组间	227.967	4	56.992	6.238	0
	组内	2768.302	303	9.136		
	总数	2996.269	307			
企业技术创新动态能力总和	组间	2996.495	4	749.124	8.132	0
	组内	27912.710	303	92.121		
	总数	30909.205	307			
企业技术创新动态能力：感知与识别技术机会的能力	组间	142.998	4	35.749	3.256	0.012
	组内	3326.807	303	10.980		
	总数	3469.805	307			
企业技术创新动态能力：整合创新资源的能力	组间	761.933	4	190.483	9.154	0
	组内	6305.197	303	20.809		
	总数	7067.130	307			
企业技术创新动态能力：环境适应性的组织变革能力	组间	239.167	4	59.792	6.505	0
	组内	2785.103	303	9.192		
	总数	3024.269	307			
企业技术创新绩效情况总和	组间	757.719	4	189.430	13.819	0
	组内	4153.460	303	13.708		
	总数	4911.179	307			
企业技术创新绩效情况：研究开发数量	组间	174.587	4	43.647	9.943	0
	组内	1330.127	303	4.390		
	总数	1504.714	307			
企业技术创新绩效情况：技术商品化程度	组间	213.037	4	53.259	13.183	0
	组内	1224.142	303	4.040		
	总数	1437.179	307			

表6-11 企业近两年（2013年和2014年）的年均销售总额单因素方差分析

		平方和	df	均方	F	显著性
企业互补资产：1234总和	组间	11534.392	9	1281.599	8.495	0
	组内	44958.241	298	150.867		
	总数	56492.633	307			
企业互补资产：1互补物质资产	组间	505.519	9	56.169	4.134	0
	组内	4049.218	298	13.588		
	总数	4554.737	307			
企业互补资产：2互补知识资产	组间	1209.324	9	134.369	7.292	0
	组内	5490.988	298	18.426		
	总数	6700.312	307			
企业互补资产：3互补关系资产	组间	1041.563	9	115.729	9.179	0
	组内	3757.070	298	12.608		
	总数	4798.633	307			
企业互补资产：4互补组织资产	组间	415.959	9	46.218	5.338	0
	组内	2580.311	298	8.659		
	总数	2996.269	307			
企业技术创新动态能力总和	组间	5872.126	9	652.458	7.766	0
	组内	25037.079	298	84.017		
	总数	30909.205	307			
企业技术创新动态能力：感知与识别技术机会的能力	组间	386.450	9	42.939	4.150	0
	组内	3083.355	298	10.347		
	总数	3469.805	307			
企业技术创新动态能力：整合创新资源的能力	组间	1451.771	9	161.308	8.560	0
	组内	5615.359	298	18.843		
	总数	7067.130	307			
企业技术创新动态能力：环境适应性的组织变革能力	组间	373.873	9	41.541	4.671	0
	组内	2650.396	298	8.894		
	总数	3024.269	307			
企业技术创新绩效情况总和	组间	1125.479	9	125.053	9.844	0
	组内	3785.700	298	12.704		
	总数	4911.179	307			

续表

		平方和	df	均方	F	显著性
企业技术创新绩效情况：研究开发数量	组间	287.220	9	31.913	7.811	0
	组内	1217.495	298	4.086		
	总数	1504.714	307			
企业技术创新绩效情况：技术商品化程度	组间	296.170	9	32.908	8.595	0
	组内	1141.008	298	3.829		
	总数	1437.179	307			

表6-12　企业研发费用占销售额比重单因素方差分析

		平方和	df	均方	F	显著性
企业互补资产：1234总和	组间	14813.612	39	379.836	2.442	0
	组内	41679.021	268	155.519		
	总数	56492.633	307			
企业互补资产：1互补物质资产	组间	1084.230	39	27.801	2.147	0
	组内	3470.507	268	12.950		
	总数	4554.737	307			
企业互补资产：2互补知识资产	组间	1670.210	39	42.826	2.282	0
	组内	5030.101	268	18.769		
	总数	6700.312	307			
企业互补资产：3互补关系资产	组间	1127.917	39	28.921	2.112	0
	组内	3670.716	268	13.697		
	总数	4798.633	307			
企业互补资产：4互补组织资产	组间	635.791	39	16.302	1.851	0.003
	组内	2360.478	268	8.808		
	总数	2996.269	307			
企业技术创新动态能力总和	组间	9504.777	39	243.712	3.051	0
	组内	21404.428	268	79.867		
	总数	30909.205	307			
企业技术创新动态能力：感知与识别技术机会的能力	组间	839.483	39	21.525	2.193	0
	组内	2630.322	268	9.815		
	总数	3469.805	307			

续表

		平方和	df	均方	F	显著性
企业技术创新动态能力：整合创新资源的能力	组间	2303.882	39	59.074	3.324	0
	组内	4763.248	268	17.773		
	总数	7067.130	307			
企业技术创新动态能力：环境适应性的组织变革能力	组间	665.095	39	17.054	1.937	0.001
	组内	2359.174	268	8.803		
	总数	3024.269	307			
企业技术创新绩效情况总和	组间	1471.180	39	37.723	2.939	0
	组内	3439.999	268	12.836		
	总数	4911.179	307			
企业技术创新绩效情况：研究开发数量	组间	424.664	39	10.889	2.702	0
	组内	1080.051	268	4.030		
	总数	1504.714	307			
企业技术创新绩效情况：技术商品化程度	组间	386.587	39	9.912	2.529	0
	组内	1050.591	268	3.920		
	总数	1437.179	307			

2. 正态分布检验

对样本进行正态分布检验，得到表6–13。由表6–13的检验结果可知，本研究样本数据的斜度绝对值均小于2，峰度绝对值均小于3。一般而言，当样本数据斜度绝对值小于3，峰度绝对值小于10时，说明样本数据基本服从正态分布。因此，本研究样本数据服从正态分布，适合做进一步的研究分析。

（二）信度检验

信度反映测量结果的内部一致性程度，效度反映测量结果的准确性。在进行数据分析之前，需要确定问卷符合信度和效度要求，才能使数据分析得出的结果具有较高的可靠性和说服力。

本研究的信度检验采用常用的Cronbach's α 系数检验方法。Cronbach's α 系数是内部一致性系数，临界值设为0.7。如果信度系数α 在0.9以上，则表示量表有很高的信度；如果信度系数0.7< α <0.9，则表示信度高；如果信度系数0.35< α <0.7，则表示信度中等； α <0.35表示低信度，应当拒绝(Nunnally,

1978； Churchill和Peter, 1984)。一般认为，在社会科学研究中α>0.6就认为问卷调查题目的信度能够接受。通过SPSS19.0统计软件对问卷所涉及的变量进行Cronbach's α信度检验，结果如表6–14所示。

由表6–14的结果可知：问卷量表中多数变量各维度的Cronbach's α系数值大于0.7，5个变量的Cronbach's α系数小于0.7，但是都大于0.6。量表整体Cronbach's α系数值为0.959，大于0.9，表示量表有很高的信度。具体而言，互补物质资产、互补知识资产、互补关系资产和互补组织资产的Cronbach's α系数值分别为0.749、0.731、0.672和0.661，感知与识别技术机会的能力、整合创新资源的能力和环境适应性的组织变革能力的Cronbach's α系数值分别为0.654、0.768和0.678，研究开发数量、技术商品化程度的Cronbach's α系数值为0.656和0.701。因此，本研究所开发的量表具有较高的信度，适合做进一步的数据分析。

表6–13　样本的正态分布检验结果

因子	题项	N	极小值	极大值	均值	标准差	方差	偏度		峰度	
		统计量	统计量	统计量	统计量	统计量	统计量	统计量	标准误差	统计量	标准误差
互补物质资产	A_1	380	1	7	5.38	1.137	1.292	–0.933	0.139	1.593	0.277
	A_2	380	1	7	5.30	1.313	1.723	–1.051	0.139	1.375	0.277
	A_3	380	1	7	5.55	1.230	1.512	–0.957	0.139	0.862	0.277
	A_4	380	1	7	5.69	1.056	1.115	–0.679	0.139	1.015	0.277
	A_5	380	1	7	5.47	1.222	1.494	–0.971	0.139	1.607	0.277
	A_6	380	1	7	5.41	1.145	1.312	–0.752	0.139	0.825	0.277
互补知识资产	A_7	380	1	7	5.43	1.160	1.347	–0.839	0.139	0.915	0.277
	A_8	380	1	7	5.64	1.185	1.404	–0.892	0.139	1.004	0.277
	A_9	380	2	7	5.85	1.077	1.159	–0.749	0.139	0.311	0.277
	A_{10}	380	1	7	5.43	1.265	1.600	–0.764	0.139	0.413	0.277
	A_{11}	380	2	7	5.62	1.142	1.305	–0.840	0.139	0.958	0.277
	A_{12}	380	1	7	5.44	1.216	1.478	–0.718	0.139	0.746	0.277

续表

因子	题项	N	极小值	极大值	均值	标准差	方差	偏度		峰度	
		统计量	统计量	统计量	统计量	统计量	统计量	统计量	标准误差	统计量	标准误差
互补关系资产	A_{13}	380	2	7	5.61	1.017	1.033	−0.864	0.139	1.550	0.277
	A_{14}	380	2	7	5.71	1.123	1.262	−0.648	0.139	0.129	0.277
	A_{15}	380	2	7	5.56	1.068	1.140	−0.630	0.139	0.794	0.277
	A_{16}	380	2	7	5.70	1.006	1.011	−0.630	0.139	0.541	0.277
互补组织资产	A_{17}	380	1	7	5.58	1.120	1.254	−1.220	0.139	2.726	0.277
	A_{18}	380	2	7	5.68	1.123	1.261	−0.758	0.139	0.368	0.277
	A_{19}	380	1	7	5.54	1.151	1.324	−0.838	0.139	1.224	0.277
	A_{20}	380	1	7	5.33	1.190	1.415	−0.647	0.139	0.781	0.277
感知与识别技术机会的能力	B_1	380	1	7	5.48	1.117	1.247	−0.670	0.139	0.741	0.277
	B_2	380	1	7	5.40	1.052	1.107	−0.467	0.139	0.734	0.277
	B_3	380	2	7	5.56	1.118	1.250	−0.817	0.139	0.852	0.277
整合创新资源的能力	B_4	380	1	7	5.56	1.144	1.308	−1.048	0.139	2.116	0.277
	B_5	380	1	7	5.65	1.122	1.259	−0.829	0.139	1.114	0.277
	B_6	380	1	7	5.54	1.102	1.213	−0.585	0.139	0.708	0.277
	B_7	380	2	7	5.48	1.233	1.521	−0.572	0.139	−0.164	0.277
	B_8	380	1	7	5.45	1.173	1.375	−0.766	0.139	0.869	0.277
	B_9	380	1	7	5.47	1.269	1.612	−0.968	0.139	1.124	0.277
环境适应性的组织变革能力	B_{10}	380	2	7	5.63	1.011	1.023	−0.359	0.139	−0.048	0.277
	B_{11}	380	1	7	5.62	1.145	1.310	−0.824	0.139	0.749	0.277
	B_{12}	380	1	7	5.44	1.121	1.258	−0.817	0.139	1.385	0.277
	B_{13}	380	1	7	5.40	1.118	1.250	−0.822	0.139	0.960	0.277
研究开发数量	D_1	380	2	7	5.29	1.160	1.345	−0.662	0.139	0.375	0.277
	D_2	380	1	7	5.07	1.396	1.949	−0.750	0.139	0.320	0.277
技术商品化程度	D_3	380	2	7	5.46	1.182	1.396	−0.558	0.139	−0.058	0.277
	D_4	380	1	7	5.36	1.282	1.644	−0.701	0.139	0.088	0.277

表6–14　问卷信度分析表

<table>
<tr><th></th><th>变量</th><th>测量项目</th><th>测量项数</th><th>α 系数</th><th></th></tr>
<tr><td rowspan="20">互补资产</td><td rowspan="6">互补物质资产</td><td>A_1</td><td rowspan="6">6</td><td rowspan="6">0.749</td><td rowspan="20">0.901</td></tr>
<tr><td>A_2</td></tr>
<tr><td>A_3</td></tr>
<tr><td>A_4</td></tr>
<tr><td>A_5</td></tr>
<tr><td>A_6</td></tr>
<tr><td rowspan="6">互补知识资产</td><td>A_7</td><td rowspan="6">6</td><td rowspan="6">0.731</td></tr>
<tr><td>A_8</td></tr>
<tr><td>A_9</td></tr>
<tr><td>A_{10}</td></tr>
<tr><td>A_{11}</td></tr>
<tr><td>A_{12}</td></tr>
<tr><td rowspan="4">互补关系资产</td><td>A_{13}</td><td rowspan="4">4</td><td rowspan="4">0.672</td></tr>
<tr><td>A_{14}</td></tr>
<tr><td>A_{15}</td></tr>
<tr><td>A_{16}</td></tr>
<tr><td rowspan="4">互补组织资产</td><td>A_{17}</td><td rowspan="4">4</td><td rowspan="4">0.661</td></tr>
<tr><td>A_{18}</td></tr>
<tr><td>A_{19}</td></tr>
<tr><td>A_{20}</td></tr>
<tr><td rowspan="13">技术创新动态能力</td><td rowspan="3">感知与识别技术机会的能力</td><td>B_1</td><td rowspan="3">3</td><td rowspan="3">0.654</td><td rowspan="13">0.873</td></tr>
<tr><td>B_2</td></tr>
<tr><td>B_3</td></tr>
<tr><td rowspan="6">整合创新资源的能力</td><td>B_4</td><td rowspan="6">6</td><td rowspan="6">0.768</td></tr>
<tr><td>B_5</td></tr>
<tr><td>B_6</td></tr>
<tr><td>B_7</td></tr>
<tr><td>B_8</td></tr>
<tr><td>B_9</td></tr>
<tr><td rowspan="4">环境适应性的组织变革能力</td><td>B_{10}</td><td rowspan="4">4</td><td rowspan="4">0.678</td></tr>
<tr><td>B_{11}</td></tr>
<tr><td>B_{12}</td></tr>
<tr><td>B_{13}</td></tr>
<tr><td rowspan="4">技术创新绩效</td><td rowspan="2">研究开发数量</td><td>D_1</td><td rowspan="2">2</td><td rowspan="2">0.656</td><td rowspan="4">0.805</td></tr>
<tr><td>D_2</td></tr>
<tr><td rowspan="2">技术商品化程度</td><td>D_3</td><td rowspan="2">2</td><td rowspan="2">0.701</td></tr>
<tr><td>D_4</td></tr>
<tr><td colspan="3">问卷整体</td><td>37</td><td></td><td>0.959</td></tr>
</table>

（三）效度检验

本研究对于模型中包含的潜在变量测量量表的设计是在参考了国内外相关研究的基础上而得出的，有些测量变项的效度和信度已经得到过验证。但由于在问卷的设计过程中量表的含义不可能完全和原文一致，再加上本研究新增加的一些量表的设计还需要检验，所以在统计分析中，本研究对于每个潜在变量的量表设计进行探索性因子分析，来验证量表的效度。

进行探索因子分析之前，先对样本数据进行Bartlett球体检验和KMO样本测度以检验样本是否适合做因子分析。一般而言，KMO在0.9以上，非常适合；0.8~0.9，很适合；0.7~0.8，适合；0.6~0.7，不太适合；0.5~0.6，很勉强；0.5以下，不适合。Bartlett球体检验的统计值显著性概率p≤α时，可以做因子分析(马庆国，2002)。进行探索性因子分析时，以特征值大于1为提取标准，通过主成分分析法提取因子，并使用方差最大旋转因子。当因子的累计百分比(Cumulative% of Variance)大于50%时，则表明量表具有良好的效度。

1. 互补资产量表的效度分析

首先利用SPSS19.0软件对互补资产进行KMO样本测度和Bartlett球体检验，得到表6–15，可知KMO值为0.925>0.9，Bartlett统计值的显著性概率P为0<0.001，说明样本数据非常适合做因子分析。然后对互补资产进行因子分析，所得结果如表6–16所示。特征值大于1的因子有4个，且其特征值分别为3.370、2.723、2.715和1.572，4个因子的累计百分比为51.899%。

通过以上分析可知，互补资产的维度构成和题项构成与基于文献构建的模型思路基本一致，表明量表具有良好的题项设计。

表6–15　互补资产的KMO和Bartlett的检验

取样足够度的 Kaiser–Meyer–Olkin 度量		0.925
Bartlett 的球形度检验	近似卡方	1961.829
	df	190
	Sig.	0

表6-16 互补资产解释的总方差

成分	初始特征值			提取平方和载入			旋转平方和载入		
	合计	方差/%	累计/%	合计	方差/%	累计/%	合计	方差/%	累计/%
1	7.079	35.394	35.394	7.079	35.394	35.394	3.370	16.848	16.848
2	1.231	6.153	41.548	1.231	6.153	41.548	2.723	13.617	30.465
3	1.056	5.278	46.825	1.056	5.278	46.825	2.715	13.573	44.038
4	1.015	5.074	51.899	1.015	5.074	51.899	1.572	7.862	51.899
5	0.911	4.556	56.455						
6	0.851	4.255	60.710						
7	0.798	3.991	64.701						
8	0.787	3.936	68.637						
9	0.708	3.541	72.178						
10	0.676	3.380	75.558						
11	0.618	3.092	78.650						
12	0.562	2.812	81.462						
13	0.559	2.793	84.255						
14	0.548	2.741	86.996						
15	0.533	2.665	89.661						
16	0.477	2.383	92.044						
17	0.471	2.356	94.399						
18	0.399	1.995	96.394						
19	0.389	1.947	98.342						
20	0.332	1.658	100.000						

2. 技术创新动态能力量表的效度分析

首先利用SPSS19.0软件对技术创新动态能力进行KMO样本测度和Bartlett球体检验，得到表6-17，可知KMO值为0.914>0.9，Bartlett统计值的显著性概率P为0<0.001，说明样本数据非常适合做因子分析。然后对技术创新动态能力进行因子分析，所得结果如表6-18所示。3个因子特征值分别为2.678、2.596和1.933，累计百分比为55.446%。

感知与识别技术机会的能力、整合内外部创新资源的能力和环境适应性的组织变革能力共同构成了技术创新动态能力，采用计算因子加权总分的方法，对技术创新动态能力进行综合评价，以3个因子的方差贡献率为权重，得到技术创新动态能力的计算公式为：

技术创新动态能力=0.20602×感知与识别技术机会的能力+0.19973×整合内外部创新资源的能力+0.14871×环境适应性的组织变革能力

通过以上分析可知，技术创新动态能力的维度构成和题项构成与基于文献构建的模型思路基本一致，表明量表具有良好的题项设计。

表6-17　技术创新动态能力KMO和Bartlett的检验

取样足够度的 Kaiser–Meyer–Olkin 度量		0.914
Bartlett 的球形度检验	近似卡方	1213.071
	df	78
	Sig.	0

表6-18　技术创新动态能力解释的总方差

成分	初始特征值			提取平方和载入			旋转平方和载入		
	合计	方差/%	累计/%	合计	方差/%	累计/%	合计	方差/%	累计/%
1	5.179	39.838	39.838	5.179	39.838	39.838	2.678	20.602	20.602
2	1.121	8.624	48.463	1.121	8.624	48.463	2.596	19.973	40.575
3	0.908	6.983	55.446	0.908	6.983	55.446	1.933	14.871	55.446
4	0.805	6.191	61.637						
5	0.721	5.544	67.181						
6	0.694	5.337	72.518						
7	0.597	4.591	77.109						
8	0.572	4.398	81.507						
9	0.560	4.311	85.817						
10	0.515	3.959	89.777						
11	0.493	3.791	93.567						
12	0.431	3.315	96.882						
13	0.405	3.118	100.000						

3. 技术创新绩效量表的效度分析

首先利用SPSS19.0软件对技术创新绩效进行KMO样本测度和Bartlett球体检验，得到表6-19，可知KMO值为0.800>0.7，Bartlett统计值的显著性概率P为0<0.001，说明样本数据适合做因子分析。然后对技术创新绩效进行因子分

析，所得结果如表6-20所示。发现特征值大于1的因子有2个，其特征值分别为1.699和1.364，因子的累计百分比为63.485%。这表明技术创新绩效的维度构成和题项构成分别1.699和1.364，累计百分比为76.580%。

研究开发数量和技术商品化程度共同构成了技术创新绩效，采用计算因子加权总分的方法，对技术创新绩效进行综合评价，以2个因子的方差贡献率为权重，得到技术创新绩效的计算公式为：

技术创新绩效=0.42476×研究开发数量+0.34103×技术商品化程度

通过以上分析可知，技术创新绩效的维度构成和题项构成与基于文献构建的模型思路基本一致，表明量表具有良好的题项设计。

表6-19　技术创新绩效KMO和Bartlett的检验

取样足够度的 Kaiser-Meyer-Olkin 度量		0.800
Bartlett 的球形度检验	近似卡方	377.879
	df	6
	Sig.	0

表6-20　技术创新绩效解释的总方差

成分	初始特征值			提取平方和载入			旋转平方和载入		
	合计	方差/%	累计/%	合计	方差/%	累计/%	合计	方差/%	累计/%
1	2.539	63.485	63.485	2.539	63.485	63.485	1.699	42.476	42.476
2	0.524	13.095	76.580	0.524	13.095	76.580	1.364	34.103	76.580
3	0.510	12.760	89.340						
4	0.426	10.660	100.000						

提取方法：主成分分析。

（四）相关分析

相关分析的目的是初步检查变量之间是否存在相互影响，它反映的是相互作用的可能性。通过相关分析，可以初步判断模型设置或假设是否合理，也可以根据变量相关程度决定是否做共线性检测。本文用SPSS19.0把所有变量做Pearson相关分析，见表6-21。按照Williams的分类标准，相关系数大于0.7为高度相关，介于0.4~0.7为中等相关，小于0.4为低度相关。

从表6-21可以看出，企业互补资产的4个维度和技术创新动态能力的3个维度之间具有正向并且统计上显著的相关系数，这一结果说明企业互补资产的4个维度的水平有利于企业的技术创新动态能力的提升。企业互补资产的4个维度的水平两两之间存在正向而且统计上显著的相关关系，这说明3个维度的水平之间具有相互作用，它们可能共同促进了企业的技术创新动态能力(包括感知与识别技术机会的能力、整合创新资源的能力和环境适应性的组织变革能力)。

技术创新动态能力的3个维度与技术创新绩效的2个维度之间也具有正向而且统计上显著的相关系数。这一结果说明企业互补资产的4个维度的水平有利于企业的技术创新动态能力的提升，技术创新动态能力则有利于技术创新绩效的提高。技术创新动态能力3个维度之间存在着较高的正相关，说明这些要素可能共同发生作用以提高技术创新绩效。

此外，从表6–21可以发现，企业互补资产的4个维度之间、技术创新动态能力的3个维度之间、技术创新绩效的2个维度之间也存在着较高的正相关关系，这说明各变量内部的各个维度之间并不是孤立发挥作用的，其中的1个维度会积极地影响其他维度。

综上所述，数据相关性分析的初步结果预示着本研究模型和假设之间的合理性。

表6–21　数据相关分析表

		互补物质资产	互补知识资产	互补关系资产	互补组织资产	感知与识别技术机会的能力	整合创新资源的能力	环境适应性的组织变革能力	研究开发数量	技术商品化程度
互补物质资产	Pearson相关性	1	0.711**	0.673**	0.665**	0.658**	0.706**	0.650**	0.476**	0.455**
	显著性		0	0	0	0	0	0	0	0
互补知识资产	Pearson相关性	0.711**	1	0.669**	0.631**	0.669**	0.718**	0.672**	0.614**	0.592**
	显著性	0		0	0	0	0	0	0	0
互补关系资产	Pearson相关性	0.673**	0.669**	1	0.677**	0.619**	0.745**	0.640**	0.530**	0.526**
	显著性	0	0		0	0	0	0	0	0
互补组织资产	Pearson相关性	0.665**	0.631**	0.677**	1	0.615**	0.668**	0.561**	0.527**	0.476**
	显著性	0	0	0		0	0	0	0	0

续表

		互补物质资产	互补知识资产	互补关系资产	互补组织资产	感知与识别技术机会的能力	整合创新资源的能力	环境适应性的组织变革能力	研究开发数量	技术商品化程度
感知与识别技术机会的能力	Pearson相关性	0.658**	0.669**	0.619**	0.615**	1	0.694**	0.641**	0.582**	0.478**
	显著性	0	0	0	0		0	0	0	0
整合创新资源的能力	Pearson相关性	0.706**	0.718**	0.745**	0.668**	0.694**	1	0.684**	0.610**	0.552**
	显著性	0	0	0	0	0		0	0	0
环境适应性的组织变革能力	Pearson相关性	0.650**	0.672**	0.640**	0.561**	0.641**	0.684**	1	0.535**	0.527**
	显著性	0	0	0	0	0	0		0	0
研究开发数量	Pearson相关性	0.476**	0.614**	0.530**	0.527**	0.582**	0.610**	0.535**	1	0.670**
	显著性	0	0	0	0	0	0	0		0
技术商品化程度	Pearson相关性	0.455**	0.592**	0.526**	0.476**	0.478**	0.552**	0.527**	0.670**	1
	显著性	0	0	0	0	0	0	0	0	

（五）多重共线性检验

由表6-21可知，发现各变量之间并非完全独立，而是存在着一定程度的相关性，有的变量之间还存在着高度的相关性，因此就有必要做共线性检验，以判断各变量之间是否存在共线性及其严重程度，并根据理论逻辑和模型假设确定共线性问题是否需要修正。通过多重共线性检验，可以保证正确地使用多元回归模型并得出科学的结论。在SPSS19.0统计中，一般用方差膨胀因子

(Variance Inflation Factor, VIF)指数来衡量变量之间是否存在多重共线性，经验判断方法表明：当0<VIF<10，变量之间不存在多重共线性；当10<VIF<100，则变量之间存在较强的多重共线性；当VIF>100，则变量之间存在严重的多重共线性。

通过对变量进行回归分析，得到表6-22。由表6-22可知，企业互补资产、技术创新动态能力和技术创新绩效的各维度的方差膨胀因子（VIF）均小于10，因此可以认为，这些变量之间不存在严重的多重共线性。

表6-22　各变量回归分析

模型		非标准化系数		标准系数			共线性统计量	
		B	标准误差	试用版	t	Sig.	容差	VIF
1	(常量)	0.201	0.822		0.245	0.807		
	互补物质资产	–0.058	0.043	–0.104	–1.362	0.174	0.336	2.976
	互补知识资产	0.156	0.035	0.338	4.480	0	0.344	2.904
	互补关系资产	0.069	0.041	0.127	1.703	0.090	0.352	2.844
	互补组织资产	0.057	0.047	0.083	1.217	0.224	0.425	2.353
	感知与识别技术机会的能力	0.022	0.045	0.035	0.497	0.620	0.396	2.524
	整合创新资源的能力	0.068	0.039	0.152	1.762	0.079	0.263	3.796
	环境适应性的组织变革能力	0.125	0.051	0.181	2.440	0.015	0.356	2.808

因变量：企业技术创新绩效。

六、互补资产与技术创新绩效间关系实证分析

（一）互补资产与技术创新绩效的关系分析

以技术创新绩效为因变量，以互补资产为自变量，进行回归分析，得到结果如表6-23所示：模型中互补资产t检验的显著性概率为0<0.05，互补资产进入回归模型。因此，互补资产对技术创新绩效有显著的正向作用，且回归系数为0.197。因此，假设H4成立。

表6-23　互补资产与技术创新绩效回归分析

模型		非标准化系数		标准系数	t	Sig.	调整R方	F值
		B	标准误差	Beta				
1	(常量)	-0.639	1.403		-0.456	0.649	0.443	245.464
	互补资产	0.197	0.013	0.667	15.667	0		

因变量：企业技术创新绩效。

（二）各变量维度之间的关系分析

1. 互补资产各维度与研究开发数量关系分析

以研究开发数量为因变量，以互补物质资产、互补知识资产、互补关系资产和互补组织资产为自变量，分别进行回归分析，得到结果如表6-24所示：模型中互补物质资产t检验的显著性概率为0<0.05，互补物质资产应该进入回归模型。这说明，互补物质资产对研究开发数量有显著的正向作用，因此，假设H4.1成立。互补知识资产t检验的显著性概率为0<0.05，互补知识资产应该进入回归模型。这说明，互补知识资产对研究开发数量有显著的正向作用，因此，假设H4.2成立。互补关系资产t检验的显著性概率为0<0.05，互补关系资产应该进入回归模型。这说明，互补关系资产对研究开发数量有显著的正向作用，因此，假设H4.3成立。互补组织资产t检验的显著性概率为0<0.05，互补组织资产应该进入回归模型。这说明，互补组织资产对研究开发数量有显著的正向作用，因此，假设H4.4成立。

表6-24　互补资产各维度与研究开发数量回归系数

模型		非标准化系数		标准系数	t	Sig.	调整R方	F值
		B	标准误差	Beta				
1	(常量)	2.623	0.823		3.186	0.002	0.224	89.844
	互补物质资产	0.274	0.029	0.476	9.479	0		
2	(常量)	0.813	0.709		1.147	0.252	0.375	185.120
	互补知识资产	0.291	0.021	0.614	13.606	0		
3	(常量)	2.109	0.761		2.770	0.006	0.279	119.809
	互补关系资产	0.297	0.027	0.530	10.946	0		
4	(常量)	2.101	0.768		2.736	0.007	0.276	117.853
	互补组织资产	0.374	0.034	0.527	10.856	0		

因变量：研究开发数量。

2. 互补资产各维度与技术商品化程度关系分析

以技术商品化程度为因变量，以互补物质资产、互补知识资产、互补关系资产和互补组织资产为自变量，分别进行回归分析，得到结果如表6-25所示：模型中常数项t检验的显著性概率为0<0.05，说明常数项与0存在显著性差异，常数项应该进入回归模型；互补物质资产t检验的显著性概率为0<0.05，互补物质资产应该进入回归模型。这说明，互补物质资产对技术商品化程度有显著的正向作用，因此，假设H4.5成立。互补知识资产t检验的显著性概率为0<0.05，互补知识资产应该进入回归模型。这说明，互补知识资产对技术商品化程度有显著的正向作用，因此，假设H4.6成立。互补关系资产t检验的显著性概率为0<0.05，互补关系资产应该进入回归模型。这说明，互补关系资产对技术商品化程度有显著的正向作用，因此，假设H4.7成立。互补组织资产t检验的显著性概率为0<0.05，互补组织资产应该进入回归模型。这说明，互补组织资产对技术商品化程度有显著的正向作用，因此，假设H4.8成立。

表6-25　互补资产各子维度与技术商品化程度回归分析

模型		非标准化系数		标准系数	t	Sig.	调整R方	F值
		B	标准误差	Beta				
1	(常量)	3.607	0.815		4.425	0	0.204	79.762
	互补物质资产	0.255	0.029	0.455	8.931	0		
2	(常量)	5.692	1.071		5.316	0	0.349	165.444
	互补知识资产	0.574	0.038	0.658	15.291	0		
3	(常量)	2.828	0.746		3.789	0	0.274	117.043
	互补关系资产	0.288	0.027	0.526	10.819	0		
4	(常量)	3.535	0.777		4.550	0	0.224	89.741
	互补组织资产	0.330	0.035	0.476	9.473	0		

因变量：技术商品化程度。

七、技术创新动态能力的中介效应检验

（一）技术创新动态能力对互补资产和技术创新绩效的中介效应检验

以技术创新绩效为因变量，以技术创新动态能力和互补资产为自变量，进行回归分析，得到结果如表6-26所示：模型中常数项t检验的显著性概率为

0.237>0.05，说明常数项与0不存在显著性差异，常数项不应该进入回归模型；互补资产和技术创新动态能力t检验的显著性概率为0<0.05。技术创新动态能力对互补资产和技术创新绩效的中介效应显著，因此，假设H5成立。

结合本节“六、互补资产与技术创新绩效间关系实证分析”的“（一）互补资产与技术创新绩效的关系分析”的分析，可知：0.091<0.197，且不等于0，因此技术创新动态能力对互补资产与技术创新绩效的中介效应是部分中介效应。

表6-26 技术创新动态能力对互补资产和技术创新绩效的中介效应回归分析

模型		非标准化系数		标准系数	t	Sig.	调整R方	F值
		B	标准误差	Beta				
1	(常量)	0.244	1.299	0.681	0.188	0.851	0.462	264.151
	企业技术创新动态能力	0.271	0.017		16.253	0		
2	(常量)	−1.617	1.365		−1.184	0.237	0.484	144.748
	企业技术创新动态能力	0.164	0.033	0.412	4.988	0		
	企业互补资产	0.091	0.024	0.310	3.750	0		

因变量：企业技术创新绩效。

（二）各变量维度之间的中介效应检验

1. 感知与识别技术机会的能力对互补物质资产与研究开发数量的中介效应检验

以研究开发数量为因变量，以感知与识别技术机会的能力和互补物质资产为自变量，进行回归分析，得到结果如表6-27所示：模型中常数项t检验的显著性概率为0.282>0.05，说明常数项与0不存在显著性差异，常数项不应该进入回归模型；感知与识别技术机会的能力t检验的显著性概率为0<0.05；互补物质资产t检验的显著性概率为0.007<0.05。这说明，感知与识别技术机会的能力对互补物质资产与研究开发数量的中介效应显著，因此，假设H5.1成立。

并且，结合表6-24可知：0.095<0.274，且不等于0，因此，感知与识别技术机会的能力对互补物质资产与研究开发数量的中介效应是部分中介效应。

表6–27 感知与识别技术机会的能力对互补物质资产与研究开发数量的中介效应回归分析

模型		非标准化系数		标准系数	t	Sig.	调整R方	F值
		B	标准误差	Beta				
1	(常量)	0.850	0.788		1.078	0.282	0.350	85.522
	互补物质资产	0.095	0.035	0.165	2.699	0.007		
	感知与识别技术机会的能力	0.312	0.400	0.473	7.740	0		

因变量：研究开发数量。

2. 感知与识别技术机会的能力对互补知识资产与研究开发数量的中介效应检验

以研究开发数量为因变量，以感知与识别技术机会的能力和互补知识资产为自变量，进行回归分析，得到结果如表6–28所示：模型中常数项t检验的显著性概率为0.543>0.05，说明常数项与0不存在显著性差异，常数项不应该进入回归模型；感知与识别技术机会的能力t检验的显著性概率为0<0.05；互补知识资产t检验的显著性概率为0<0.05。这说明，感知与识别技术机会的能力对互补知识资产与研究开发数量的中介效应显著，因此，假设H5.2成立。

并且，结合表6–24可知：0.193<0.291，且不等于0，因此，感知与识别技术机会的能力对互补知识资产与研究开发数量的中介效应是部分中介效应。

表6–28 感知与识别技术机会的能力对互补知识资产与研究开发数量的中介效应回归分析

模型		非标准化系数		标准系数	t	Sig.	调整R方	F值
		B	标准误差	Beta				
1	(常量)	–0.438	0.718		–0.610	0.543	0.426	115.030
	感知与识别技术机会的能力	0.204	0.038	0.310	5.327	0		
	互补知识资产	0.193	0.028	0.407	6.998	0		

因变量：研究开发数量。

3. 感知与识别技术机会的能力对互补关系资产与研究开发数量的中介效应检验

以研究开发数量为因变量，以感知与识别技术机会的能力和互补关系资产为自变量，进行回归分析，得到结果如表6–29所示：模型中常数项t检验的显著性概率为0.861>0.05，说明常数项与0不存在显著性差异，常数项不应该进入回归模型；感知与识别技术机会的能力t检验的显著性概率为0<0.05；互补关系资产t检验的显著性概率为0<0.05。这说明，感知与识别技术机会的能力对互补关系资产与研究开发数量的中介效应显著，因此，假设H5.3成立。

并且，结合表6-24可知：0.155<0.297，且不等于0，因此，感知与识别技术机会的能力对互补关系资产与研究开发数量的中介效应是部分中介效应。

表6-29 感知与识别技术机会的能力对互补关系资产与研究开发数量的中介效应回归分析

模型		非标准化系数		标准系数	t	Sig.	调整R方	F值
		B	标准误差	Beta				
1	(常量)	0.133	0.757		0.175	0.861	0.381	95.677
	感知与识别技术机会的能力	0.271	0.038	0.411	7.190	0		
	互补关系资产	0.155	0.032	0.276	4.834	0		

因变量：研究开发数量。

4. 感知与识别技术机会的能力对互补组织资产与研究开发数量的中介效应检验

以研究开发数量为因变量，以感知与识别技术机会的能力和互补组织资产为自变量，进行回归分析，得到结果如表6-30所示：模型中常数项t检验的显著性概率为0.884>0.05，说明常数项与0不存在显著性差异，常数项不应该进入回归模型；感知与识别技术机会的能力t检验的显著性概率为0<0.05；互补组织资产t检验的显著性概率为0<0.05。这说明，感知与识别技术机会的能力对互补组织资产与研究开发数量的中介效应显著，因此，假设H5.4成立。

并且，结合表6-24可知：0.193<0.374，且不等于0，因此，感知与识别技术机会的能力对互补组织资产与研究开发数量的中介效应是部分中介效应。

表6-30　感知与识别技术机会的能力对互补组织资产与研究开发数量的中介效应回归分析

模型		非标准化系数		标准系数	t	Sig.	调整R方	F值
		B	标准误差	Beta				
1	(常量)	0.111	0.761		0.146	0.884	0.381	95.345
	感知与识别技术机会的能力	0.273	0.038	0.414	7.271	0		
	互补组织资产	0.193	0.040	0.273	4.789	0		

因变量：研究开发数量。

5. 感知与识别技术机会的能力对互补物质资产与技术商品化程度的中介效应检验

以技术商品化程度为因变量，以感知与识别技术机会的能力和互补物质资产为自变量，进行回归分析，得到结果如表6-31所示：模型中常数项t检验的显著性概率为0.003<0.05，说明常数项与0不存在显著性差异，常数项不应该进入回归模型；感知与识别技术机会的能力t检验的显著性概率为0<0.05；互补物质资产t检验的显著性概率为0<0.05。这说明，感知与识别技术机会的能力对互补物质资产与技术商品化程度的中介效应显著，因此，假设H5.5成立。

并且，结合表6-25可知：0.139<0.255，且不等于0，因此，感知与识别技术机会的能力对互补物质资产与技术商品化程度的中介效应是部分中介效应。

表6-31　感知与识别技术机会的能力对互补物质资产与技术商品化程度的中介效应回归分析

模型		非标准化系数		标准系数	t	Sig.	调整R方	F值
		B	标准误差	Beta				
1	(常量)	2.450	0.822		2.979	0.003	0.259	54.529
	感知与识别技术机会的能力	0.203	0.042	0.316	4.842	0		
	互补物质资产	0.139	0.037	0.247	3.780	0		

因变量：技术商品化程度。

6. 感知与识别技术机会的能力对互补知识资产与技术商品化程度的中介效应检验

以技术商品化程度为因变量，以感知与识别技术机会的能力和互补知识资产为自变量，进行回归分析，得到结果如表6-32所示：模型中常数项t检验的显著性概率为0.097>0.05，说明常数项与0不存在显著性差异，常数项不应该进入回归模型；感知与识别技术机会的能力t检验的显著性概率为0.016<0.05；互补知识资产t检验的显著性概率为0<0.05。这说明，感知与识别技术机会的能力对互补知识资产与技术商品化程度的中介效应显著，因此，假设H5.6成立。

并且，结合表6–25可知：0.228<0.574，且不等于0，因此，感知与识别技术机会的能力对互补知识资产与技术商品化程度的中介效应是部分中介效应。

表6–32 感知与识别技术机会的能力对互补知识资产与技术商品化程度的中介效应回归分析

模型		非标准化系数		标准系数	t	Sig.	调整R方	F值
		B	标准误差	Beta				
1	(常量)	1.234	0.742		1.663	0.097	0.359	86.974
	感知与识别技术机会的能力	0.096	0.040	0.149	2.423	0.016		
	互补知识资产	0.228	0.028	0.493	8.020	0		

因变量：技术商品化程度。

7. 感知与识别技术机会的能力对互补关系资产与技术商品化程度的中介效应检验

以技术商品化程度为因变量，以感知与识别技术机会的能力和互补关系资产为自变量，进行回归分析，得到结果如表6–33所示：模型中常数项t检验的显著性概率为0.034<0.05，说明常数项与0不存在显著性差异，常数项不应该进入回归模型；感知与识别技术机会的能力t检验的显著性概率为0<0.05；互补关系资产t检验的显著性概率为0<0.05。这说明，感知与识别技术机会的能力对互补关系资产与技术商品化程度的中介效应显著，因此，假设H5.7成立。

并且，结合表6–25可知：0.204<0.288，且不等于0，因此，感知与识别技术机会的能力对互补关系资产与技术商品化程度的中介效应是部分中介效应。

表6-33 感知与识别技术机会的能力对互补关系资产与技术商品化程度的中介效应回归分析

模型		非标准化系数		标准系数	t	Sig.	调整R方	F值
		B	标准误差	Beta				
1	(常量)	1.663	0.781		2.129	0.034	0.310	69.988
	感知与识别技术机会的能力	0.159	0.039	0.248	4.107	0		
	互补关系资产	0.204	0.033	0.373	6.175	0		

因变量：技术商品化程度。

8. 感知与识别技术机会的能力对互补组织资产与技术商品化程度的中介效应检验

以技术商品化程度为因变量，以感知与识别技术机会的能力和互补组织资产为自变量，进行回归分析，得到结果如表6-34所示：模型中常数项t检验的显著性概率为0.008<0.05，说明常数项与0存在显著性差异，常数项应该进入回归模型；感知与识别技术机会的能力t检验的显著性概率为0<0.05；互补组织资产t检验的显著性概率为0<0.05。这说明，感知与识别技术机会的能力对互补组织资产与技术商品化程度的中介效应显著，因此，假设H5.8成立。

并且，结合本节和表6-25可知：0.203<0.330，且不等于0，因此，感知与识别技术机会的能力对互补组织资产与技术商品化程度的中介效应是部分中介效应。

表6-34 感知与识别技术机会的能力对互补组织资产与技术商品化程度的中介效应回归分析

模型		非标准化系数		标准系数	t	Sig.	调整R方	F值
		B	标准误差	Beta				
1	(常量)	2.133	0.803		2.655	0.008	0.277	59.946
	感知与识别技术机会的能力	0.192	0.040	0.298	4.852	0		
	互补组织资产	0.203	0.043	0.293	4.758	0		

因变量：技术商品化程度。

9. 整合创新资源的能力对互补物质资产与研究开发数量的中介效应检验

以研究开发数量为因变量，以整合创新资源的能力和互补物质资产为自变量，进行回归分析，得到结果如表6-35所示：模型中常数项t检验的显著性概率为0.492>0.05，说明常数项与0不存在显著性差异，常数项不应该进入回归模型；整合创新资源的能力t检验的显著性概率为0<0.05；互补物质资产t检验的显著性概率为0.153>0.05。这说明，整合创新资源的能力对互补物质资产与研究开发数量的中介效应不显著，因此，假设H5.9不成立。

表6-35　整合创新资源的能力对互补物质资产与研究开发数量的中介效应回归分析

模型		非标准化系数		标准系数	t	Sig.	调整R方	F值
		B	标准误差	Beta				
1	(常量)	0.537	0.781		0.688	0.492	0.372	91.769
	整合创新资源的能力	0.251	0.029	0.545	8.524	0		
	互补物质资产	0.053	0.037	0.092	1.432	0.153		

因变量：研究开发数量。

10. 整合创新资源的能力对互补知识资产与研究开发数量的中介效应检验

以研究开发数量为因变量，以整合创新资源的能力和互补知识资产为自变量，进行回归分析，得到结果如表6-36所示：模型中常数项t检验的显著性概率为0.387>0.05，说明常数项与0不存在显著性差异，常数项不应该进入回归模型；整合创新资源的能力t检验的显著性概率为0<0.05；互补知识资产t检验的显著性概率为0<0.05。这说明，整合创新资源的能力对互补知识资产与研究开发数量的中介效应显著，因此，假设H5.10成立。

并且，结合表6-24可知：0.172<0.291，且不等于0，因此，整合创新资源的能力对互补知识资产与研究开发数量的中介效应是部分中介效应。

表6-36　整合创新资源的能力对互补知识资产与研究开发数量的中介效应回归分析

模型		非标准化系数		标准系数	t	Sig.	调整R方	F值
		B	标准误差	Beta				
1	(常量)	–0.626	0.722		–0.866	0.387	0.432	117.709
	整合创新资源的能力	0.161	0.029	0.348	5.632	0		
	互补知识资产	0.172	0.029	0.364	5.887	0		

因变量：研究开发数量。

11. 整合创新资源的能力对互补关系资产与研究开发数量的中介效应检验

以研究开发数量为因变量，以整合创新资源的能力和互补关系资产为自变量，进行回归分析，得到结果如表6-37所示：模型中常数项t检验的显著性概率为0.670>0.05，说明常数项与0不存在显著性差异，常数项不应该进入回归模型；整合创新资源的能力t检验的显著性概率为0<0.05；互补关系资产t检验的显著性概率为0.011<0.05。这说明，整合创新资源的能力对互补关系资产与研究开发数量的中介效应显著，因此，假设H5.11成立。

并且，结合表6-24可知：0.096<0.297，且不等于0，因此，整合创新资源的能力对互补关系资产与研究开发数量的中介效应是部分中介效应。

表6-37　整合创新资源的能力对互补关系资产与研究开发数量的中介效应回归分析

模型		非标准化系数		标准系数	t	Sig.	调整R方	F值
		B	标准误差	Beta				
1	(常量)	0.319	0.749		0.427	0.670	0.381	95.326
	整合创新资源的能力	0.222	0.031	0.482	7.155	0		
	互补关系资产	0.096	0.038	0.172	2.554	0.011		

因变量：研究开发数量。

12. 整合创新资源的能力对互补组织资产与研究开发数量的中介效应检验

以研究开发数量为因变量，以整合创新资源的能力和互补组织资产为自变量，进行回归分析，得到结果如表6-38所示：模型中常数项t检验的显著性概率为0.844>0.05，说明常数项与0不存在显著性差异，常数项不应该进入回归模型；整合创新资源的能力t检验的显著性概率为0<0.05；互补组织资产t检验的显著性概率为0<0.05。这说明，整合创新资源的能力对互补组织资产与研究开发数量的中介效应显著，因此，假设H5.12成立。

并且，结合表6-24可知：0.154<0.374，且不等于0，因此，整合创新资源的能力对互补组织资产与研究开发数量的中介效应是部分中介效应。

表6-38　整合创新资源的能力对互补组织资产与研究开发数量的中介效应回归分析

模型		非标准化系数		标准系数	t	Sig.	调整R方	F值
		B	标准误差	Beta				
1	(常量)	–0.149	0.760		–0.196	0.844	0.394	100.680
	整合创新资源的能力	0.214	0.028	0.464	7.782	0		
	互补组织资产	0.154	0.042	0.217	3.640	0		

因变量：研究开发数量。

13. 整合创新资源的能力对互补物质资产与技术商品化程度的中介效应检验

以技术商品化程度为因变量，以整合创新资源的能力和互补物质资产为自变量，进行回归分析，得到结果如表6–39所示：模型中常数项t检验的显著性概率为0.019<0.05，说明常数项与0存在显著性差异，常数项应该进入回归模型；整合创新资源的能力t检验的显著性概率为0<0.05；互补物质资产t检验的显著性概率为0.056>0.05。这说明，整合创新资源的能力对互补物质资产与技术商品化程度的中介效应不显著，因此，假设H5.13不成立。

表6-39　整合创新资源的能力对互补物质资产与技术商品化程度的中介效应回归分析

模型		非标准化系数		标准系数	t	Sig.	调整R方	F值
		B	标准误差	Beta				
1	(常量)	1.881	0.800		2.352	0.019	0.309	69.600
	整合创新资源的能力	0.208	0.030	0.461	6.881	0		
	互补物质资产	0.072	0.038	0.129	1.922	0.056		

因变量：技术商品化程度。

14. 整合创新资源的能力对互补知识资产与技术商品化程度的中介效应检验

以技术商品化程度为因变量，以整合创新资源的能力和互补知识资产为自变量，进行回归分析，得到结果如表6–40所示：模型中常数项t检验的显著性概率为0.301>0.05，说明常数项与0不存在显著性差异，常数项不应该进入回归模型；整合创新资源的能力t检验的显著性概率为0<0.05；互补知识资产t检验

的显著性概率为0<0.05。这说明，整合创新资源的能力对互补知识资产与技术商品化程度的中介效应显著，因此，假设H5.14成立。

并且，结合表6–25可知：0.187<0.574，且不等于0，因此，整合创新资源的能力对互补知识资产与技术商品化程度的中介效应是部分中介效应。

表6–40　整合创新资源的能力对互补知识资产与技术商品化程度的中介效应回归分析

模型		非标准化系数		标准系数	t	Sig.	调整R方	F值
		B	标准误差	Beta				
1	(常量)	0.763	0.737		1.035	0.301	0.380	95.135
	整合创新资源的能力	0.118	0.029	0.262	4.058	0		
	互补知识资产	0.187	0.030	0.404	6.260	0		

因变量：技术商品化程度。

15. 整合创新资源的能力对互补关系资产与技术商品化程度的中介效应检验

以技术商品化程度为因变量，以整合创新资源的能力和互补关系资产为自变量，进行回归分析，得到结果如表6–41所示：模型中常数项t检验的显著性概率为0.047<0.05，说明常数项与0不存在显著性差异，常数项不应该进入回归模型；整合创新资源的能力t检验的显著性概率为0<0.05；互补关系资产t检验的显著性概率为0<0.05。这说明，整合创新资源的能力对互补关系资产与技术商品化程度的中介效应显著，因此，假设H5.15成立。

并且，结合表6–25可知：0.141<0.288，且不等于0，因此，整合创新资源的能力对互补关系资产与技术商品化程度的中介效应是部分中介效应。

表6–41　整合创新资源的能力对互补关系资产与技术商品化程度的中介效应回归分析

模型		非标准化系数		标准系数	t	Sig.	调整R方	F值
		B	标准误差	Beta				
1	(常量)	1.518	0.761		1.996	0.047	0.330	76.681
	整合创新资源的能力	0.163	0.032	0.361	5.152	0		
	互补关系资产	0.141	0.038	0.257	3.679	0		

因变量：技术商品化程度。

16. 整合创新资源的能力对互补组织资产与技术商品化程度的中介效应检验

以技术商品化程度为因变量，以整合创新资源的能力和互补组织资产为自变量，进行回归分析，得到结果如表6-42所示：模型中常数项t检验的显著性概率为0.052>0.05，说明常数项与0不存在显著性差异，常数项不应该进入回归模型；整合创新资源的能力t检验的显著性概率为0<0.05；互补组织资产t检验的显著性概率为0.002<0.05。这说明，整合创新资源的能力对互补组织资产与技术商品化程度的中介效应显著，因此，假设H5.16成立。

并且，结合表6-25可知：0.134<0.330，且不等于0，因此，整合创新资源的能力对互补组织资产与技术商品化程度的中介效应是部分中介效应。

表6-42 整合创新资源的能力对互补组织资产与技术商品化程度的中介效应回归分析

模型		非标准化系数		标准系数	t	Sig.	调整R方	F值
		B	标准误差	Beta				
1	(常量)	1.533	0.786		1.951	0.052	0.321	73.729
	整合创新资源的能力	0.191	0.028	0.423	6.697	0		
	互补组织资产	0.134	0.044	0.194	3.072	0.002		

因变量：技术商品化程度。

17. 环境适应性的组织变革能力对互补物质资产与研究开发数量的中介效应检验

以研究开发数量为因变量，以环境适应性的组织变革能力和互补物质资产为自变量，进行回归分析，得到结果如表6-43所示：模型中常数项t检验的显著性概率为0.432>0.05，说明常数项与0不存在显著性差异，常数项不应该进入回归模型；环境适应性的组织变革能力t检验的显著性概率为0<0.05；互补物质资产t检验的显著性概率为0<0.05。这说明，环境适应性的组织变革能力对互补物质资产与研究开发数量的中介效应显著，因此，假设H5.17成立。

并且，结合表6-24可知：0.128<0.274，且不等于0，因此，环境适应性的组织变革能力对互补物质资产与研究开发数量的中介效应是部分中介效应。

表6-43　环境适应性的组织变革能力对互补物质资产与研究开发数量的中介效应回归分析

模型		非标准化系数		标准系数	t	Sig.	调整R方	F值
		B	标准误差	试用版				
1	(常量)	0.659	0.837		0.787	0.432	0.309	69.600
	环境适应性的组织变革能力	0.275	0.044	0.390	6.261	0		
	互补物质资产	0.128	0.036	0.223	3.568	0		

因变量：研究开发数量。

18. 环境适应性的组织变革能力对互补知识资产与研究开发数量的中介效应检验

以研究开发数量为因变量，以环境适应性的组织变革能力和互补知识资产为自变量，进行回归分析，得到结果如表6-44所示：模型中常数项t检验的显著性概率为0.656>0.05，说明常数项与0不存在显著性差异，常数项不应该进入回归模型；环境适应性的组织变革能力t检验的显著性概率为0<0.05；互补知识资产t检验的显著性概率为0<0.05。这说明，环境适应性的组织变革能力对互补知识资产与研究开发数量的中介效应显著，因此，假设H5.18成立。

并且，结合表6-24可知：0.220<0.291，且不等于0，因此，环境适应性的组织变革能力对互补知识资产与研究开发数量的中介效应是部分中介效应。

表6-44　环境适应性的组织变革能力对互补知识资产与研究开发数量的中介效应回归分析

模型		非标准化系数		标准系数	t	Sig.	调整R方	F值
		B	标准误差	试用版				
1	(常量)	-0.338	0.759		-0.445	0.656	0.400	103.546
	环境适应性的组织变革能力	0.158	0.042	0.224	3.751	0		
	互补知识资产	0.220	0.028	0.464	7.773	0		

因变量：研究开发数量。

19. 环境适应性的组织变革能力对互补关系资产与研究开发数量的中介效应检验

以研究开发数量为因变量，以环境适应性的组织变革能力和互补关系资产为自变量，进行回归分析，得到结果如表6-45所示：模型中常数项t检验的显著性概率为0.762>0.05，说明常数项与0不存在显著性差异，常数项不应该进入回归模型；环境适应性的组织变革能力t检验的显著性概率为0<0.05；互补关系资产t检验的显著性概率为0<0.05。这说明，环境适应性的组织变革能力对互补关系资产与研究开发数量的中介效应显著，因此，假设H5.19成立。

并且，结合表6-24可知：0.178<0.297，且不等于0，因此，环境适应性的组织变革能力对互补关系资产与研究开发数量的中介效应是部分中介效应。

表6-45　境适应性的组织变革能力对互补关系资产与研究开发数量的中介效应分析

模型		非标准化系数		标准系数	t	Sig.	调整R方	F值
		B	标准误差	试用版				
1	(常量)	0.243	0.802		0.303	0.762	0.342	80.751
	环境适应性的组织变革能力	0.234	0.043	0.331	5.499	0		
	互补关系资产	0.178	0.034	0.318	5.281	0		

因变量：研究开发数量。

20. 环境适应性的组织变革能力对互补组织资产与研究开发数量的中介效应检验

以研究开发数量为因变量，以环境适应性的组织变革能力和互补组织资产为自变量，进行回归分析，得到结果如表6-46所示：模型中常数项t检验的显著性概率为0.734>0.05，说明常数项与0不存在显著性差异，常数项不应该进入回归模型；环境适应性的组织变革能力t检验的显著性概率为0<0.05；互补组织资产t检验的显著性概率为0<0.05。这说明，环境适应性的组织变革能力对互补组织资产与研究开发数量的中介效应显著，因此，假设H5.20成立。

并且，结合表6-24可知：0.235<0.374，且不等于0，因此，环境适应性的组织变革能力对互补组织资产与研究开发数量的中介效应是部分中介效应。

表6-46 环境适应性的组织变革能力对互补组织资产与研究开发数量的中介效应回归分析

模型		非标准化系数		标准系数	t	Sig.	调整R方	F值
		B	标准误差	试用版				
1	(常量)	−0.278	0.815		−0.341	0.734	0.358	86.440
	环境适应性的组织变革能力	0.246	0.039	0.349	6.325	0		
	互补组织资产	0.235	0.039	0.331	6.001	0		

因变量：研究开发数量。

21. 环境适应性的组织变革能力对互补物质资产与技术商品化程度的中介效应检验

以技术商品化程度为因变量，以环境适应性的组织变革能力和互补物质资产为自变量，进行回归分析，得到结果如表6–47所示：模型中常数项t检验的显著性概率为0.049<0.05，说明常数项与0不存在显著性差异，常数项不应该进入回归模型；环境适应性的组织变革能力t检验的显著性概率为0<0.05；互补物质资产t检验的显著性概率为0.002<0.05。这说明，环境适应性的组织变革能力对互补物质资产与技术商品化程度的中介效应显著，因此，假设H5.21成立。

并且，结合表6–25可知：0.109<0.255，且不等于0，因此，环境适应性的组织变革能力对互补物质资产与技术商品化程度的中介效应是部分中介效应。

表6-47 环境适应性的组织变革能力对互补物质资产与技术商品化程度的中介效应回归分析

模型		非标准化系数		标准系数	t	Sig.	调整R方	F值
		B	标准误差	试用版				
1	(常量)	1.635	0.828		1.976	0.049	0.295	65.258
	环境适应性的组织变革能力	0.277	0.043	0.401	6.361	0		
	互补物质资产	0.109	0.035	0.194	3.075	0.002		

因变量：技术商品化程度。

22. 环境适应性的组织变革能力对互补知识资产与技术商品化程度的中介效应检验

以技术商品化程度为因变量，以环境适应性的组织变革能力和互补知识资产为自变量，进行回归分析，得到结果如表6–48所示：模型中常数项t检验的显著性概率为0.400>0.05，说明常数项与0不存在显著性差异，常数项不应该进入回归模型；环境适应性的组织变革能力t检验的显著性概率为0<0.05；互补知识资产t检验的显著性概率为0<0.05。这说明，环境适应性的组织变革能力对互补知识资产与技术商品化程度的中介效应显著，因此，假设H5.22成立。

并且，结合表6–25可知：0.201<0.574，且不等于0，因此，环境适应性的组织变革能力对互补知识资产与技术商品化程度的中介效应是部分中介效应。

表6–48　环境适应性的组织变革能力对互补知识资产与技术商品化程度的中介效应回归分析

模型		非标准化系数		标准系数	t	Sig.	调整R方	F值
		B	标准误差	试用版				
1	(常量)	0.637	0.756		0.843	0.400	0.400	103.546
	环境适应性的组织变革能力	0.162	0.042	0.236	3.876	0		
	互补知识资产	0.201	0.028	0.434	7.141	0		

因变量：技术商品化程度。

23. 环境适应性的组织变革能力对互补关系资产与技术商品化程度的中介效应检验

以技术商品化程度为因变量，以环境适应性的组织变革能力和互补关系资产为自变量，进行回归分析，得到结果如表6–49所示：模型中常数项t检验的显著性概率为0.184>0.05，说明常数项与0不存在显著性差异，常数项不应该进入回归模型；环境适应性的组织变革能力t检验的显著性概率为0<0.05；互补关系资产t检验的显著性概率为0<0.05。这说明，环境适应性的组织变革能力对互补关系资产与技术商品化程度的中介效应显著，因此，假设H5.23成立。

并且，结合表6–25可知：0.175<0.288，且不等于0，因此，环境适应性的组织变革能力对互补关系资产与技术商品化程度的中介效应是部分中介效应。

表6-49　环境适应性的组织变革能力对互补关系资产与技术商品化程度的中介效应回归分析

模型		非标准化系数		标准系数	t	Sig.	调整R方	F值
		B	标准误差	试用版				
1	(常量)	1.052	0.789		1.333	0.184	0.334	77.921
	环境适应性的组织变革能力	0.223	0.042	0.323	5.324	0		
	互补关系资产	0.175	0.033	0.319	5.267	0		

因变量：技术商品化程度。

24. 环境适应性的组织变革能力对互补组织资产与技术商品化程度的中介效应检验

以技术商品化程度为因变量，以环境适应性的组织变革能力和互补组织资产为自变量，进行回归分析，得到结果如表6-50所示：模型中常数项t检验的显著性概率为0.219>0.05，说明常数项与0不存在显著性差异，常数项不应该进入回归模型；环境适应性的组织变革能力t检验的显著性概率为0<0.05；互补组织资产t检验的显著性概率为0<0.05。这说明，环境适应性的组织变革能力对互补组织资产与技术商品化程度的中介效应显著，因此，假设H5.24成立。

并且，结合表6-25可知：0.182<0.330，且不等于0，因此，环境适应性的组织变革能力对互补组织资产与技术商品化程度的中介效应是部分中介效应。

表6-50　环境适应性的组织变革能力对互补组织资产与技术商品化程度的中介效应回归分析

模型		非标准化系数		标准系数	t	Sig.	调整R方	F值
		B	标准误差	试用版				
1	(常量)	1.009	0.819		1.232	0.219	0.321	73.618
	环境适应性的组织变革能力	0.262	0.039	0.380	6.685	0		
	互补组织资产	0.182	0.039	0.263	4.640	0		

因变量：技术商品化程度。

综合以上分析可得假设检验结果如表6-51所示。

表6-51　本研究假设检验总结

假设	检验结果	假设	检验结果	假设	检验结果	假设	检验结果
H4	支持	H5	支持	H5.9	不支持	H5.18	支持
H4.1	支持	H5.1	支持	H5.10	支持	H5.19	支持
H4.2	支持	H5.2	支持	H5.11	支持	H5.20	支持
H4.3	支持	H5.3	支持	H5.12	支持	H5.21	支持
H4.4	支持	H5.3	支持	H5.13	不支持	H5.22	支持
H4.5	支持	H5.5	支持	H5.14	支持	H5.23	支持
H4.6	支持	H5.6	支持	H5.15	支持	H5.24	支持
H4.7	支持	H5.7	支持	H5.16	支持		
H4.8	支持	H5.8	支持	H5.17	支持		

资料来源：笔者整理而得。

附录

互补资产、企业技术创新动态能力与技术创新绩效关系研究调查问卷

尊敬的女士/先生：

您好！

首先感谢您在百忙之中抽出时间填写这份问卷。这是一份学术性研究问卷，主要目的是探讨企业在快速变化的环境下，互补资产与企业技术创新动态能力以及技术创新绩效之间的关系。

本次问卷由企业中高层管理人员填写。本问卷所得的全部资料仅供学术研究之用，调查完全匿名，您所填写的所有信息我们都将严格保密。请您根据自己企业的实际情况放心填写，尽可能地客观回答。您的回答对我们的研究非常重要，衷心感谢您的参与！

祝您工作顺利，万事如意！

第一部分 基本信息

1. 企业产权性质________。

□国有 □民营 □三资——外资控股 □三资——内资控股

□集体 □其他

2.企业所属行业________。

□电子电气 □机械 □医药 □冶金 □新材料 □化工

□软件与通信 □汽车 □能源 □交通运输 □其他（请注明）

3.企业成立年限为________。

□5年以下 □5~10年 □11~20年 □21~30年 □30年以上

4.企业员工规模________。

□50人以下 □51~100人 □101~500人 □501~1000人 □1000人以上

5.企业近两年年均销售总额约为________元人民币。

□<100万 □100万~300万 □300万~1000万 □1000万~3000万 □3000万~1亿

□1亿~3亿 □3亿~10亿 □10亿~50亿 □50亿~100亿 □100亿以上

6.企业研发费用占销售额比重为________%。

第二部分　企业互补资产情况调查（请根据您所在企业的实际情况，在最为接近的数字上打“√”）

序号	题项	极不同意	不同意	稍不同意	不确定	稍微同意	同意	非常同意
		1	2	3	4	5	6	7
7	本企业拥有满足产品生产的各种通用机器设备							
8	本企业拥有满足特定产品生产的专用机器设备							
9	本企业建立了完善的营销渠道和销售网络							
10	本企业在市场上拥有良好的企业品牌和声誉							
11	本企业拥有充足的资金用于支持研发活动							
12	本企业拥有充足的资金用于创新成果的商业化							
13	本企业拥有较多的与核心技术相关的技术人才							
14	本企业在技术创新中能有效地利用合作单位掌握相关学科的知识							
15	本企业拥有较多的顾客需求信息							
16	本企业时常吸收顾客参与新产品的设计							
17	本企业主要管理者参与过许多重大的经营决策							
18	本企业曾多次实施成功的战略和商业模式							
19	本企业与合作单位都信守承诺，承担合作工作义务							
20	本企业和利益相关者愿意投入时间和资源维护合作关系							
21	本企业各部门、企业与合作单位间都愿意为对方提供帮助和支持							
22	本企业各部门、企业与合作单位间有比较好的合作政策和程序							
23	本企业对技术和市场的变革方向和趋势有清晰的认识							
24	本企业各部门间、员工间交流信息和分享知识的渠道畅通							
25	本企业的薪酬制度对激励技术人员的创新活动有良好的作用							
26	本企业技术人员不担心会因创新失败而受到人们的嘲笑和打击							

第三部分　企业技术创新动态能力状况调查（请根据您所在企业的实际情况，在最为接近的数字上打“√”）

序号	题项	极不同意	不同意	稍不同意	不确定	稍微同意	同意	非常同意
		1	2	3	4	5	6	7
27	本企业频繁地考察和分析环境的变化，评估环境变化对顾客的影响							
28	本企业管理者和技术人员对技术的变化态势有较强的洞察力							
29	本企业经常开展市场调研，及时了解顾客需求的变化							
30	本企业定期吸收新的技术知识和信息，并将个人能力整合成组织能力							
31	本企业有多种渠道吸收和利用外部技术知识							
32	本企业各部门员工都有适当的途径参与技术创新活动							
33	本企业能根据需要适时获取或利用外部研发资金、样品制造、营销网络等创新资源							
34	本企业能适时获取和利用外部技术创新成果，并将其成功的产业化							
35	本企业经常和其他企业、社会研究机构开展联合创新							
36	本企业能根据新技术或新产品的特点选择合适的战略和产业化模式							
37	本企业能根据新技术发展的要求适时改变旧的决策规则							
38	本企业能根据创新项目的要求适时授予创新部门、创新团队和创新者较多的决策自主权							
39	本企业能为保护知识产权并促进创新产业化建立适宜的治理机制							

第四部分　企业技术创新绩效的情况调查（请根据您所在企业的实际情况，在最为接近的数字上打“√”）

序号	题项	极不同意	不同意	稍不同意	不确定	稍微同意	同意	非常同意
		1	2	3	4	5	6	7
40	和同类企业相比，本企业所开发的新产品数量较多							
41	和同类企业相比，本企业申请的专利数量较多							
42	本企业新产品的销售额占销售总额的比重较大							
43	和同类企业相比，本企业推出新产品的速度较快							

第七章　组织学习的调节效应研究

第一节　理论分析与推导

一、概念模型的建构

企业资源战略观认为，企业是资源束的集合体，当企业拥有有价值的、稀缺的、不可模仿的、不可替代的资源时，可以通过实施价值战略为企业带来持续竞争优势。尤其是当这些资源与其他相关活动体系互补时，就会创造可持续竞争优势。由此可见，企业资源战略观认为，资源是企业绩效的根本决定因素。

资源学派提出了"资源—能力—绩效"的理论分析框架。根据这一理论分析框架，本研究认为，互补资产作为企业的重要资源，它对企业的技术创新绩效会产生重要的影响，并且这一影响是以技术创新动态能力为中介的。同时，本研究也认为，技术创新动态能力对互补资产与技术创新绩效关系的中介效应要受到组织学习的调节。基于这一认识，本文提出以下概念模型（如图7–1所示）。

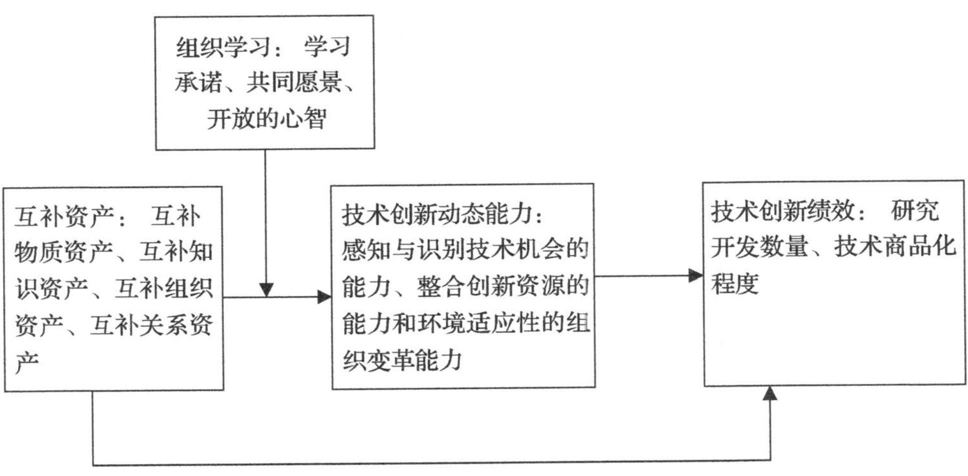

图7–1　互补资产、技术创新动态能力与创新绩效关系的概念模型

本研究拟通过这一模型来研究组织学习对技术创新动态能力中介效应的调节效应。

二、概念模型中的要素及其维度

（一）互补资产

本部分所涉及的互补资产的具体内容与第三章和第四章相关内容部分完全一致，由于篇幅所限，在此就不过多阐述。

（二）技术创新动态能力

本部分所涉及的技术创新动态能力的具体内容与第三章和第四章相关内容部分完全一致，由于篇幅所限，在此就不过多阐述。

（三）技术创新绩效

本部分所涉及的技术创新绩效的具体内容与第三章和第四章相关内容部分完全一致，由于篇幅所限，在此就不过多阐述。

（四）组织学习

P. Jerez–Gómez、J Céspedes–Lorente和R Valle–Cabrera (2005)指出组织学习是组织管理知识的能力，即创造、获取、转移和整合知识，以此达到组织绩效提高的目的。国内学者李丹(2007)认为企业营造一个良好的学习氛围，可以极大地增加企业成员创新思想的来源，促进企业创新水平的提高。曾萍和蓝海林(2009)、王飞绒和陈文兵(2012)、林锦锦(2012)的研究发现组织学习分成3个维度，即学习承诺、分享愿景和开放心智，这3个维度对企业创新绩效有显著的正向相关。

基于以上分析，对组织学习的界定和测量，主要借鉴Baker和Sinkula(1999)的研究结果，本研究将企业的组织学习分为学习承诺、共同愿景、开放的心智3个维度，进而研究组织学习对互补资产、技术创新动态能力与技术创新绩效关系的调节效应。

三、组织学习的调节效应分析

企业的创新离不开组织持续不断的学习。企业管理者对组织学习的重视程度极大地影响着企业的创新能力。Calantone et al.(2002)在对技术创新类型学和创新性术语进行文献综述时发现，组织学习对组织创新有显著的正向作用。侯莎莎(2012)通过调研具有一定技术创新能力的大中型企业集团，发现在对母子公司组织协同、技术协同与创新绩效关系的研究中，企业的组织文化、组织结构等因素对企业的创新绩效有着正相关关系。

具体而言，组织学习对互补资产、技术创新动态能力与技术创新绩效关系的调节效应表现在以下几个方面。

（一）学习承诺的调节效应

当今的世界早已不是几十年之前的相对静态、变化很少的、慢节奏的社会了，社会变化的节奏越来越快，产品和服务更新换代的速度越来越快，动态化已然成为社会的主流。在这样的大环境下，企业想要维持长期的生存和发展，就不能仍然完全依赖过去的经验和惯例，而是应该不断地学习，变更自己的竞争优势，才能生存下来。所以，企业管理者和经营者不仅自己要树立终身学习的理念和意义，具备这样的能力，而且，更为重要的是，采取合理使用的措施促使其他全体成员都具备这样的意识和能力。

Baker和Sinkula(1997)研究发现组织的学习导向(即更高层次的组织学习)与企业绩效显著的正相关关系。如果企业领导认为组织学习能力是企业重要的竞争优势，那么企业会为员工提供学习、培训的机会，学习是企业工作的一部分，并且员工会通过交流和学习而改进工作等。当企业具有很好的学习承诺时，才能鼓励企业员工不断地学习新的技能和知识，才能更好地发挥企业的互补资产的作用，进而增强企业的技术创新动态能力。

（二）共同愿景的调节效应

共同愿景是指企业就未来发展的方向和格局与员工共同分享，获得员工的认同，包括企业和员工在组织目标方面的共识等。如果一个目标仅仅是企业领导自己拍板确定的，没有获得员工的认同，那么员工所进行的组织学习和工作行为就没有明确性的方向，或者员工的行为就会缺乏动力。员工认同企业的愿景、目标、战略等，是一个不断沟通、交流、协调的过程，可以使得企业的资源配置和使用更加有效，而创新的效率也得以提高(Brown S.L.和Eisenhardt K. M.，1995)。这个不断沟通和协作的过程能够有效地降低成员对创新失败的恐惧，能够激发员工主动创新的热情和动力，并最终导致创新行为的发生(Hndey R.F.和Hult G.T., 1998)。

如果企业对未来的发展有明确的愿景、企业所有的员工都清楚并认同企业的使命和未来发展的目标、企业所有员工都投入于企业目标的达成、企业每个员工都感觉到他们对企业发展负有责任等，当企业的各部门、各员工都理解并拥有共同的远景、感到对企业负有责任时，他们就会为之付出自己所拥有的各种资源，不断识别并利用各种创新的机会和资源，提高企业的技术创新动态能力。

（三）开放的心智

一个企业只有保持开放性的心态，兼容并蓄，勇于接受和承认不同的，甚至是奇怪的意见，营造开放的组织氛围，才能够鼓励广大员工勇于冒险、勇于尝试，才会有利于企业的技术创新，适应环境的变化，才能够获得更好的技术创新绩效。因此，开放心智和企业创新具有密切的联系。企业经常与外界沟通、交流，以了解最新行业发展情况和学习新的行业知识，企业经常分析创新失败的原因和分享成功的经验，企业注重从各种途径获得新的知识，企业能及时采纳员工的合理化建议，企业鼓励员工对企业经营管理发表意见等，这些可以帮助企业及时地总结经验教训，获得并利用新的知识改善企业的管理与运营，进而提高企业的技术创新动态能力。

基于以上分析，提出以下假设。

假设H6：组织学习对互补资产、技术创新动态能力和技术创新绩效关系的调节效应显著。

假设H6.1：组织学习对互补资产、技术创新动态能力和研究开发数量关系的调节效应显著。

假设H6.1.1：学习承诺对互补资产、技术创新动态能力和研究开发数量关系的调节效应显著。

假设H6.1.2：共同愿景对互补资产、技术创新动态能力和研究开发数量关系的调节效应显著。

假设H6.1.3：开放的心智对互补资产、技术创新动态能力和研究开发数量关系的调节效应显著。

假设H6.2：组织学习对互补资产、技术创新动态能力和技术商品化程度关系的调节效应显著。

假设H6.2.1：学习承诺对互补资产、技术创新动态能力和技术商品化程度关系的调节效应显著。

假设H6.2.2：共同愿景对互补资产、技术创新动态能力和技术商品化程度关系的调节效应显著。

假设H6.2.3：开放的心智对互补资产、技术创新动态能力和技术商品化程度关系的调节效应显著。

第二节 实证研究

一、变量的测量

（一）因变量

综合Daft(1978)、Levin et al.(1987)、Lee et al.(2001)、Hagedoom和Cloodt(2003)、Laursen和Salter(2008)、郭爱芳(2005)、Alegre et al.(2006)、朱朝晖(2008)、Alegre和Chiva(2010)的研究，特别是引用陈钰芬、陈劲(2009)开发的量表，本研究以企业技术创新绩效作为因变量，采用多项指标来度量企业技术创新绩效，从研究开发数量和技术商品化程度两个方面，用4个题项来对企业技术创新绩效进行衡量，具体内容与前文相同，由于篇幅所限，就不过多阐述了。

（二）自变量

本研究以企业互补资产作为自变量，用6个题项进行测量。具体内容与前文相同，由于篇幅所限，就不过多阐述了

（三）中介变量

本研究以企业技术创新动态能力作为中介变量，用6个题项进行测量。具体内容与前文相同，由于篇幅所限，就不过多阐述了

（四）调节变量

本研究以企业组织学习作为调节变量。自从组织学习理论提出以来，众多的学者(Senge，1990；Galer和Van Hei Jden，1992；Goh和Richards，1997；Sinkula、Baker和Noordewier，1997；罗慧、万迪昉和赵海峰，2004；芮明杰，2005)提出了各自的测度指标。其中Sinkula等(1997)开发的量表及其修正版(Baker等，1999)较全面和具体，得到了学术界的反复验证和普遍认可。参照这两个经典量表，本研究用学习承诺、共同愿景、开放的心智3个维度12个题项

测量组织学习。

1. 学习承诺

本研究用3个题项来对企业互补组织资产进行衡量：①本企业领导认为组织学习能力是企业重要的竞争优势；②本企业为员工提供学习、培训的机会；③学习是本企业工作的一部分，员工通过交流和学习而改进工作。

2. 共同愿景

本研究用4个题项来对企业互补组织资产进行衡量：①本企业对未来的发展有明确的愿景；②本企业所有的员工都清楚并认同企业的使命和未来发展的目标；③本企业所有员工都投入于企业目标的达成；④本企业中的每个员工都感觉到他们对企业发展负有责任。

3. 开放的心智

本研究用5个题项来对企业互补组织资产进行衡量：①本企业经常与外界沟通、交流，以了解最新行业发展情况和学习新的行业知识；②本企业经常分析创新失败的原因和分享成功的经验；③本企业注重从各种途径获得新的知识；④本企业能及时采纳员工的合理化建议；⑤本企业鼓励员工对企业经营管理发表意见。

（五）控制变量

本研究中的控制变量包括被调查者所在企业的所在地区、企业产权性质、企业所属行业、企业成立年限、企业员工规模、企业近两年的年均销售总额、企业研发费用占销售额比重以及填卷者的个人信息等。

被调查者所在企业的所在地区说明了调查样本数据的代表性。

企业的产权性质决定了企业内部的生产关系，进而决定了信息与知识的流通方式。因此在技术创新绩效上可能存在差异。本研究将企业性质分为如下几种：国有、民营、三资——外资控股、三资——内资控股、集体和其他。

企业所属行业的差异对企业的技术创新绩效也会产生影响，因为不同行业的知识和技术密集度不同，竞争强度不同，从而创新的驱动力及其强度也不同。本研究将行业初步分为电子电气、机械、医药、冶金、新材料、化工 、软件与通信、汽车、能源、交通运输和其他。

一般而言，企业成立时间越长，参与市场竞争越久越深，其对技术创新的感知就越强烈。因此企业成立年限也会影响企业的技术创新绩效。本研究将企业年龄分为5年以下、5~10年、11~20年、21~30年和30年以上。

企业规模对技术创新的影响有两种不同的观点，有人认为大企业更有利于创新(Joseph Schumpeter，1942；W. Cohen和D.A. Levinthal，1990)，有人认为大企业不利于创新(Z. Griffing，2002)。但是，就企业规模对技术创新产生影响这一点来看，认识则是一致的。本研究借鉴Hansen和Hill(1991)等人的做法，用企业员工规模和近两年的年均销售总额来表示企业规模的大小。

众多的研究表明，企业的研发费用的投入直接影响企业的技术创新。本研究用企业研发费用占销售额比重来表示研发投入。

调查问卷回收的质量高低直接受制于调查问卷填写人的素质，该素质包括填写人的性别差异、职位高低、学历水平和工作年限。

以上各变量具体的题项内容见本章最后的附录。

二、量表设计

本研究的问卷量表是围绕互补资产、技术创新动态能力、技术创新绩效和组织学习关系的机理概念模型而设计的，要求问卷内容能为各部分研究内容提供所需的有效数据，能够运用相关分析、因子分析、方差分析、多元回归等方法对这些数据进行统计分析。

根据本研究的概念模型和研究假设，确定问卷量表中需要测量的变量。本研究所设计的调查问卷包括五个方面的基本内容（详见附录）：①企业基本信息；②企业互补资产情况；③企业技术创新动态能力情况；④组织学习情况；⑤企业技术创新绩效情况。

最后的调查问卷包括39个测量题项，其中题项1~11用于测量企业的基本信息；题项12~17用于测量企业互补资产；18~23用于测量企业技术创新动态能力；24~35用于测量企业组织学习情况；36~39用于测量企业技术创新绩效情况。请被调查者根据本企业的实际状况来填答问卷。

本研究调查问卷采用结构化问卷方式，采用Likert打分法，用分值1~7分表示被调查人员对问题的认知程度，1分表示极不同意，2分表示不同意，3分表示稍不同意，4分表示不确定，5分表示稍微同意，6分表示同意，7分表示非常同意。

三、数据收集

本研究主要采用多元回归分析建模来验证假设，主模型共涉及28个题项。为了保证数据的可靠性，本研究确定调查对象以创新企业内的中高层领导人员、产品经理、部门经理、项目经理等人员为主，要求调查对象在企业有一定年限的工作经历，以确保调查对象对企业的互补资产、技术创新动态能力、组织学习、技术创新绩效等情况比较熟悉，进而得出真实客观的调研数据用于实证分析。

本研究的数据收集主要采用问卷调查的方式，并辅以部分企业的实地调查，问卷所涉及的企业主要集中在北京、上海、广东、山东、浙江、江苏、湖北等20余个省市。由于本研究的被调查对象主要是企业中高层管理人员，在做正式问卷调查前，不可能对他们大范围地进行走访访谈。所以，在调查开始的时候，首先选择适当的少数企业和人员进行预调研，结合他们的意见修改问卷，然后再做大范围的问卷调查，这是很有必要的。

一般情况下，样本容量要在100份以上，如果样本容量低于100份，相关分析会极不稳定，样本容量超过200份算是一个中型样本。如果想采用极大似然法对样本进行估计，那么至少需要一个中型样本(Joseph et al，1998)。Gorsuch(1983)提出样本量与测量指标数的比值至少要在5：1以上的常用标准，比值在10：1以上最好(黄芳铭，2005)。根据以上分析，本研究所需样本量要符合以下两个条件：①有效样本总量在200份以上；②有效样本总量是测量指标数的5倍以上。

为了确保问卷的回收率和企业提供信息的准确性，一方面，本研究委托问卷网站代理发放问卷给相关的企业，然后通过邮寄、电子邮件等方式反馈。另一方面，通过与MBA学员接触的机会直接将问卷发给其所在的企业，并且直接向笔者企业界的朋友发放问卷。为了保证问卷收集到的信息能够较准确地反映企业的实际情况，问卷的填写人大多数都是该企业负责技术创新的主管或担任研发部经理等职务的人员。

样本要求：①由具有技术创新的企业（如有研发部门或技术研发经费支出），且是企业中高层管理者填写；②最短填写时间8分钟以上；③每一方框中连续一半以上的题项填写同一答案的视为无效，填写答案有规律（如

6767676…）视为无效；④如果有问卷题项填写不完整，留有大量的空白的问卷应被剔除。

问卷调查于2016年5月开始，对北京、上海、广东、山东、浙江、江苏、湖北等20余个省市的企业进行了抽样调查，共分为两个阶段。第一个阶段从2016年5月—7月，选择了40家企业的中高层管理者、产品经理、部门经理、项目经理等进行小范围的预调研，对问卷进行小样本测试。根据被调查者的反馈结果，与调研小组成员进行讨论，并征求专家的意见，对问卷的结构和问卷中的题项进行了相应的修改。第二个阶段，根据小样本测试的结果对问卷的题项和结构进行一定的调整，形成了正式的调查问卷，并于2016年7月进行大范围发放，调查于2016年8月结束，共回收问卷500份。

四、描述性统计分析

本研究共发放问卷500份，回收问卷500份，其中有效问卷400份，有效回收率为80%。研究对象描述性统计分析主要包括被调查者所在企业的所在地区、被调查企业的产权性质、企业所属行业、企业成立年限、企业员工规模、企业近两年的年均销售总额、企业研发费用占销售额比重、被调查者性别、在本企业的职位、被调查者学历、被调查者在本企业工作的年限等项目。

（一）被调查企业基本信息分析

1. 被调查者所在企业的所在地区

被调查企业的地域分布如表7-1所示，分布于24个省、自治区、直辖市，充分显示出调查样本具有较强的代表性。

表7-1　被调查者所在企业的所在地区分布表

企业所在地区	数量	百分比	累计百分比
广东	59	14.75%	14.75%
上海	50	12.50%	27.25%
山东	46	11.50%	38.75%
北京	44	11.00%	49.75%
湖北	40	10.00%	59.75%
江苏	30	7.50%	67.25%
浙江	30	7.50%	74.75%

续表

企业所在地区	数量	百分比	累计百分比
福建	14	3.50%	78.25%
河北	13	3.25%	81.50%
江西	12	3.00%	84.50%
湖南	10	2.50%	87.00%
四川	10	2.50%	89.50%
安徽	9	2.25%	91.75%
河南	9	2.25%	94.00%
广西	5	1.25%	95.25%
重庆	5	1.25%	96.50%
辽宁	3	0.75%	97.25%
陕西	3	0.75%	98.00%
天津	2	0.50%	98.50%
云南	2	0.50%	99.00%
甘肃	1	0.25%	99.25%
吉林	1	0.25%	99.50%
内蒙古	1	0.25%	99.75%
新疆	1	0.25%	100.00%
合计	400	100.00%	

数据来源：笔者根据调查问卷整理所得。

2. 被调查者所在企业的产权性质

被调查企业的产权性质如表7–2所示，各种产权性质的企业都有，其中以民营企业为主。

表7–2　被调查者所在企业的产权性质表

企业产权性质	数量	百分比	累计百分比
民营	187	46.75%	46.75%
国有	76	19.00%	65.75%
三资——内资控股	52	13.00%	78.75%
三资——外资控股	43	10.75%	89.50%
其他	27	6.75%	96.25%
集体	15	3.75%	100.00%
合计	400	100.00%	

数据来源：笔者根据调查问卷整理所得。

3. 被调查者所在企业的所属行业

被调查企业所属行业如表7–3所示，分布于十多个行业，其中以技术创新贡献率较高的电子电气、软件与通信和机械行业为主，能够体现出样本数据的代表性。

表7–3　被调查者所在企业的所属行业表

企业所属行业	数量	百分比	累计百分比
电子电气	83	20.75%	20.75%
软件与通信	67	16.75%	37.50%
机械	65	16.25%	53.75%
其他	46	11.50%	65.25%
医药	40	10.00%	75.25%
化工	33	8.25%	83.50%
新材料	28	7.00%	90.50%
能源	15	3.75%	94.25%
交通运输	10	2.50%	96.75%
汽车	9	2.25%	99.00%
冶金	4	1.00%	100.00%
合计	400	100.00%	

数据来源：笔者根据调查问卷整理所得。

4. 被调查者所在企业的成立年限

被调查企业成立年限分析如表7–4所示，能较为充分地代表技术创新的长期性和滞后性。

表7–4　被调查者所在企业的成立年限表

企业成立年限	数量	百分比	累计百分比
11~20年	130	32.50%	32.50%
30年以上	82	20.50%	53.00%
21~30年	76	19.00%	72.00%
5~10年	67	16.75%	88.75%
5年以下	45	11.25%	100.00%
合计	400	100.00%	

数据来源：笔者根据调查问卷整理所得。

5. 被调查者所在企业的员工规模

被调查企业的员工规模如表7–5所示，能在一定程度上反映企业规模的大小。

表7–5 被调查者所在企业的员工规模表

企业员工规模	数量	百分比	累计百分比
101~500人	154	38.50%	38.50%
501~1000人	80	20.00%	58.50%
51~100人	80	20.00%	78.50%
1000人以上	76	19.00%	97.50%
50人以下	10	2.50%	100.00%
合计	400	100.00%	

数据来源：笔者根据调查问卷整理所得。

6. 被调查者所在企业近两年的年均销售总额

被调查企业的近两年销售总额如表7–6所示，这能在一定程度上反映企业规模的大小，从而在一定程度上确定对各种互补资产拥有量的多少。

表7–6 被调查者所在企业近两年的年均销售总额表

企业近两年年均销售总额	数量	百分比	累计百分比
1亿~3亿元	60	15.00%	15.00%
3亿~10亿元	57	14.25%	29.25%
10亿~50亿元	54	13.50%	42.75%
3000万~1亿元	54	13.50%	56.25%
50亿~100亿元	48	12.00%	68.25%
300万~1000万元	39	9.75%	78.00%
100亿元以上	35	8.75%	86.75%
1000万~3000万元	26	6.50%	93.25%
100万~300万元	15	3.75%	97.00%
<100万元	12	3%	100
合计	400	100.00%	

数据来源：笔者根据调查问卷整理所得。

7. 企业研发费用占销售额比重

被调查企业研发费用占销售额比重的统计分析见表7–7所示。

表7–7　被调查企业研发费用占销售额比重

被调查企业研发费用占销售额比重	数量	百分比	累计百分比
3%~5%	130	32.50%	32.50%
1%~3%	100	25.00%	57.50%
5%~10%	84	21.00%	78.50%
1%以上	60	15.00%	93.50%
<10%	26	6.50%	100.00%
合计	400	100.00%	

数据来源：笔者根据调查问卷整理所得。

8. 被调查者性别

被调查者性别分析如表7–8所示。发现男性较多，占比70%以上，女性较少，这也比较符合目前中国企业中高层管理者的性别比例。

表7–8　被调查者性别表

性别	数量	百分比	累计百分比
男	280	70%	70%
女	120	30%	100.00%
合计	400	100.00%	

数据来源：笔者根据调查问卷整理所得。

9. 被调查者在本企业的职位

被调查者在所调查企业中的职位分析如表7–9所示。其中，以技术部门的主管经理居多，这主要是因为这部分人对技术创新了解较多。

表7–9　被调查者在本企业的职位表

被调查者在本企业的职位	数量	百分比	累计百分比
技术部经理	114	28.50%	28.50%
技术副总经理	87	21.75%	50.25%
营销副总经理	76	19.00%	69.25%
销售部经理	65	16.25%	85.50%

续表

被调查者在本企业的职位	数量	百分比	累计百分比
其他	45	11.25%	96.75%
董事长或总经理	13	3.25%	100.00%
合计	400	100.00%	

数据来源：笔者根据调查问卷整理所得。

10. 被调查者的学历

被调查者的学历分析如表7-10所示，其中以博士和硕士占大多数，这主要是这部分人拥有较多的专业知识和管理知识所致；而大专及以下学历较少，则可能是因为大专及以下学历很少处于技术创新研发的第一线。

表7-10　被调查者的学历表

学历	数量	百分比	累计百分比
硕士	168	42.00%	42.00%
博士	129	32.25%	74.25%
本科	75	18.75%	93.00%
大专及以下学历	28	7.00%	100.00%
合计	400	100.00%	

数据来源：笔者根据调查问卷整理所得。

11. 被调查者在本企业工作的年限

被调查者在调查企业的工作年限分析如表7-11所示，以6年以上的居多，这主要是因为工作年限越长，对工作的了解和认知就越多。

表7-11　被调查者在本企业工作的年限表

您在本企业工作的年限	数量	百分比	累计百分比
10年以上	150	37.50%	37.50%
6~10年	118	29.50%	67.00%
3~5年	75	18.75%	85.75%
1~3年	46	11.50%	97.25%
1年以下	11	2.75%	100.00%
合计	400	100.00%	

数据来源：作者根据调查问卷整理所得。

（二）样本正态分布检验

对样本进行正态分布检验，得到表7-12。由表7-12的检验结果可知，本研究样本数据的斜度绝对值均小于2，峰度绝对值均小于3。因此，本研究样本数据服从正态分布，适合做进一步的研究分析。

表7-12　样本的正态分布检验结果

因子	题项	N	极小值	极大值	均值	标准差	方差	偏度		峰度	
		统计量	统计量	统计量	统计量	统计量	统计量	统计量	标准误差	统计量	标准误差
互补资产	A_1	400	1	7	5.38	1.137	1.292	-0.933	0.139	1.593	0.277
	A_2	400	1	7	5.30	1.313	1.723	-1.051	0.139	1.375	0.277
	A_3	400	1	7	5.55	1.230	1.512	-0.957	0.139	0.862	0.277
	A_4	400	1	7	5.69	1.056	1.115	-0.679	0.139	1.015	0.277
	A_5	400	1	7	5.47	1.222	1.494	-0.971	0.139	1.607	0.277
	A_6	400	1	7	5.41	1.145	1.312	-0.752	0.139	0.825	0.277
技术创新动态能力	B_1	400	1	7	5.48	1.117	1.247	-0.670	0.139	0.741	0.277
	B_2	400	1	7	5.40	1.052	1.107	-0.467	0.139	0.734	0.277
	B_3	400	2	7	5.56	1.118	1.250	-0.817	0.139	0.852	0.277
	B_4	400	1	7	5.56	1.144	1.308	-1.048	0.139	2.116	0.277
	B_5	400	1	7	5.65	1.122	1.259	-0.829	0.139	1.114	0.277
	B_6	400	1	7	5.54	1.102	1.213	-0.585	0.139	0.708	0.277
	B_7	400	2	7	5.48	1.233	1.521	-0.572	0.139	-0.164	0.277
	B_8	400	1	7	5.45	1.173	1.375	-0.766	0.139	0.869	0.277
	B_9	400	1	7	5.47	1.269	1.612	-0.968	0.139	1.124	0.277
学习承诺	C_1	400	1	7	5.56	1.124	1.263	-1.009	0.139	1.800	0.277
	C_2	400	2	7	5.64	1.103	1.216	-0.738	0.139	0.604	0.277
	C_3	400	1	7	5.55	1.089	1.187	-1.030	0.139	1.933	0.277
共同愿景	C_4	400	1	7	5.74	1.154	1.331	-0.920	0.139	1.093	0.277
	C_5	400	2	7	5.60	1.112	1.237	-0.791	0.139	0.890	0.277
	C_6	400	2	7	5.61	1.158	1.340	-0.675	0.139	-0.033	0.277
	C_7	400	1	7	5.41	1.179	1.389	-0.586	0.139	0.406	0.277
开放的心智	C_8	400	1	7	5.73	1.108	1.227	-1.058	0.139	1.712	0.277
	C_9	400	1	7	5.56	1.144	1.309	-0.724	0.139	0.683	0.277
	C_{10}	400	2	7	5.67	1.089	1.185	-0.798	0.139	0.826	0.277
	C_{11}	400	2	7	5.62	1.108	1.227	-0.660	0.139	0.331	0.277
	C_{12}	400	1	7	5.65	1.064	1.133	-0.885	0.139	1.504	0.277

续表

因子	题项	N	极小值	极大值	均值	标准差	方差	偏度		峰度	
		统计量	统计量	统计量	统计量	统计量	统计量	统计量	标准误差	统计量	标准误差
研究开发数量	D_1	400	2	7	5.29	1.160	1.345	−0.662	0.139	0.375	0.277
	D_2	400	1	7	5.07	1.396	1.949	−0.750	0.139	0.320	0.277
技术商品化程度	D_3	400	2	7	5.46	1.182	1.396	−0.558	0.139	−0.058	0.277
	D_4	400	1	7	5.36	1.282	1.644	−0.701	0.139	0.088	0.277

数据来源：笔者根据调查问卷整理所得。

五、信度检验

本研究的信度检验采用常用的Cronbach's α系数检验方法。通过SPSS19.0对问卷所涉及的变量进行Cronbach's α信度检验，结果如表7–13所示。问卷量表中多数变量各维度的Cronbach's α系数值大于0.7，仅有1个变量的Cronbach's α系数小于0.7，但是大于0.6。量表整体Cronbach's α系数值为0.959，大于0.9，表示量表有很高的信度。具体而言，互补资产的Cronbach's α系数值为0.749，技术创新动态能力的Cronbach's α系数值为0.768，学习承诺、共同愿景和开放的心智的Cronbach's α系数值分别为0.705、0.704和0.736，研究开发数量和技术商品化程度的Cronbach's α系数值分别为0.656和0.701。因此，本研究所开发的量表具有较高的信度，适合做进一步的数据分析。

表7–13　问卷信度分析表

变量	维度	测量项目	项数	各维度α系数	各变量α系数
互补资产		A_1	6	0.749	0.901
		A_2			
		A_3			
		A_4			
		A_5			
		A_6			

续表

变量	维度	测量项目	项数	各维度α系数	各变量α系数
技术创新动态能力		B_1	6	0.768	0.873
		B_2			
		B_3			
		B_4			
		B_5			
		B_6			
组织学习	学习承诺	C_1	3	0.705	0.860
		C_2			
		C_3			
	共同愿景	C_4	4	0.704	
		C_5			
		C_6			
		C_7			
	开放的心智	C_8	5	0.736	
		C_9			
		C_{10}			
		C_{11}			
		C_{12}			
创新绩效	研究开发数量	D_1	2	0.656	0.805
		D_2			
	技术商品化程度	D_3	2	0.701	
		D_4			
问卷整体			28		0.959

数据来源：笔者根据调查问卷整理所得。

六、效度检验

（一）互补资产量表的效度分析

首先利用SPSS19.0软件对互补资产进行KMO样本测度和Bartlett球体检验，得到表7-14，可知KMO值为0.925>0.9，Bartlett统计值的显著性概率P为0<0.001，说明样本数据非常适合做因子分析。

通过以上分析可知，互补资产的题项构成与基于文献构建的模型思路基本一致，表明量表具有良好的题项设计。

表7-14 互补资产的KMO和Bartlett的检验

取样足够度的 Kaiser-Meyer-Olkin 度量		0.925
Bartlett 的球形度检验	近似卡方	1961.829
	df	190
	Sig.	0

（二）技术创新动态能力量表的效度分析

首先利用SPSS19.0软件对技术创新动态能力进行KMO样本测度和Bartlett球体检验，得到表7-15，可知KMO值为0.914>0.9，Bartlett统计值的显著性概率P为0<0.001，说明样本数据非常适合做因子分析。

通过以上分析可知，技术创新动态能力的题项构成与基于文献构建的模型思路基本一致，表明量表具有良好的题项设计。

表7-15 技术创新动态能力KMO和Bartlett的检验

取样足够度的 Kaiser-Meyer-Olkin度量		0.914
Bartlett 的球形度检验	近似卡方	1213.071
	df	78
	Sig.	0

（三）创新绩效量表的效度分析

首先利用SPSS19.0软件对创新绩效进行KMO样本测度和Bartlett球体检验，得到表7-16，可知KMO值为0.800>0.7，Bartlett统计值的显著性概率P为0<0.001，说明样本数据适合做因子分析。然后对创新绩效进行因子分析，所得结果如表7-17所示。发现特征值大于1的因子有2个，其特征值分别为1.699和1.364，因子的累计百分比为63.485%。

研究开发数量和技术商品化程度共同构成了创新绩效，采用计算因子加权总分的方法，对创新绩效进行综合评价，以2个因子的方差贡献率为权重，得到创新绩效的计算公式为：

创新绩效=0.42476×研究开发数量+0.34103×技术商品化程度

通过以上分析可知，创新绩效的维度构成和题项构成与基于文献构建的模型思路基本一致，表明量表具有良好的题项设计。

表7-16 创新绩效KMO和Bartlett的检验

取样足够度的 Kaiser-Meyer-Olkin 度量		0.800
Bartlett 的球形度检验	近似卡方	377.879
	df	6
	Sig.	0

表7-17 创新绩效解释的总方差

成分	初始特征值			提取平方和载入			旋转平方和载入		
	合计	方差/%	累计/%	合计	方差/%	累计/%	合计	方差/%	累计/%
1	2.539	63.485	63.485	2.539	63.485	63.485	1.699	42.476	42.476
2	0.524	13.095	76.580	0.524	13.095	76.580	1.364	34.103	76.580
3	0.510	12.760	89.340						
4	0.426	10.660	100.000						

提取方法：主成分分析。

（四）组织学习量表的效度分析

首先对组织学习进行KMO样本测度和Bartlett球体检验，得到表7-18，可知KMO值为0.889>0.8，Bartlett统计值的显著性概率P为0<0.001，说明样本数据很适合做因子分析。然后对组织学习进行因子分析，所得结果如表7-19所示。发现特征值大于1的因子有3个，其特征值分别为2.485、2.243和2.228，因子的累计百分比为57.960%。

学习承诺、共同愿景和开放的心智共同构成了组织学习，采用计算因子加权总分的方法，对组织学习进行综合评价，以3个因子的方差贡献率为权重，得到组织学习的计算公式为：

组织学习=0.20705×学习承诺+0.18689×共同愿景+0.18567×开放的心智

通过以上分析可知，组织学习的维度构成和题项构成与基于文献构建的模型思路基本一致，表明量表具有良好的题项设计。

表7-18 组织学习KMO和Bartlett的检验

取样足够度的 Kaiser-Meyer-Olkin 度量		0.889
Bartlett 的球形度检验	近似卡方	1142.232
	df	66
	Sig.	0

表7-19　组织学习解释的总方差

成分	初始特征值			提取平方和载入			旋转平方和载入		
	合计	方差/%	累计/%	合计	方差/%	累计/%	合计	方差/%	累计/%
1	4.755	39.622	39.622	4.755	39.622	39.622	2.485	20.705	20.705
2	1.286	10.718	50.340	1.286	10.718	50.340	2.243	18.689	39.393
3	0.914	7.620	57.960	0.914	7.620	57.960	2.228	18.567	57.960
4	0.830	6.914	64.874						
5	0.734	6.119	70.993						
6	0.646	5.383	76.376						
7	0.578	4.819	81.195						
8	0.535	4.462	85.657						
9	0.496	4.130	89.787						
10	0.449	3.738	93.525						
11	0.405	3.376	96.901						
12	0.372	3.099	100.000						

提取方法：主成分分析。

七、相关分析

本文用SPSS19.0把所有变量做Pearson相关分析，见表7-20。按照Williams的分类标准，相关系数大于0.7为高度相关，介于0.4~0.7为中等相关，小于0.4为低度相关。

从表7-20可以看出，企业互补资产和技术创新动态能力之间具有正向并且统计上显著的相关系数，这一结果说明企业互补资产的水平有利于企业的技术创新动态能力的提升。技术创新动态能力与技术创新绩效的2个维度之间也具有正向而且统计上显著的相关系数。这一结果说明技术创新动态能力的水平有利于企业技术创新绩效的提升。

组织学习的3个维度与企业互补资产、技术创新动态能力和技术创新绩效2个维度之间也具有正向而且统计上显著的相关系数。这一结果说明组织学习的3个维度的水平有利于调节企业互补资产、技术创新动态能力和技术创新绩效的关系作用。组织学习3个维度之间存在着较高的正相关，这说明这些要素可能共同发生作用以调节企业互补资产、技术创新动态能力和技术创新绩效的关系作用。

此外，从表7–20可以发现，组织学习的3个维度之间和技术创新绩效的2个维度之间也存在着较高的正相关关系，这说明各变量内部的各个维度之间并不是孤立发挥作用的，其中的1个维度会积极地影响其他多个维度。

但是，从表7–20还可以发现，学习承诺和研究开发数量、技术商品化程度之间的相关系数分别为0.377和0.343，说明它们之间存在一定的关联性，但是属于低度相关的范围。

综上所述，数据相关性分析的初步结果预示着本文模型和假设之间的合理性。

表7–20　变量相关分析表

		互补资产	技术创新动态能力	学习承诺	情况共同愿景	开放的心智	研究开发数量	技术商品化程度
互补资产	Pearson相关性	0.665**	0.561**	0.539**	0.564**	0.597**	0.527**	0.476**
	显著性（双侧）	0	0	0	0	0	0	0
技术创新动态能力	Pearson相关性	0.650**	1	0.589**	0.668**	0.726**	0.535**	0.527**
	显著性（双侧）	0		0	0	0	0	0
学习承诺	Pearson相关性	0.617**	0.589**	1	0.496**	0.639**	0.377**	0.343**
	显著性（双侧）	0	0		0	0	0	0
共同愿景	Pearson相关性	0.641**	0.668**	0.496**	1	0.642**	0.496**	0.492**
	显著性（双侧）	0	0	0		0	0	0
开放的心智	Pearson相关性	0.685**	0.726**	0.639**	0.642**	1	0.468**	0.462**
	显著性（双侧）	0	0	0	0		0	0

续表

		互补资产	技术创新动态能力	学习承诺	情况共同愿景	开放的心智	研究开发数量	技术商品化程度
研究开发数量	Pearson相关性	0.476**	0.535**	0.377**	0.496**	0.468**	1	0.670**
	显著性（双侧）	0	0	0	0	0		0
技术商品化程度	Pearson相关性	0.455**	0.527**	0.343**	0.492**	0.462**	0.670**	1
	显著性（双侧）	0	0	0	0	0	0	

八、多重共线性检验

通过对后面各变量的回归分析，得到表7-21。可知，企业互补资产、技术创新动态能力、技术创新绩效和组织学习的各维度的方差膨胀因子（VIF）均小于10，因此可以认为，这些变量之间不存在严重的多重共线性。

表7-21　各变量回归分析

模型		非标准化系数		标准系数	t	Sig.	共线性统计量	
		B	标准误差	试用版			容差	VIF
1	(常量)	0.201	0.822		0.245	0.807		
	互补资产	−0.058	0.043	−0.104	−1.362	0.174	0.336	2.976
	技术创新动态能力	0.125	0.051	0.181	2.440	0.015	0.356	2.808
	学习承诺	−0.097	0.051	−0.118	−1.897	0.059	0.502	1.992
	共同愿景	0.030	0.045	0.047	0.670	0.503	0.402	2.488
1	开放的心智	−0.022	0.044	−0.039	−0.491	0.624	0.316	3.169

因变量：企业创新绩效。

九、组织学习的调节效应检验

通过对组织学习、互补资产、技术创新动态能力、创新绩效各变量及其各维度进行回归分析，得到以下各实证分析表。温忠麟等(2006)提出的有调节的中介的判断程序和原则进行调节效应显著性判断其判断程序和原则为：①做Y对X、U和UX的回归，UX的系数显著(这一步说明U对Y与X关系的调节效应显著)；②做W对X、U和UX的回归，UX的系数显著；③做Y对X、U、UX和W的回归，W的系数显著。如果在第③步中，UX的系数不显著，则U的调节效应完全通过中介变量W而起作用。

为了处理数据，本研究在此处设互补资产为X、技术创新动态能力为W和创新绩效为Y，研究开发数量和技术商品化程度分别为Y_1和Y_2，组织学习为U，学习承诺、共同愿景和开放的心智分别为U_1、U_2和U_3。

（一）组织学习对互补资产、技术创新动态能力和创新绩效关系的调节效应检验

以互补资产为自变量，以技术创新动态能力为中介变量，以组织学习为调节变量，分别以创新绩效、研究开发数量和技术商品化程度为因变量进行回归分析，得到表7-22、表7-23和表7-24。可以看出组织学习对互补资产、技术创新动态能力和创新绩效关系的调节效应是部分显著的，其中组织学习对互补资产、技术创新动态能力和研究开发数量关系的调节效应是显著的，而组织学习对互补资产、技术创新动态能力和技术商品化程度关系的调节效应是不显著的。因此，假设H6部分成立，假设H6.1成立，假设H6.2不成立。

表7-22　组织学习对互补资产、技术创新动态能力和创新绩效关系的调节效应回归分析结果

	(1)	(2)	(3)
	Y	W	Y
X	0.251***	0.327***	0.140*
	(3.642)	(6.708)	(1.926)
U	0.135*	0.541***	–0.049
	(1.827)	(10.336)	(–0.568)
UX	–0.045	–0.065**	–0.023
	(–1.010)	(–2.042)	(–0.530)
W			0.340***
			(3.970)
_cons	1.802*	1.595**	1.260
N	(1.668) 400	(2.087) 400	(1.189) 400
adj. R^2	0.598	0.842	0.620
F	10.330	34.384	11.018

注：* $p < 0.1$, ** $p < 0.05$, *** $p < 0.01$。

表7-23　组织学习对互补资产、技术创新动态能力和研究开发数量关系的调节效应回归分析结果

	(1)	(2)	(3)
	Y_1	W	Y_1
X	0.276***	0.327***	0.091
	(2.609)	(6.708)	(0.822)
U	0.105	0.541***	−0.200
	(0.929)	(10.336)	(−1.533)
UX	−0.160**	−0.065**	−0.123*
	(−2.317)	(−2.042)	(−1.830)
W			0.565***
			(4.325)
_cons	4.020**	1.595**	3.119*
N	(2.426) 400	(2.087) 400	(1.930) 400
adj. R^2	0.546	0.842	0.575
F	8.522	34.384	9.299

注：* $p < 0.1$, ** $p < 0.05$, *** $p < 0.01$。

表7-24　组织学习对互补资产、技术创新动态能力和技术商品化程度关系的调节效应回归分析结果

	(1)	(2)	(3)
	Y_2	W	Y_2
X	0.392***	0.327***	0.297**
	(3.502)	(6.708)	(2.458)
U	0.265**	0.541***	0.107
	(2.204)	(10.336)	(0.750)
UX	0.066	−0.065**	0.085
	(0.899)	(−2.042)	(1.157)
W			0.293**
			(2.061)
_cons	0.278	1.595**	−0.190
N	(0.158) 400	(2.087) 400	(−0.108) 400
adj. R^2	0.465	0.842	0.471
F	6.437	34.384	6.473

注：* $p < 0.1$, ** $p < 0.05$, *** $p < 0.01$。

（二）组织学习各维度对互补资产、技术创新动态能力和创新绩效关系的调节效应检验

1. 学习承诺对互补资产、技术创新动态能力与研究开发数量的调节效应检验

以互补资产为自变量，以技术创新动态能力为中介变量，以学习承诺为调节变量，以研究开发数量为因变量进行回归分析，得到表7–25。由表7–25可以看出，学习承诺对互补资产、技术创新动态能力和研究开发数量关系的调节效应是显著的。假设H6.1.1成立。

表7–25 学习承诺对互补资产、技术创新动态能力和研究开发数量关系的调节效应回归分析结果

	(1)	(2)	(3)
	Y_1	W_1	Y_1
X_1	0.136***	0.224***	0.082***
	(4.740)	(7.375)	(2.665)
U_1	0.047	0.297***	–0.026
	(0.912)	(5.504)	(–0.495)
U_1X_1	–0.144*	–0.184**	–0.100
	(–1.893)	(–2.283)	(–1.335)
W_1			0.244***
			(4.277)
_cons	4.124***	5.562***	2.768*
N	(2.819) 400	(3.596) 400	(1.907) 400
adj. R^2	0.525	0.566	0.555
F	7.915	9.168	8.643

注：* $p < 0.1$, ** $p < 0.05$, *** $p < 0.01$。

2. 共同愿景对互补资产、技术创新动态能力与研究开发数量的调节效应检验

以互补资产为自变量，以技术创新动态能力为中介变量，以共同愿景为调节变量，以研究开发数量为因变量进行回归分析，得到表7–26。可以看出，共同愿景对互补资产、技术创新动态能力和研究开发数量关系的调节效应是显著的。假设H6.1.2成立。

表7-26　共同愿景对互补资产、技术创新动态能力和研究开发数量关系的调节效应回归分析结果

	(1)	(2)	(3)
	Y_1	W_1	Y_1
X_1	0.095***	0.195***	0.053
	(2.867)	(5.379)	(1.570)
U_2	0.104***	0.214***	0.058
	(2.607)	(4.887)	(1.441)
U_2X_1	−0.172**	−0.281***	−0.113
	(−2.173)	(−3.228)	(−1.430)
W_1			0.212***
			(3.843)
_cons	3.596***	5.966***	2.332*
N	(2.635) 400	(3.976) 400	(1.702) 400
adj. R^2	0.536	0.541	0.559
F	8.226	8.391	8.787

注：* $p < 0.1$, ** $p < 0.05$, *** $p < 0.01$。

3. 开放的心智对互补资产、技术创新动态能力与研究开发数量的调节效应检验

以互补资产为自变量，以技术创新动态能力为中介变量，以开放的心智为调节变量，以研究开发数量为因变量进行回归分析，得到表7-27。可以看出，开放的心智对互补资产、技术创新动态能力和研究开发数量关系的调节效应不显著。假设H6.1.3不成立。

表7-27　开放的心智对互补资产、技术创新动态能力和研究开发数量关系的调节效应回归分析结果

	(1)	(2)	(3)
	Y_1	W_1	Y_1
X_1	0.115***	0.188***	0.071**
	(3.765)	(6.164)	(2.242)
U_3	0.076**	0.305***	0.006
	(2.208)	(8.852)	(0.147)
	Y_1	W_1	Y_1
U_3X_1	−0.110	−0.043	−0.100
	(−1.356)	(−0.535)	(−1.264)
W_1			0.231***
			(3.804)
_cons	3.167**	2.156	2.669*
N	(2.035) 400	(1.387) 400	(1.752) 400
adj. R^2	0.532	0.619	0.555
F	8.112	11.161	8.654

注：* $p < 0.1$, ** $p < 0.05$, *** $p < 0.01$。

4. 组织学习各维度对互补资产、技术创新动态能力与技术商品化程度的调节效应检验

以互补资产为自变量，以技术创新动态能力为中介变量，以组织学习各维度为调节变量，以技术商品化程度为因变量进行回归分析，得到表7-28、表7-29和表7-30。从表7-28、表7-29和表7-30可以看出，学习承诺对互补资产、技术创新动态能力和技术商品化程度的调节效应均不显著。假设H6.2.1、假设H6.2.2和假设H6.2.3均不成立。

表7-28 学习承诺对互补资产、技术创新动态能力和技术商品化程度关系的调节效应回归分析结果

	(1)	(2)	(3)
	Y_2	W_1	Y_2
X_1	0.170***	0.224***	0.134***
	(5.554)	(7.375)	(4.027)
U_1	0.069	0.297***	0.022
	(1.274)	(5.504)	(0.383)
U_1X_1	0.021	−0.184**	0.050
	(0.260)	(−2.283)	(0.623)
W_1			0.160**
			(2.577)
_cons	2.457	5.562***	1.570
	(1.580)	(3.596)	(0.996)
N	400	400	400
adj. R^2	0.438	0.566	0.450
F	5.878	9.168	6.019

注：* $p < 0.1$, ** $p < 0.05$, *** $p < 0.01$。

表7-29 共同愿景对互补资产、技术创新动态能力和技术商品化程度关系的调节效应回归分析结果

	(1)	(2)	(3)
	Y_2	W_1	Y_2
X_1	0.116***	0.195***	0.096***
	(3.340)	(5.379)	(2.613)
U_2	0.130***	0.214***	0.107**
	(3.088)	(4.887)	(2.446)
U_2X_1	−0.075	−0.281***	−0.045
	(−0.893)	(−3.228)	(−0.527)
W_1			0.106*
			(1.788)
_cons	2.705*	5.966***	2.070
	(1.878)	(3.976)	(1.401)
N	400	400	400
adj. R^2	0.458	0.541	0.462
F	6.293	8.391	6.283

注：* $p < 0.1$, ** $p < 0.05$, *** $p < 0.01$。

表7-30　开放的心智对互补资产、技术创新动态能力和技术商品化程度关系的调节效应回归分析结果

	(1)	(2)	(3)
	Y_2	W_1	Y_2
X_1	0.143***	0.188***	0.129***
	(4.492)	(6.164)	(3.768)
U_3	0.135***	0.305***	0.111***
	(3.750)	(8.852)	(2.708)
U_1X_1	0.105	−0.043	0.108
	(1.238)	(−0.535)	(1.278)
W_1			0.078
			(1.199)
_cons	0.407	2.156	0.238
N	(0.250) 400	(1.387) 400	(0.146) 400
adj. R^2	0.464	0.619	0.464
F	6.413	11.161	6.324

注：* $p < 0.1$, ** $p < 0.05$, *** $p < 0.01$。

综上所述，笔者将假设验证情况整理如表7-31所示。

表7-31　假设检验总结

假设	检验结果	假设	检验结果	假设	检验结果
H6	支持	H6.1	支持	H6.2	不支持
		H6.1.1	支持	H6.2.1	不支持
		H6.1.2	支持	H6.2.2	不支持
		H6.1.3	不支持	H6.2.3	不支持

资料来源：笔者整理而得。

附录

组织学习、互补资产、企业技术创新动态能力与技术创新绩效关系研究调查问卷

尊敬的女士/先生：

您好！

首先感谢您在百忙之中抽出时间填写这份问卷。这是一份学术性研究问卷，主要目的是探讨企业在快速变化的环境下，互补资产与企业技术创新动态能力以及技术创新绩效之间的关系。

本次问卷由企业中高层管理人员填写。本问卷所得的全部资料仅供学术研究之用，调查完全匿名，您所填写的所有信息我们都将严格保密。请您根据自己企业的实际情况放心填写，尽可能客观地回答。您的回答对我们的研究非常重要，衷心感谢您的参与！

祝您工作顺利，万事如意！

第一部分 基本信息

1. 企业位于________省。

2. 企业产权性质：

□国有　□民营　□三资——外资控股　□三资——内资控股　□集体

□其他

3. 企业所属行业________。

□电子电气　□机械　□医药　□冶金　□新材料　□化工

□软件与通信　□汽车　□能源　□交通运输　□其他（请注明）

4. 企业成立年限为________。

□5年以下　□5~10年　□11~20年　□21~30年　□30年以上

5. 企业员工规模________。

□50人以下　□51~100人　□101~500人　□501~1000人　□1000人以上

6. 企业近两年年均销售总额约为________元人民币。

□<100万 □100万~300万 □300万~1000万 □1000万~3000万

□3000万~1亿 □1亿~3亿 □3亿~10亿 □10亿~50亿

□50亿~100亿 □100亿以上

7. 企业研发费用占销售额比重为________%。

8. 您的性别________。

□男 □女

9. 您在本企业的职位________。

□董事长或总经理 □技术副总经理 □营销副总经理

□技术部经理 □销售部经理 □其他

10. 您的学历________。

□大专及以下 □本科 □硕士 □博士

11. 您在本企业工作的年限________。

□1年以下 □1~3年 □3~5年 □6~10年 □10年以上

第二部分 企业互补资产情况调查（请根据您所在企业的实际情况，在最为接近的数字上打“√”）

序号	题项	极不同意	不同意	稍不同意	不确定	稍微同意	同意	非常同意
		1	2	3	4	5	6	7
12	本企业拥有满足产品生产的各种通用机器设备							
13	本企业建立了完善的营销渠道和销售网络							
14	本企业拥有充足的资金用于支持研发活动							
15	本企业拥有较多的与核心技术相关的技术人才							
16	本企业和利益相关者愿意投入时间和资源维护合作关系							
17	本企业各部门间、员工间交流信息和分享知识的渠道畅通							

第三部分　企业技术创新动态能力状况调查（请根据您所在企业的实际情况，在最为接近的数字上打“√”）

序号	题项	极不同意	不同意	稍不同意	不确定	稍微同意	同意	非常同意
		1	2	3	4	5	6	7
18	本企业管理者和技术人员对技术的变化态势有较强的洞察力							
19	本企业有多种渠道吸收和利用外部技术知识							
20	本企业各部门员工都有适当的途径参与技术创新活动							
21	本企业能根据需要适时获取或利用外部研发资金、样品制造、营销网络等创新资源							
22	本企业能适时获取和利用外部技术创新成果，并将其成功的产业化							
23	本企业能为保护知识产权并促进创新产业化建立适宜的治理机制							

第四部分　企业组织学习情况调查（请根据您所在企业的实际情况，在最为接近的数字上打“√”）

序号	题项	极不同意	不同意	稍不同意	不确定	稍微同意	同意	非常同意
		1	2	3	4	5	6	7
24	本企业领导认为组织学习能力是企业重要的竞争优势							
25	本企业为员工提供学习、培训的机会							
26	学习是本企业工作的一部分，员工通过交流和学习而改进工作							
27	本企业对未来的发展有明确的愿景							
28	本企业所有的员工都清楚并认同企业的使命和未来发展的目标							
29	本企业所有员工都投入于企业目标的达成							

续表

序号	题项	极不同意	不同意	稍不同意	不确定	稍微同意	同意	非常同意
		1	2	3	4	5	6	7
30	本企业每个员工都感觉到他们对企业发展负有责任							
31	本企业经常与外界沟通、交流，以了解最新行业发展情况和学习新的行业知识							
32	本企业经常分析创新失败的原因和分享成功的经验							
33	本企业注重从各种途径获得新的知识							
34	本企业能及时采纳员工的合理化建议							
35	本企业鼓励员工对企业经营管理发表意见							

第五部分　近三年，企业技术创新绩效的情况调查（请根据您所在企业的实际情况，在最为接近的数字上打“√”）

序号	题项	极不同意	不同意	稍不同意	不确定	稍微同意	同意	非常同意
		1	2	3	4	5	6	7
36	和同类企业相比，本企业所开发的新产品数量较多							
37	和同类企业相比，本企业申请的专利数量较多							
38	本企业新产品的销售额占销售总额的比重较大							
39	和同类企业相比，本企业推出新产品的速度较快							

第八章　研究结论与政策建议

第一节　研究结论

一、数据分析的发现

（一）互补资产和技术创新动态能力的关系问题

根据上述分析可知，互补资产对技术创新动态能力有显著的正向作用，且回归系数为0.642。

在具体的维度关系对应上，互补资产各维度均对感知与识别技术机会的能力有显著的正向作用，其回归系数分别为互补物质资产(0.574)、互补知识资产(0.481)、互补关系资产(0.526)和互补组织资产(0.662)。

互补资产各维度均对整合创新资源的能力有显著的正向作用，其回归系数分别为互补物质资产(0.880)、互补知识资产(0.738)、互补关系资产(0.904)和互补组织资产(1.025)。

互补资产各维度均对环境适应性的组织变革能力有显著的正向作用，其回归系数分别为互补物质资产(0.530)、互补知识资产(0.451)、互补关系资产(0.508)和互补组织资产(0.563)。

（二）技术创新动态能力对技术创新绩效的关系问题

根据上述分析可知，技术创新动态能力对技术创新绩效有显著的正向作用，且回归系数为0.271。

在具体的维度关系对应上，技术创新动态能力各维度对研究开发数量均有显著的正向作用，其回归系数分别为感知与识别技术机会的能力(0.383)、整合创新资源的能力(0.249)和环境适应性的组织变革能力(0.373)。

技术创新动态能力各维度对技术商品化程度均有显著的正向作用，其回归系数分别为感知与识别技术机会的能力(0.308)、整合创新资源的能力(0.281)和环境适应性的组织变革能力(0.363)。

（三）互补资产对技术创新绩效的关系问题

根据上述分析可知，互补资产对技术创新绩效有显著的正向作用，且回归系数为0.197。

在具体的维度关系对应上，互补资产各维度对研究开发数量的正向作用均有显著的正向作用，其回归系数分别为互补物质资产(0.274)、互补知识资产

(0.291)、互补关系资产(0.297)、互补组织资产(0.374)。

互补资产各维度对技术商品化程度均有显著的正向作用，其回归系数分别为互补物质资产(0.255)、互补知识资产(0.274)、互补关系资产(0.288)、互补组织资产(0.330)。

（四）技术创新动态能力的中介效应问题

按照资源学派的理论观点，能力是资源与绩效之间的连接中介，它不断更新或创新企业现有的知识和技能，通过创造更多的新产品，进入新的细分市场，促进技术创新绩效的提升。众多研究证实了这一点。

根据上述分析，本研究发现技术创新动态能力对互补资产和技术创新绩效的中介效应是显著的，该中介效应是部分中介效应。

在具体的各维度的对应关系上，技术创新动态能力3个维度对互补资产4个维度与技术创新绩效2个维度的中介效应共有24个。其中，大部分的中介效应都是显著的，也都是部分中介效应；只有互补物质资产—整合创新能力—研究开发的数量、互补物质资产—整合创新能力—技术商品化程度2个中介效应不显著。

（五）组织学习的调节效应问题

企业要想在激烈竞争的市场环境中，生存下来并且不断地发展壮大，需要时刻接触和了解外界知识，不断地更新内部的知识和流程，不断地学习和进步。众多研究发现，组织学习能够显著地促进企业绩效的提升。

根据上述分析，本研究发现组织学习的调节效应是部分显著的。组织学习对互补资产、技术创新能力和研究开发数量关系的调节效应显著，而对互补资产、技术创新能力和技术商品化程度的调节效应不显著。这与以往的研究是不太一样的。这可能是由于本研究借鉴Baker和Sinkula(1999)的研究结果把组织学习分为学习承诺、共同愿景、开放的心智3个较为内部性的维度，而技术商品化程度则更多地受到外部因素的影响的缘故。

在具体的维度关系对应上，在组织学习3个维度对互补资产4个维度、技术创新动态能力3个维度和研究开发数量进行的36个调节效应检验中，只有学习承诺对互补知识资产、整合创新资源的能力和研究开发数量关系的调节效应，开放的心智对互补物质资产、感知与识别技术机会的能力和研究开发数量关系的调节效应、开放的心智对互补物质资产，整合创新资源的能力和研究开发数量关系的调节效应，开放的心智对互补物质资产、环境适应性的组织变革能力和研究开发数量关系的调节效应，开放的心智对互补知识资产、感知与识别技术机会的能力和研究开发数量关系的调节效应这5个调节效应不显著，其他大部分的调节效应都是显著的。组织学习3个维度对互补资产4个维度、技术创新动态能力3个维度和技术商品化程度进行的36个调节效应检验都是不显著的。

二、研究结论的阐述

本章通过系统的论证分析，形成了以下主要研究结论。

第一，验证性研究显示，由互补物质资产、互补知识资产、互补关系资产和互补组织资产所构成的互补资产概念，在样本数据上有良好的拟合；由感知与识别技术机会的能力、整合创新资源的能力和环境适应性的组织变革能力所构成的技术创新动态能力概念，在样本数据上有良好的拟合；由研究开发数量和技术商品化程度所构成的技术创新绩效概念，在样本数据上有良好的拟合；由学习承诺、共同愿景、开放的心智所构成的组织学习概念，在样本数据上有良好的拟合。

第二，回归分析结果显示，互补资产对技术创新动态能力与技术创新绩效均有显著的正向作用，技术创新动态能力对技术创新绩效也有显著的正向作用。不仅如此，3个变量各维度（互补资产与技术创新动态能力、互补资产与技术创新绩效、技术创新动态能力与技术创新绩效）进行一一对应回归分析时发现，它们两两之间也是有显著的正向作用的。

第三，中介效应分析结果显示，技术创新动态能力对互补资产和技术创新绩效的中介效应作用显著，但是中介效应随着各变量的不同而发生变化——有的显著，有的不显著。例如，感知与识别技术机会的能力对互补知识资产和互补组织资产与研究开发数量的中介效应作用显著，而对互补物质资产和互补关系资产与研究开发数量的中介效应作用不显著。感知与识别技术机会的能力对互补资产各维度与技术商品化程度的中介效应作用均不显著。因此，利用互补资产，通过技术创新动态能力传导引致技术创新绩效的机制是要视具体情况而言的。

第四，调节效应分析结果显示，组织学习对互补资产、技术创新动态能力和技术创新绩效的调节效应是部分显著的，主要是对研究开发数量的调节效应显著，而对技术商品化程度的调节效应不显著。这和以往的研究结论不太一样。以往的研究(Argyris和Schon，1978；Mabey和Salaman，1995；Hndey R.F.和Hult G.T., 1998 ；Calantone et al.，2002；侯莎莎，2012；康丽和石盛林，2012等)都显示出组织学习对创新绩效有较好的调节效应。

第二节 本研究主要的创新点

一、提出了互补资产的新内涵和维度构成

1986年，Teece提出了互补资产(Complementary Assets)的概念。Teece发现，一种创新的成功商业化要求这种创新和其他资产或能力同时被使用。她把创新商业化所需的营销能力、制造能力和售后服务称为互补资产。随后许多学者(Glynn, 1996；Tripsas，1997；Kash和Rycroft，1999)提出了各自不同的互补资产的概念和分类。本研究对互补资产重新定义为：技术创新成果商业化所需的各种资产和能力，不仅包括机器设备等有形资产，而且也包括组织文化、惯例等无形资产。同时提出，企业的互补资产是由互补物质资产、互补知识资产、互补组织资产和互补关系资产4个维度构成的新框架。经过对样本数据的主成分分析和因子分析后，该框架得到了验证。这在一定程度上丰富了互补资产理论的研究。

二、提出了技术创新动态能力的新内涵和维度构成

技术创新动态能力是在外部环境急剧变化、基于静态基础的技术创新能力不能适应企业管理实践的需要情况下提出的。但是由于提出时间尚短，在学术界并没有形成统一的认识。本研究在综合分析现有文献的基础上，结合企业变革理论的理论框架，将企业技术创新动态能力界定为：企业为了应对环境已经发生的或未来可能发生的变化，不断地吸收和整合企业内外部的技术创新资源，完善企业技术创新的资源基础，重构企业技术创新的流程和惯例，推动企

业技术创新能力不断提升的能力。并且运用主成分分析和因子分析将原有的技术创新变量进行浓缩，即将原有变量中的信息重叠部分提取和综合成最终因子，进而形成技术创新动态能力的主要构成维度：感知与识别技术机会的能力、整合创新资源的能力和环境适应性的组织变革能力。这在一定程度上扩展了对技术创新动态能力的界定和认识，丰富了动态能力理论。

三、提出了新的研究视角

通过梳理相关文献发现，目前对企业技术创新动态能力和技术创新的研究大多是从组织学习、知识管理的角度进行的，研究视角较单一，尚不能全面的解释和分析企业动态能力和企业技术创新动态能力。本研究以企业的互补资产为视角，结合资源学派和变革理论的相关理论范式，研究技术创新动态能力的中介效应。这在一定程度上丰富了技术创新动态能力和技术创新理论。

四、实证了技术创新动态能力对互补资产与技术创新绩效的中介效应

从国内外相关文献来看，国内外关于技术创新的理论成果较多，截至目前，从互补资产的视角、以技术创新动态能力为中介变量来探讨技术创新绩效的研究还处于起始阶段，理论并不成熟，而且对企业互补资产与技术创新绩效之间的定量研究还比较少。本研究在对企业互补资产、技术创新动态能力和技术创新绩效之间关系研究的文献综述基础上，构建了企业互补资产、技术创新动态能力和技术创新绩效的概念模型，提出相应的理论假设，并根据实际调研数据对三者的关系实证分析，进行了系统深入的探讨。本研究证实了技术创新动态能力对互补资产与技术创新绩效关系有显著的中介效应，而且，技术创新动态能力各维度对互补资产各维度与技术创新绩效各维度间关系的中介效应也被证实（只有互补物质资产—整合创新能力—研究开发的数量、互补物质资产—整合创新能力—技术商品化程度2个中介效应不显著）。这些中介效应都是部分中介。这可以从理论上揭示技术创新中的各类互补资产与技术创新动态能力及技术创新绩效的内在联系机制，证实技术创新动态能力对互补资产与技术创新绩效的中介效应，在一定程度上补充和完善技术创新理论。

五、提出基于互补资产视角下的提升技术创新动态能力的政策和建议

能够把理论联系实际，通过对企业进行实地调研，获得了企业的相关资料，同时在调研过程中跟部分企业高层管理人员访谈，了解企业在技术创新过程中遇到的问题及获得的成果。通过样本企业的比较分析和实证研究，提出基于互补资产视角下的提升技术创新动态能力的政策和建议。

第三节　政策建议

本研究对技术创新动态能力的相关理论范式，如概念界定、维度构成、评价指标体系以及技术创新动态能力与互补资产、与技术创新绩效、与组织学习等变量之间的关系进行了详细、细致、严谨的理论推导和实证检验。本研究发现，企业的技术创新动态能力显著地正向影响企业的技术创新绩效，这一作用是以互补资产为基础和出发点，受到企业组织学习的影响。因此，企业可以通过寻找、获取和整合互补资产来提升技术创新动态能力，从而增强企业技术创新绩效。而在这个过程中，要注意改善企业的组织学习的状况。具体来讲，本研究对企业管理实践提出以下建议。

一、企业应意识到互补资产的重要性，并积极获取内部互补资产

企业所拥有的物质资产、知识资产、关系资产和组织资产都属于企业互补资产的范畴，它们对企业提升技术创新动态能力有着非常重要的作用，决定着企业技术创新动态能力能否有效地发挥作用。如机器设备、资金等互补物质资产可以促使企业参与产品转化过程的各个阶段；通过与其他企业的合作，获得互补关系资产，企业就可以减少自己技术创新的投入，缩短技术创新的过程，提高企业技术创新绩效。对此，企业可以通过多种方式来从企业内部获取企业互补资产。

企业要创建有效适用的企业内部创新网络。内部创新网络是指企业为了获取创新的互补资产，而把企业内部各部门、各人员、各类资产等配置在一起，形成一张有机结合的网络关联。一个有利于获取互补资产的企业内部创新

网络主要包括建立互利互信关系、寻求创新合作伙伴和内部资源沟通整合3个环节。

首先，要打破传统的部门、职能等界限，在各部门、各子系统之间形成良好的互利互信关系，这样才能有效调动所有部门和人员的积极性。

其次，并不是企业内部所有部门和人员都是有利于创新的资源，有些部门和人员可能是创新的障碍，因此，应该有效甄别，区别对待。把那些有利于创新的资源融入创新网络中，而把那些不利于创新的资源剔除掉，或者是重新成立新的企业或部门进行安置，或者直接解雇人员、解散部门。

最后，随着时代的进步和发展，创新变得越来越复杂，仅仅依靠少数的部门和人员是难以应对的。企业需要对内部所有的创新资源进行有效整合，以系统、整体的力量参与创新。

二、构建战略联盟，整合供应链资源，有效利用外部资源

一个企业能够拥有或控制的资源总是有限的，仅仅通过内部获得的方式获得互补资产，会使得互补资产在时间、数量或质量上存在一个天花板，同时会付出较大的代价，形成较大的沉没成本，分散企业有限的资源，特别是有限的管理资源。因此，在条件许可时，企业应该尽可能地从企业外部寻求互补资产。

首先，积极与其他企业建立战略联盟。战略联盟是多元化途径和战略之一。通过与其他企业、组织或个人建立长期合作关系进入新的业务领域。结成长期合作关系的各方一般互不拥有，而是成立一个新的商业实体(如合资企业)来经营新的业务。经营单一业务的企业也常采用此战略来增强自身的竞争能力。联盟可分为“对称联盟”“非对称联盟”“互补联盟”。企业应与联盟企业建立紧密的伙伴关系，共同整合资源，交流信息，发现机会，共同开发，以提高资源利用效率。

其次，应有效整合供应链资源，建立供应链协同。供应链协同是供应链中各节点企业实现协同运作的活动，包括树立“合作共赢”的思想，为实现共同目标而努力，建立公平公正的利益共享与风险分担的机制，在信任、承诺和弹性协议的基础上深入合作，搭建电子信息技术共享平台及时沟通，进行面向客户和协同运作的业务流程再造。积极有效的供应链管理打破了企业的边界，将

供应链上的各个信息孤岛连接在一起，形成完整的业务链，供应链协同则加强了企业间的合作关系，建立了企业间一种双赢的业务联盟，以共同追求利润的最大化。这样供应链上每个节点企业都能关注自己的核心能力，发挥供应链协同作业，建立广泛的市场化的互补资产联盟，包括互补研发资产联盟、互补制造资产联盟、互补销售资产联盟、共用平台建设等形式，这样对构建互补资产联盟、建立供应链协同获取创新互补资产、推动企业技术创新具有重要的现实意义。

三、改变重物轻人的传统观念，加强人力资源开发与管理

根据第二章的文献综述可以看出，各学者在研究分析技术创新时，机器设备、生产工艺、厂房等互补物质资产是非常重要的，会直接影响技术创新的类型、过程以及创新收益的分配。在企业经营实践过程中，各管理者也往往特别重视那些看得见、摸得着的机器设备等有形的物质资产，而对那些看不见、摸不着的无形的关系资产、组织资产等不太重视。虽然自进入21世纪以来，这种情况发生了一些变化，但是在很大的范围内存在重物轻人的观念。

但是，实证研究表明，物质资产对于技术创新的作用并不是那么的重要。例如，虽然互补物质资产对技术创新动态能力整体及其各维度都有显著的正向作用，但是其回归系数却是较为偏小的。互补物质资产虽然对技术创新绩效整体有显著的正向作用，但是互补物质资产对研究开发数量和技术商品化程度的作用均不显著。

林毅夫提出的新经济结构学理论认为，一个国家或地区的经济结构差异来源于它们禀赋结构的差异，可以通过改变禀赋结构来改变其产业和经济结构。人力资源是一个国家或地区禀赋的重要组成部分。根据新经济结构学，在经济因新产业新技术而要求新的劳动技能以前，提前做好规划进行人力资本投资显得十分重要。因此，在企业管理的实践中，应当改变重物轻人的传统观念，把管理的重点转到知识资产、关系资产和组织资产上来。

在知识经济和信息时代，作为技术创新动态能力载体的人力资源成为企业最重要的资源，企业之间的竞争突出表现为人才的竞争。企业技术创新动态能力对人力资源有着极强的依赖性，对企业人才资源的培养和开发是培育企业能力的必备条件。因此，重视人力资源的培养和开发，吸引和保留创新性人才，

已成为培育企业竞争力的重中之重。为此，企业需要树立以人为本的思想，重视人力资本投资，培育与开发人力资源，提高技术创新动态能力微观能动主体的战略管理能力，拥有充满激情的、有创造力的、忠诚和高效的战略决策与执行主体团队。

四、培育学习型企业文化，创建利于技术创新的组织氛围

本研究从学习承诺、分享愿景和开放的心智3个方面分析并验证了组织学习对企业技术创新动态能力的重要性，研究结果表明组织学习对技术创新动态能力对互补资产与企业技术创新绩效关系的中介效应的调节效应部分显著。这也就意味着企业要想提升自己的技术创新动态能力，进而提升和改善企业的技术创新绩效和经营绩效，就必须考虑企业的组织学习影响作用，提高企业的组织学习程度，这就使得企业应该对组织学习的内涵和作用机制有一个更为深入的认识。

在改善企业的组织学习方面，培育学习型企业文化，建设勇于创新、勇于探索、不惧失败的企业精神是非常重要的。在这个方面，其他涉及组织学习、企业文化等的书籍或文章都有非常详细且缜密的阐述，广大读者可以查阅相关的书籍或文章，本研究在这里就不做多阐述。

五、建立敏锐的管理信息系统，提高企业反应速度

自从20世纪90年代以来，计算机、互联网和信息技术日益影响企业的经营和运作。特别是进入21世纪以来，信息市场的情况发生了根本性的变化。原来是信息数量不足和不对称，企业需要做的是想法设法搜寻信息、掌握信息；而现如今，信息大爆炸，对企业来讲，问题不是如何搜寻信息，而是面对海量的大数据，如何从中找出自己所需要的信息。因此，企业应当基于迅猛发展的现代信息技术，如大数据、区块链、云计算、5G等，建立敏锐的管理信息系统，配备相应的人员，提高信息系统的地位和职权提高企业对外部变化的反应速度。

六、提升技术创新动态能力，改善企业技术创新绩效

本研究表明，技术创新动态能力不仅对技术创新绩效有显著的正向作用，而且还能够影响互补资产对技术创新绩效的作用，起到了部分中介的效应。因此，企业应当重视技术创新动态能力的培育和发展。

（一）企业应当建立良好的信息收集和处理机制，时刻保持接触和了解外部环境的变化，以提高企业自身对技术机会的感知和识别能力

为此，企业应当做好以下各种事情。

1. 企业能够频繁地考察和分析环境的变化，评估环境变化对顾客的影响

当今世界已经成为一个变化日益激烈、动态性日益增强的社会，产品、技术、顾客需求等因素总是发生着巨大的变化。面对这种动态变化的外部环境，企业再也不能够像过去那样忽视外部环境因素，而是应该增加市场营销部门、公关部门等部门的人员、经费、权利等，在人力资源管理制度上，特别是考核制度上，增加考察市场、接触市场的考核内容和考核比例，使相应的部门和人员能够主动地保持着与外部环境的密切接触，频繁地考察和分析环境的变化，评估环境变化对顾客的影响，从而确定动态变化的外部环境的变化程度和变化方向，以保证能够时刻跟踪环境的变化，为企业的技术创新指明方向。

2. 企业管理者和技术人员对技术的变化态势有较强的洞察力

企业要想对技术进行创新，就必须至少知道技术创新的方向。虽然有一部分的技术创新可以由企业现在所拥有的技术在实验室和研发中心里进行理论推导出来，但是绝大部分的企业技术创新都应该是基于市场和顾客需求的。因此，企业管理者和技术人员对技术的变化态势应该有较强的洞察力，能够从众多的纷繁复杂的市场变化和广大显化的顾客需求中发现潜在的、实质的需求变化所依托的技术创新变化。要想成功地实现这一点，一方面在企业制度方面，应该建立相应的考核制度，使得相关人员有做这件事情的压力和动力；另外一方面，在人力资源管理方面，进行招聘的时候，企业应该设计科学合理的招聘筛选机制，把那些具有较强的洞察力、善于透过现象看本质特质的人招聘进来，而把那些不具备这些特质的人筛除出去；人员招聘进企业之后，人力资源管理部门还应该定期培训企业管理者和技术人员，以保证这些人能够较长时期地保持着较强的洞察力。

3. 企业经常开展市场调研，及时了解顾客、外部环境和市场

企业经常开展市场调研，及时了解顾客需求、外部环境和市场的变化，使得企业的技术创新能够符合顾客的新的需求，有坚实的市场基础。一方面，企业可以自己做这份工作，经常开展市场调研，在公司官网上长期开展网络测评活动，定期深入市场展开访谈等活动；另一方面，企业可以委托相关的市场调查或咨询企业，利用这些公司的专业行业优势，获得更多的市场需求的变化数据。

（二）企业应该整合自己所拥有的创新资源，使之成为技术创新的资源基础

一般说来，企业所拥有或控制的技术创新资源都隶属于不同的职能部门或属于其他市场主体，这使得企业进行技术创新时由于沟通不畅、资源整合不足导致技术创新事倍而功半。因此，为了进一步提高技术创新的效率，企业应当把自己所拥有或控制的创新资源进行整理和整合，使之成为能够共同为本企业的技术创新服务的资源基础。企业应当做好以下事情。

1. 本企业定期吸收新的技术知识和信息，并将个人能力整合成组织能力

一方面，可以实时把控和调整技术创新的方向，使之一直在正确的方向和道路上；另一方面，由于所有的组织都是由一个一个的个人和群体组成的，个人是组织的基础，但是不同的个人却很难达到“心往一处想，劲往一处使”的合力境界，这就需要企业加强企业管理，塑造和培育强有力的向心凝聚的企业文化，建设科学完善合理的人力资源管理制度（包括薪酬体系、福利政策、考核体系等）。

2. 企业有多种渠道吸收和利用外部技术知识

企业吸收和利用外部技术知识的渠道实际上有很多种，包括相关企业类、机构类和其他的综合信息类。相关企业类包括企业的制造商或供应商、客户或分销商、竞争企业和那些为本企业提供金融、物流、法务、信息等服务的企业等，机构类包括那些政府相关部门、科研院所、行业协会和专门的公共创新服务机构等，其他的综合信息类包括各种各样的交易会、博览会、专业论坛、学术会议、政策、标准法规、著作、刊物及网络信息，还有非正式的关系网络（如私交圈子）等。企业应该设立专门机构或部门与这些渠道保持实时的、密

切的接触，以便紧跟外部技术知识的变化趋势和方向。

3. 企业各部门员工都有适当的途径参与技术创新活动

社会发展到今天，创新不仅是企业研发部门和研发人员自己的事情，而且是企业全体部门和成员的共同责任。企业应当出台政策并提供完善的政策机制，促使本企业各部门的广大员工都有适当的途径参与技术创新活动，这样就可以群策群力、发挥企业全体成员的聪明才智，实现企业全员创新。要想成功地实现这一点，一方面企业应该建立健全全员想创新、敢创新、能创新的人力资源管理制度，另一方面各部门之间的壁垒应该被打破，设立弹性、柔性的组织制度。

4. 企业能根据需要适时获取或利用外部研发资金、样品制造、营销网络等创新资源

任何一家企业所拥有或控制的技术创新资源的数量和质量都是有限的，而企业自身技术创新的需求却是无限的。要想以有限的技术创新资源满足无限的技术创新需求，要么是增加技术创新资源的量，要么就得减少技术创新需求的量。在很多情况下，技术创新需求的量是由市场和竞争所决定的，是很难减少的。这个时候，企业就应该能够根据需要适时获取或利用外部研发资金、样品制造、营销网络等技术创新资源，以增加本企业的技术创新资源的量来满足需求。

5. 企业能适时获取和利用外部技术创新成果，并将其成功地产业化

在当今世界，科学技术发展的越来越细致和深入，“隔行如隔山”，每家企业都在着重发展自己的核心竞争力，都有自己的竞争优势。如果企业需要的所有技术创新都由自己研发，那么一方面这会超过绝大多数企业自身能力所限，另一方面也会效率低下，得不偿失。各企业应该采取各种方法，如公用技术创新平台建设、交叉持股、（互相）购买知识产权、获得其他市场主体的专利授权等，适时获取和利用外部技术创新成果，并将其成功地产业化。这样做，一方面使得本企业能够有更多的精力和资源关注企业自身最擅长的核心业务领域，形成和加强自己的核心竞争力；另一方面还可以提高技术创新效率，加快技术创新产品商业化的速度。

6. 企业经常和其他企业、社会研究机构开展联合创新

除了适时获取和利用外部技术创新成果之外，为了提高技术创新效率，企业还应该经常和其他企业、社会研究机构开展联合创新、积极承担国家及各级政府相关部门的各种科研计划（如国家星火计划、国家科技研发重大课题、建立国家级或是省级的重点研发实验室、研发创新示范区等）。这样做，不仅可以利用他人的技术创新资源来实现本企业的技术创新，而且还可以建立本企业与其他市场相关主体的联系、获得国家财政补贴、培育企业的市场形象、改善企业的公共关系境遇。

（三）企业应当建立柔性的组织机构，减少组织惰性，提高组织活性

目前，企业所处的外部环境的动态性日益增强，如果企业依然是刚性的、机械式的组织架构，不能根据外部环境的变化革新自身的组织结构、组织流程、惯例等，以适应外部环境的变化，那么企业就会丧失在市场中的竞争优势，处于不利的竞争地位，削弱企业绩效。因此，企业应当建立柔性的组织架构，尽量减少组织惰性，提高组织活性。为此，企业应当做好以下事情。

1. 企业能根据新技术或新产品的特点选择合适的战略和产业化模式

企业战略是企业长期、宏观、全面、纲领性的发展方针和指导思想规划，决定着企业要往哪里去以及如何去的根本性的问题，而企业的产业化模式则决定企业在具体实现企业战略时所采取的具体办法和路径。相对而言，战略更有长期性和稳定性，短期内不要轻易地改变；产业化模式更多的是企业受到外部环境，特别是技术创新的影响，根据新技术或新产品的特点来确定和变化。不同的企业要根据自身的特点来选择不同的战略和产业化模式，而不是千篇一律地学习其他所谓先进企业的先进经验，盲目跟随。

2. 企业根据新技术发展的要求适时改变旧的决策规则

决策规则是决策所应达到的标准和应该遵循的规则。虽然大的决策规则依然是采用西蒙等人的满意准则，采用“绝对的理性”的最优化准则的条件尚未完全具备，但是在具体的企业经营过程中，会涉及许许多多的小的决策规则，如产品选择、技术方向选择、营销模式选择等。这些决策规则往往是一定环境要素下的产物，而当环境发生了变化、技术条件发生了变化时，旧有的决策规则就应该随之发生改变。这个过程最需要顾忌的就是人的路径依赖、思维惯性

及各种惯例，这需要组织创建变革型、创新型的组织文化，设立柔性的组织架构，迸发出强有力的上层推动。

3. 企业能根据创新项目的要求适时授予创新部门、创新团队和创新者较多的决策自主权

在进行创新项目时，创新项目的行为主体，即那些创新部门、创新团队和创新者往往需要做出大量的、新的决策和行为。这些决策和行为发生的频率是很多的，如果创新项目主体不具备决策自主权，而是事事汇报请示的话，效率就会变得低下；而在实际的创新行为中，知道如何决策的人往往不是那些高高在上的高层管理人员，而是那些工作在技术创新一线的创新项目主体们。因而，这个时候，企业就应该把决策权力下放到技术创新部门和技术创新团队，这些部门和人员才知道应该做出什么样的决策，进行什么样的行为。这需要企业创建创新型的企业文化，设立扁平化、柔性的组织架构，进行多核心点和企业权力布局。

4. 企业能为保护知识产权并促进创新产业化建立适宜的治理机制

绝大多数的技术创新行为都不是人们自发、自动的一个行为，技术创新的原动力都是为了获得技术创新绩效。研发人员和研发团队进行技术创新是为了完成自身的任务考核、获得创新奖励和增加自身的薪酬待遇，企业进行技术创新是为了应对市场竞争、获得技术创新成果和获得更多的利润。如果，这一切都不能实现，或是实现得不好，技术创新就不能很好展开，或者不能持续地进行。因此，一方面，从宏观层面上，国家应该加强知识产权保护，打击侵犯知识产权的各种行为，使得技术创新企业能够通过技术创新获得很好的收益和市场竞争优势；另一方面，各企业应当建立知识产权保护机制，把技术创新行为及成果的数量和质量纳入企业内部的群体和人员的绩效考核体系中，建立和技术创新行为及成果挂钩的薪酬体系，进一步明细和规范化技术创新成果的产权归属，加强知识产权保护，促进技术创新产品产业化、商品化进程。

此外，本研究还对技术创新动态能力的概念和维度做了再界定，改变了以往人们对技术创新动态能力的旧有认识，为企业认识技术创新动态能力提出了新思路。技术创新动态能力重构和优化企业的创新资源基础，变革创新流程与惯例，推动企业创新能力不断提升，是一个多维度的概念，本身具有动态性、

复杂性和综合性的特点，其开发需要时间和精力的投入，管理者必须给予高度重视。

第四节　研究的局限和未来的研究

经过笔者较长时间的研究，业已取得了一些积极有益的成果和结论。这些研究结论和研究成果对企业战略管理与技术创新理论做了进一步的深化和拓展，丰富了相关理论范式，提供了一些适用的对策和建议。但是，整个研究过程中仍存在一些不足和缺陷，需要未来研究能对此加以改善和拓展丰富，并进一步深化和广化。这些不足或缺陷在未来值得继续深入研究之处主要包括以下几点。

1. 技术创新动态能力理论范式方面

第一，本研究关于技术创新动态能力的维度构成和评价指标体系做了一定的理论研究，并且采用了一些科学的方法对其进行了实证检验，取得了一定的成果。但是，这些成果及其推导验证过程尚存在缺陷和不足，理论深度和广度、实证方法和验证过程也存在这样或那样的问题。第二，技术创新动态能力的形成会有众多的因素施加影响作用，本研究只是分析了互补资产和组织学习2个因素，然而，其他因素也会影响技术创新动态能力。这些因素包括可能会对企业的技术创新动态能力产生不同的影响并进而影响企业的技术创新绩效。第三，对于技术创新动态能力这样较新的概念而言，在企业管理理论界尚存在许多争议，这些争议既包括技术创新动态能力本身存在的合理性，也包括其理论范式的科学性。第四，关于技术创新动态能力的评价指标体系，本研究虽然进行了理论的实证研究，但是该评价指标体系的科学性和适用性，以及方法的使用上都存在一定的不足。在未来的研究中，设计更为客观、实用、显性化、定量的评价指标来评价技术创新动态能力，将是一个非常重要的研究课题，这将有助于提高研究的有效性。

2. 实证方法方面

本研究所采用的研究方法主要包括理论推导、文献阅读、案例研究、层次分析法、访谈法、问卷调查法、SPSS、Statistics等方法。第一，这些方法虽然具备了研究论证所需要的科学性和客观合理性，但是在研究论证的严谨性、客观性、更加量化等方面尚存在不足。模糊评价法、SEM、AMOS结构方程模型等方法在本研究过程中可以进一步使用，以提高本研究的科学性。第二，本研究数据的主要来源是公司网站、案例企业的访谈和问卷调查等，数据的客观性、数量和代表性尚存在一定的不足，需要其他方法和途径加以弥补。第三，本研究的样本选择涉及较多行业，主要包括电子、软件、医药和机械等具备高科技属性的企业，企业的类型和数量尚存在不足，因此在未来的研究中应该做进一步扩展和深化，使样本的代表性更强。

3. 其他方面

本研究在概念模型中虽然考虑了企业规模、所处行业、成立年限等控制变量，但从目前已有的研究来看，可能还存在其他因素对企业技术创新动态能力与其他变量间关系机制起到影响和控制作用。在以后的研究中，还需要进一步做搜索、分析、探究和验证等研究工作。

为了解决本研究的局限，将来的研究将会关注以下几个方面：第一，更多地开发影响企业技术创新动态能力的企业互补资产的构成要素。比如，可以考虑将企业与政府、供应商、金融机构等组织的联系纳入企业互补资产的构成要素；第二，将来在中国的其他地区做更广泛的调查，搜集更广泛的数据，可以得出更加具有代表性和普遍性的结论；第三，选择个别典型高新技术企业作为案例进行研究，通过长时间的跟踪调查，深入探讨企业互补资产、技术创新动态能力和技术创新绩效的因果关系。

参考文献

[1] 阿吉瑞斯，舍恩. 组织学习：行为透视理论[M]. 北京：中国人民大学出版社，1990.

[2] 安娜·格兰多里. 企业网络，组织和产业竞争力[M]. 北京：中国人民大学出版社，2005.

[3] 蔡建华. 突破性创新、互补行资产与企业竞争优势[J]. 技术经济与管理研究，2011(12)：51–55.

[4] 蔡宇. 企业技术创新的风险分析与防范[J]. 科技管理研究，2005(9)：43–48.

[5] 陈和，隋广军. 产业演进下的企业间组织研究[J]. 科学学与科学技术管理，2007(8)：149–154.

[6] 陈劲，李飞宇. 社会资本：对技术创新的社会学解释[J]. 科学学研究，2001，19(3)：103–107.

[7] 陈铁军. 基于动态能力观的技术创新战略——以A公司的技术创新战略为例[J]. 科研管理，2004(9)：72–77.

[8] 陈伟. 创新管理[M]. 北京：科学出版社，1998.

[9] 陈伟，杨早立，周文，朗益夫. 基于突变级数的知识密集型制造业技术创新能力动态综合评价——变化速度特征的视角[J]. 运筹与管理，2015,2(24)：191–201.

[10] 陈学光. 网络能力、创新网络及创新绩效关系研究——以浙江高新技术企业为例[D]. 杭州：浙江大学，2007.

[11] 陈钰芬，陈劲. 开放式创新促进创新绩效的机理研究[J]. 科研管理，2009，30(4)：1–8.

[12] 段龙昉. 基于价值链优化的中兴通讯成本控制研究[D]. 南昌：华东交通大学，2019.

[13] 程工. 企业技术创新论[M]. 上海：上海财经大学出版社，2005.

[14] 杜丹丽，曾小春. 速度特征视角的我国高新技术企业创新能力动态综合评价研究[J]. 科研管理，2017,7(38)：44–53.

[15] 杜文平. 基于技术学习的产业动态能力评价研究——以中部六省医药制造业为例[D]. 开封：河南大学，2010.

[16] 范德成，杜明月. 基于TOPSIS灰色关联投影法的高技术产业技术创新能力动态综合评价——以京津冀一体化为视角[J]. 运筹与管理，2017,7(26)：154–163。

[17] 方建国. 基于动态能力观的企业技术创新能力研究[J]. 科技进步与对策，2010(16)：72–76.

[18] 方新. 过渡经济条件下的中国企业技术创新研究[J]. 中国科技论坛，1998(2)：37–40.

[19] 傅家骥，全允桓，高建. 技术创新学[M]. 北京：清华大学出版社，1998.

[20] 高建，傅家骥. 中国企业技术创新的关键问题：1051家企业技术创新调查分析[J]. 中外科技政策与管理，1996 (1)：24–33.

[21] 高建，汪剑飞，魏平. 企业技术创新绩效指标：现状、问题和新概念模型[J]. 科研管理，2004 (5)：45–47.

[22] 龚雷. 航天企业军民两用技术创新能力评价研究[D]. 哈尔滨：哈尔滨工业大学，2018.

[23] 官建成. 中欧工业创新的比较分析《中国创新管理前沿》[M]. 北京：北京理工大学出版

社，2004：215–230.

[24] 贺光辉. 华为公司技术创新战略研究[D]. 南京：东南大学，2018.

[25] 黄露. 自主创新对企业价值的影响研究——以华为为例[D]. 南昌：江西师范大学，2018.

[26] 贾军等. 互补资产协同对企业绩效的影响研究——技术关联的调节作用[J]. 科研管理，2013(10)：84–93.

[27] 焦豪等. 企业动态能力构建路径分析：基于创业导向和组织学习视角[J]. 管理世界，2008(4)：91–106.

[28] 蒋长流、纵玲玲. 基于动态博弈的政府与中小企业技术创新行为分析[J]. 技术经济，2007(3)：16–18.

[29] 蒋天颖，施放. 企业组织学习维度结构的实证分析[J]. 浙江社会科学，2008(5)：87–93.

[30] 刘海运. 企业动态技术创新能力提升机理研究[J]. 湖南商学院学报，2014(17)：52–55.

[31] 柳御林. 技术创新经济学[M]. 北京：中国经济出版社，1993.

[32] 吕毓芳. 论领导行为、组织学习、创新与绩效间相关性研究[D]. 上海：上海复旦大学，2005.

[33] 罗斯托. 从起飞进入持续增长的经济学[M]. 成都：四川人民出版社，1988.

[34] 马存. 企业动态能力评价研究[D]. 武汉：华中科技大学，2011.

[35] 马克思. 资本论(第1卷). 北京：人民出版社，1975.

[36] 彭宇文、吴林海. 我国中小企业技术创新支持体系研究[J]. 科学管理研究，2007(2)：7–11.

[37] 彭玉冰，白国红. 谈企业技术创新与政府行为[J]. 经济问题，1999(7)：35–36.

[38] 汝雷. 组织惰性视角下企业持续成长机理研究——基于中兴通讯的案例研究[D]. 大连：东北财经大学，2015.

[39] 王发明. 互补资产、产业链整合与创意产业集群——以动漫产业为例[J]. 中国软科学，2009(5)：24–32.

[40] 王晓晖. 学习型组织文化的差异与影响研究[J]. 管理世界，2007(11)：76–86.

[41] 翁庆晟. 基于技术创新的通信设备制造公司财务战略分析——以华为公司为例[D]. 蚌埠：安徽财经大学，2019.

[42] 吴贵生. 技术创新管理[M]. 北京：清华大学出版社，2000.

[43] 吴倩. 旅游社会企业动态能力评价指标体系构建与应用研究[D]. 长沙：湖南大学，2014.

[44] 谢洪明，韩子天. 组织学习与绩效的关系：创新是中介变量吗？——珠三角地区企业的实证研究及其启示[J]. 科研管理，2005(5)：1–10.

[45] 刑云鹤. 以创新为导向的国有企业体制机制改革研究——以中兴通讯为例[D]. 吉林：吉林大学，2018.

[46] 熊彼特. 经济发展理论[M]. 北京：商务印书馆，1997.

[47] 熊胜绪，方晓波. 互补资产对企业技术创新的影响关——基于中国上市公司的实证研究[J]. 经济管理，2010，474(6)：78–85.

[48] 熊胜绪，张志刚，方晓波. 互补资产：企业技术创新理论与战略研究的新视角[J]. 中南财经政法大学学报，2013，200(5)：33–39.

[49] 熊胜绪，张志刚. 基于互补资产的企业持续成长理论研究[J]. 中南财经政法大学学报，2011(2)：88–93.

[50] 许小东. 技术创新的成败归因及其对创新行为的影响研究[J]. 科学学与科学技术管理，2002(2)：28–30.

[51] 徐宁，徐向艺. 控制权激励双重性与技术创新动态能力——基于高科技上市公司面板数据的实证分析[J]. 中国工业经济，2012(10)：109–121.

[52] 徐宁，徐鹏，吴创. 技术创新动态能力建构及其价值创造效应[J]. 科学学与科学技术管理，2014(8)：125–134.

[53] 薛红志，张玉利. 突破性创新、互补性资产与企业间合作的整合研究[J]. 中国工业经济，2006(8)：101–108.

[54] 于小涵. 组织学习过程模型的比较研究[J]. 科技管理研究，2005(1)：85–86.

[55] 亚当·斯密. 国民财富的性质和原因的研究(下卷)[M]. 北京：商务印书馆，1988.

[56] 叶显俊. 中兴通讯R&D战略转型研究及建议[D]. 重庆：重庆师范大学，2019.

[57] 余深，蒋伟军. 企业资源观理论综述[J]. 经济师，2000(8)：56–58.

[58] 赵厚川. 石油企业人力资源管理动态能力评价研究[D]. 成都：西南石油大学，2013.

[59] 赵曙东. 高新企业技术创新和发展的实证分析[J]. 数量经济技术经济研究，1999(12)：63–65.

[60] 郑朝阳. 大型企业HRBP模式实践研究——以华为、腾讯为例[D]. 北京：首都经贸大学，2018.

[61] 周庄，王宏达. 国有大中型工业企业技术创新影响因素的调查分析[J]. 天津经济，2001(5)：56–62.

[62] 朱有为. 中国制造业的技术创新绩效研究[D]. 南京：东南大学，2007.

[63] 朱泽，徐金发. R&D中的知识管理[J]. 科学管理研究，2000(1)：41–43.

[64] Aiken Leona S., Stephen G. West. Multiple Regression: Testing And Interpreting Interactions[M]. Newbury Park, CA: Sage Publications, 1991.

[65] Ahuja, Gautam Currba Morris Lampert. Entrepreneurship In The Large Corporation: A Longitudinal Study Of How Established Firms Create Breakthrough Inventions[J]. Strategic Management, 2001, 22(6–7):521–543.

[66] Alan Hughes, Michael S. Scott Morton. The Transforming Peer Of Complementary Assets[J]. MIT Sloan Management Review, 2006(Summer): 50–58.

[67] Anders Ingelgard, Jonas Roth, A.B. (Rami) Shani, Alexandwe Styhre. Dynamic Learning Capability And Actionable Knowledge Creation: Clinical R&D In A Pharmaceutical Company[J]. The Learning Organization, 2002(92):65–77.

[68] Argylis Schonl. Organizational Learning: A Theory Of Action Perspective[M]. Reading, MA: Addiong–Wesley, 1978:15–42.

[69] Ariede Geus. The Living Company[M]. Boston: Harvard Business School Press, 1997.

[70] Ashish Arora, Gambardella Alfonso. Complementarity And External Linkage. The Strategies Of

The Large Firms In Biotechnology[J]. The Journal Of Industrial Economic, 1990(4):361–379.

[71] Ashish Arora, Marc Ceccagnoli. Patent Protection, Complementary Assets And Firms Incentive For Technology Licensing[J]. Management Science, 2006, 52(2):293–308.

[72] Atuahene–Gima, Felicitas Evmgelista. Cross–Functional Influence In New Product Development: An Exploratory Study Of Marketing And R&D Perspectives[J]. Management Science, 2000(46):1269–1284.

[73] Atuahene–Gima, Kwaku. The Influence Of New Product Factors On Export Propensity And Performance: An Empirical Analysis[J]. Journal Of International Marketing, 1995(2):9–26.

[74] Autio Erkko, Harry J. Sapienza, James G. Almeida. Effect Of Age At Entry, Knowledge Intensity, And Imitability On International Growth[J]. Academy Of Management Journal, 2000(5):909–924.

[75] Baker W.. Market Networks And Corporate Behavior[J]. American Journal Of Sociology, 1990(96):589–625.

[76] Benner Mary J., Michael L.Tushman. Exploitation, Exploration, And Process Management: The Productivity Dilemma Revisited[J]. Academy Of Management Review, 2003(2):238–256.

[77] Bontis N. Crossan, M.M., Hulland, J.. Managing An Organizational Learning System By Aligning Stocks And Flows[J]. Journal Of Management Studies, 2002(4):437–469.

[78] Brown Shona L, Kathleen M. Eisenhardt. Product Development: Past Research, Present Findings, And Future Directions[J]. Academy Of Management Review, 1995(2):343–78.

[79] Calantone R., Sclmiidt J. B., Song X. M.. Controllable Factors Of New Product Success A Cross–National Comparison[J]. Marketing Science, 1990, 15(4): 341–358.

[80] Cangelosi V.E., Dill W.R.. Organizational Learning: Observation Toward A Theory[J]. Administrative Science Quarterly, 1965(10):175–203.

[81] Carl W. Stern, Michael S. Dcimler. The Boston Consulting Group On Strategy–Classic Concepts And New Perspectives[M]. John Wiley And Sons Ltd, 2009.

[82] Cepeda G., Vera D.. Dynamic Capabilities And Operational Capabilities: A Knowledge Management Perspective[J]. Journal Of Business Research, 2007, 60(3):426–437.

[83] Christmann, P.. Effects Of Best Practices Of Environmental Management On Cost Advantage: The Role Of Complementary Assets[J]. Academy Of Management Journal, 2000, 43(4):663–680.

[84] Cohen W.M., Levinthal D.A.. Innovation And Learning: The Two Faces Of R&D [J]. The Economic Journal, 1989(937):569–1586.

[85] Cooper R.G., Kleinschmidt E.J.. Success Factors In Product Innovation[J]. Industrial Marketing Management, 1987(16):215–223.

[86] Cooper R.G.. New Product Strategies: What Distinguishes The Top Performers?[J]. Journal Of Product Innovation Manage, 1984(2):151–164.

[87] Cortina Jose M.. What Is Coefficient Alpha? An Examination Of Theory And Applications[J]. Journal Of Applied Psychology, 1993(11):98–104.

[88] Crossan M.M., H.W. Lane, R.E. White. An Organizational Learning Framework: From Intuition To Institution[J]. Academy Of Management Review, 1999(3):522–537.

[89] Cyert Richard M., James G. March. A Behavioral Theory Of The Firm[M]. Englewood Cliffs, Nj: Prentice Hall. 1963.

[90] Daniel A., Levinthal James G. March. The Myopia Of Learning[J]. Strategic Management Journal, 1993(14):95–112.

[91] David J. Tecce. Profiting From Technological Innovation: Implication For Integration Collaborations Licensing And Public Policy[J]. Research Policy, 1986, 15(6):283–305.

[92] Dooley Robert S., Gerald E. Fryxell. Attaining Decision Quality And Commitment From Dissent: The Moderating Effects Of Loyalty And Competence In Strategic Decision–Making Teams[J]. Academy Of Management Journal, 1999(4): 389–402.

[93] Dubini Paola, Howard Aldrich. Personal And Extended Networks Are Central To The Entrepreneurial Process[J]. Journal Of Business Venturing, 1991(5):305–313.

[94] Dyer J.H.. Creating And Managing A High—Performance Knowledge—Sharing Network: The Toyota Case[J]. Strategic Management Journal, 2000(21):345–367.

[95] Edmondson, Amy C.. The Local And Varigated Nature Of Learning In Organizations: A Group–Level Perspective[J]. Organization Science, 1999(2): 128–146.

[96] Edvinsson L., Malone M. 智慧资本：如何衡量资讯时代无形资产的价值[M]. 林大容，译. 台北：麦田出版股份有限公司，1999.

[97] Ensley, Michael D., Allison W. Wearson, Allen C. Amason. Understanding The Dynamics Of New Venture Top Management Teams: Cohesion, Conflict, And New Venture Performance[J]. Journal Of Business Venturing, 2002(4):365–386.

[98] Evans M.G.. A Monte Carlo Study Of The Effects On Correlated Method Variance In Moderated Multiple Regression Analysis[J]. Organizational Behavior And Human Decision Processes, 1985(3):305–323.

[99] Feeser, Henry R., Gary E.Willard. Founding Strategy And Performance: A Comparison Of High And Low Growth High Tech Firms[J]. Strategic Management Journal, 1990(2):87–98.

[100] Fiol, Lyles. Organizational Learning[J]. Academy Of Management Review, 1985(4):132–133.

[101] Fiol C. Marlene. Consensus, Diversity, And Learning In Organization[J]. Organization Science, 1994(3):403–420.

[102] Ford, Sameron M., Dennis A. Gioia. Factors Influencing Creativity In The Domain Of Managerial Decision Making[J]. Journal Of Management, 2000(4):705–732.

[103] Foss Nicolai Juul, Torben Pedersen. Organizing Knowledge Processes In The Multinationl Corporation: An Introduction[J]. Journal Of International Business Studies, 2004(5):340–349.

[104] Frank T. Rothaermel. Technological Discontinuities And Interfirm Cooperation: What Determines A Startups Attractiveness As Alliance Partner?[J]. IEEE Transactions On Engineering

Management, 2002, 49(4):388–397.

[105] Fulmer R.M., Gibbs P., Keys J.B.. The Second Generation Learning Organizations[J]. Organizational Dynamics, 1998(3):7–19.

[106] Fulmer R.M.. A Model For Changing The Way Organizations Learn[J]. Planning Review, 1994(22):20–24.

[107] Gandner S.D.. Understanding Dynamic Capabilities At The Subunit Level Operational Flexibility And The Crucial Role Of Organization Design And Information Sharing[D]. Baltimore University Of Maryland, 2004.

[108] G.G. Loury. Intergeneration Transfer And The Distribution Of Earnings[J]. Econometrical, 1997:76–179.

[109] Gemuden H.G., Riter T., Heydeburck F.. Network Configuration And Innovation Success: An Empirical Analysis In German High–Tech Industries[J]. International Journal Of Research In Marketing, 1996(5):449–462.

[110] GI Bischi, H. Dawid, M. Kopel. Uaining The Competitive Edg Using Internal And External Spillovers: A Dynamic Analysis[J]. Journal Of Economic Dynamics And Control, 2003,27(11–12):2171–2193.

[111] Gimeno J.. Competition Within And Between Networks: The Contingent Effect Of Competitive Embeddedness On Alliance Formation[J]. Academy Of Management Journal, 2004(6):820–842.

[112] Glynn Mary Ann. Innovative Genius; A Framework For Relating Individual And Organizational Intelligences To Innovation[J]. Academy Of Management Review, 1996, 21(4):1081–1111.

[113] Granovetter M.. Problems Of Explanation In Economic Sociology[A]. Nohria N, Eccles Rg(Eds). Networks And Organizations: Structure, Form And Action. Boston: Harvard Business School Press, 1992:25–56.

[114] Granovetter M.S.. The Strength Of Weak Ties[J]. American Journal Of Sociology, 1973(78):1360–1380.

[115] Grant R.M.. The Resource–Based Theory Of Competitive Advantage: Implications For Strategy Formulation[J]. California Management Review, 1991(3):114–135.

[116] Grant Robert M.. Toward A Knowledge–Based Theory Of The Firm[J]. Strategic Management Journal, 1996(17):109–122.

[117] Gregory D. Graff, Gordon C. Rausser, Arthur A. Small. Agricultural Biotechnological Complementary Intellectual Assets[J]. The Review Of Economics And Statistics, 2003,85(2):349–363.

[118] Gulati R.. The Influence Of Network Resources And Firm Capabilities On Alliance Formation[J]. Strategic Management Journal, 1999(20): 397–420.

[119] Hagedoorn Cloodt. Measuring Innovative Performance: Is There An Advantage In Using Multiple Indictators? [J]. Research Policy, 2003(32):1365–1379.

[120] Hambrick Donald C., Phyllis A. Mason. Upper Echelons: The Organization As A Reflection Of

Its Top Managers[J]. Academy Of Management Review, 1984, 9(2):193–206.

[121] Hamel G.. Competition For Competence And Inter–Partner Learning Within International Strategic Alliances[J]. Strategic Management Journal, 1991(12): 83–103.

[122] Hankinson Johansson. Formal And Informal Cooperation Strategies In International Industrial Networks[A]. Contractor F.J., Lorange P. (Eds). Cooperative Strategies In International Business. Lexington: Lexington Books, 1988:369–379.

[123] Hanna Toiviainen. Learning Across Levels: Challenges Of Collaboration In A Small–Firm Network[D]. Helsinki: University Of Helsinki, 2003.

[124] Helfat C.E.. Know–How And Asset Complementarity And Dynamic Capability Accumulation: The Case Of R&D[J]. Strategic Management Journal, 1997,18(5):339–360.

[125] Hans Gersbach, A. Schmutzler. Endogenous Technological Spillovers: Causes And Consequences[J]. Journal Of Economics And Management Strategy, 2003,12(2):179–205.

[126] Hedberg R.. How Organizations Learn And Unlearn[M]. Handbook Of Organizational Design, 1981(L):3–27.

[127] Henderson R.M., Clark K.B.. Architectural Innovation: The Reconfiguration Of Existing Product Technologies And The Failure Of Established Firms[J]. Administrative Science Quarterly, 1990(35): 9–30.

[128] Hitt M.A., Dacin M.T., Lcvitas E., Arregle J.L., Borza A.. Partner Selection In Emerging And Developed Market Contexts: Resource Based And Organizational Learning Perspectives[J]. Academy Of Management Journal, 2000, 43(3):449–467.

[129] Hkansson H., Johanson J.. The Network As A Governance Structure: Inter–Firm Cooperation Beyond Markets And Hierarchies[A]. In Grabber, G (Eds). The Embedded Firm: On The Socioeconomics Of Industrial Networks. London: Routledge, 1993.

[130] Hkansson. Networks As A Mechanism To Develop Resources[A]. In P. Beijie, J. Groenebegen, O. Nuys (Eds.). Networking In Dutch Industries. Amsterdam: Garant Uitgivers, 1994.

[131] Hofstede Geert. Cultures And Organizations: Software Of The Mind[M]. London: Mcgraw–Hill, 1991.

[132] Huber G.P.. Organizational Learning: The Contributing Processes And The Literatures[J]. Organization Science, 1991(1): 88–115.

[133] Hughes A., MSS Morton. The Transforming Power Of Complementary Assets[J]. MIT Sloan Management Review, 2006,47(4):50–58.

[134] Hult G., Tomas M., O.C. Ferrell. A Global Learning Organization Structure And Market Information Processing[J]. Journal Of Business Research, 1997(2):155–166.

[135] Hurst David K., James C. Rush, Roderick E. White. Top Management Teams And Organizational Renewal[J]. Strategic Management Journal, 1989(10): 87–105.

[136] Iaquinto Anthoy L., James W., Fredrickson. Top Management Team Agreement About Tire Strategic Decision Process: A Test Of Some Of Its Determinants And Consequences[J]. Strategic

Management Journal, 1997(1): 63–75.

[137] Jacobides M.G., Knudsen T., Augier M. Benefiting From Innovation: Value Creation, Value Appropriation And The Role Of Industry Architectures[J]. Research Policy, 2006,35(8):1200–1221.

[138] James, M., Sinkula William, E., Baker Thomas, Noordlewier. A Framework For Market–Based Organizational Learning: Linking Values, Knowledge And Behavior[J]. Journal Of The Academy Of Marketing Science, 1997, 25(4): 305–318.

[139] Jantunen A., K. Puumalainen, S. Saarenketo, K.K. Heiko. Entrepreneurial Orientation, Dynamic Capabilities And International Performance[J]. Journal Of International Entrepreneurship, 2005(3):223–243.

[140] Jaworski Bernard J., Ajay K. Kohli. Market Orientation: Antecedents And Consequences[J]. Journal Of Marketing, 1993(57):53–70.

[141] Jones G.R., George J.M.. The Experience And Evolution Of Trust: Implications For Cooperation And Teamwork[J]. Academy Of Management Review, 1998(23):531–546.

[142] Katila, Riitta, Ahuja, Gautam. Something Old, Something New: A Longitudinal Study Of Search Behavior And New Product Introduction[J]. Academy Of Management Journal, 2002(6):1183–1194.

[143] Lai Hsien–Che, Chiu Yi–Ching, Liaw Yi–Ching, Et Al. Technological Diversification And Organizational Divisionalization: The Moderating Role Of Complementary Assets[J]. British Journal Of Management, 2010,21 (4): 983–995.

[144] Lai Hsien–Che, Chiu Yi–Ching, Liaw Yi–Ching. Can External Corporate Venturing Broaden Firm's Technological Scope? The Role Of Complementary Assets[J]. Journal Of Engineering And Technology Management, 2010, 27(3 /4):183–196.

[145] Lane P.J., Lubatkin M.. Relative Absorptive Capacity And Inter–Organizational Learning[J]. Strategic Management Journal, 1998(19): 461–477.

[146] Lawson B., Samson D.. Developing Innovation Capability In Organizations: A Dynamic Capabilities Approach[J]. International Journal Of Innovation Management, 2001, 5(3):377–400.

[147] Levitt March. Organizational Learning[J]. Annual Review Of Sociology, 1988(14):157–163.

[148] Lewin A.Y., Long C.P., Carroll T.N.. The Co–Evolution Of New Organizational Forms[J]. Organization Science, 1999(10):535–550.

[149] Li Haiyang, Kwaku Atuahene. Product Innovation Strategy And The Performance Of New Technology Ventures In China[J]. Academy Of Management Journal, 2001, 44(6): 1123–1134.

[150] Lidija Breznik, Robert D. Hisrich. Dynamic Capabilities Vs. Innovation Capability: Are They Related? [J]. Journal Of Small Business And Enterprise Development, 2014(21):368–384.

[151] Lu J.W.. Network Development For Competitive Advantage: A Study Of Subsidiary Networks And Alliance Networks[D]. The University Of Western Ontario, London, Ontario, 2001:143–167.

[152] Luo Y., Peng M.W.. Learning To Compete In A Transition Economy: Experience, Environment And Performance[J]. Journal Of International Business Studies, 1999,30(2):269–296.

[153] Majumdar S.. The Performance Of Local And Global Scheduling Strategics In Multiprogrammed Parallel System[Z]. IEEE International Phoenix Conference On Computers And Communications, Phoenix(Arizona), 1992,(4):55–62.

[154] March J., Simon H.. Organizational Learning[M]. New York: Wiley, 1958.

[155] March James G.. Exploration And Exploitation In Organizational Learning[J]. Organization Science, 1991(2):71–87.

[156] March James G., J.P. Olsen. The Uncertainty Of The Past: Organizational Learning Under Ambiguity[J]. European Journal Of Political Research, 1975(3):147–171.

[157] Marquardt M.J.. Building The Learning Organization: A System Approach To Quantum Improvement And Global Success[M]. New York: Mcgraw–Hill, 1996.

[158] Mazzonis, Danielle. Small Firm Networking, Cooperation, And Innovation In Italy: Viewed By An Agency Engaged In Actions For Stimulating: The Technological Upgrading Of Industry[J]. Entrepreneurship And Regional Development, 1989, 1(1):61–74.

[159] Mcgrath R.. Exploratory Learning, Innovative Capacity And The Role Of Managerial Oversight[J]. Academy Of Management Journal, 2001, 44(1):118–133.

[160] Meister J.C.. The CEO Driven Learning Culture?[J]. The Internal Auditor, 2000,58(5): 38–45.

[161] Meyers P.W.. Non–Linear Learning In Technological Firms[J]. Research Policy, 1990(19):97–115.

[162] Miller D., Friesen P.H.. Innovation In Conservative And Entrepreneurial Firms: Two Models Of Strategic Momentum[J]. Strategic Management Journal, 1982(3):1–25.

[163] Morgan R.M., Hunt S.D.. The Commitment Trust Theory Of Relationship Marketing[J]. Journal Of Marketing, 1994, 58(3): 20–38.

[164] Morgan Swink. Capturing The Competitive Advantages Of AMT: Design–Manufacturing Integration As A Complementary Asset[J]. Journal Of Operations Management, 2007, 25(3):736–751.

[165] Morris S., Snell S., Relational Archetypes, Organizational Learning, And Value Creation: Extending The Human Resource Architecture[J]. Academy Of Management Review, 2007(32):236–256.

[166] N. Rosenberg. Inside The Black Box: Technology And Economics[M]. Cambridge University Press, 1982.

[167] Nerkar Atul.. Old Is Gold? The Value Of Temporal Exploration In The Creation Of New Knowledge[J]. Management Science, 2003,49(2):211–229.

[168] Nevis E.C., Dibella A.J., Gould J. M.. Understanding Organizations As Learning System[J]. Sloan Management Review, 1995, 36(2):73–95.

[169] Nonaka I., Takeuchi H.. The Knowledge–Creating Company: How Japanese Companies Creating The Dynamics Of Innovation[M]. London: Oxford University Press, 1995.

[170] Nonaka I., Takeuchi H.. The Knowledge–Creating Company[J]. Harvard Business Review, 1991, 69(6):96–104.

[171] Pavlou A.P., Sawy. From IT Leveraging Competence To Competitive Advantage In Turbulent

Environments: The Case Of New Product Development[J]. Information Systems Research, 2006, 17(3):198–227

[172] Peng Mike W., Yadong Luo. Managerial Ties And Firm Performance In A Transition Economy: The Nature Of A Micro–Macro Link[J]. Academy Of Management Journal, 2000, 43(3):486–501.

[173] Penrose E.T.. The Theory Of Growth Of The Firm[M]. New York: Wiley, 1959.

[174] Podsakoff Philip M., Dennis W. Organ. Self–Reports In Organizational Research: Problems And Prospects[J]. Journal Of Management, 1986, 12(4):531–544.

[175] Prahalad C.K., G. Hamel. The Core Competence Of The Organization[J]. Harvard Business Review, 1990(68):79–91.

[176] Putnam R.D., Making Democracy Work: Civic Traditions In Modern Italy[M]. Princeton: Princeton University Press, 1993.

[177] Ritter T., Gemuden H.G.. Network Competence: Its Impact On Innovation Success And Its Antecedents[J]. Journal Of Business Research, 2003(56): 1437–1458.

[178] Romanelli Elaine. New Venture Strategies In The Minicomputer Industry[J]. California Management Review, 1987, 30(1):160–175.

[179] Roos J., Roos G. Dragonetti N.C., Edvinsson L.. Intellectual Capital: Navigating In The New Business Landscape[M]. New York: New York University Press, 1998.

[180] Rothaermel F.T.. Complementary Assets, Strategic Alliances, And The Incumbent's Advantage; An Empirical Study Of Industry And Firm Effects In The Biopharmaceutical Industry[J]. Research Policy, 2001, 30(8):1235–1251.

[181] Rothwell R., Successful Industrial Innovation: Critical Factors For The 1990's[J]. R&D Management, 1992(22):221–239.

[182] Rothwell R., Et Al. SAPPHO Updated[J]. Research Policy, 1974(November): 57–98.

[183] Rowley Tim, Dean Behrens, David Krackhardt. Redundant Governance Structures: An Analysis Of Structural And Relational Embeddedness In The Steel And Semiconductor Industries[J]. Strategic Management Journal, 2000, 21(3):369–386.

[184] Schoonhoven Claudia Bird. Problems With Contingency Theory: Testing Assumptions Hidden Within The Language Of Contingency "Theory" [J]. Administrative Science Quarterly, 1981, 26 (3):349–377.

[185] Shane Scott. Prior Knowledge And The Discovery Of Entrepreneurial Opportunism[J]. Organization Science, 2000, 11(4):448–469.

[186] Sher P.J., Vivid C.L., Information Technology As A Facilitator For Enhancing Dynamic Capabilities Through Knowledge Management[J]. Information & Management, 2004(41):933–945.

[187] Simon C. Collinson, Rajneesh Narula. Asset Recombination In International Partnerships As A Source Of Improved Innovation Capabilities In China[J]. Multinational Business Review, 2014,22(4):394–415.

[188] Silvia Ayuso, Miguel Angel Rodriguez, Joan Enrich Ricart. Using Stakeholder Dialogue As A Source For New Ideas: A Dynamic Capability Underlying Sustainable Innovation[J]. Corporate Governance: The International Journal Of Business In Society, 2006(6): 475–490.

[189] Stefen Thomke, Walter Kuemmerle. Asset Accumulation, Interdependence And Technological Change; Evidence From Pharmaceutical Drug Discovery[J]. Strategic Management Journal, 2002,23(7):619–635.

[190] Sveiby K.E.. Intellectual Capital: Thinking Ahead[J]. Australian CPA, 1998,68(6):18–22.

[191] Swee Goh. Toward A Learning Organization: The Strategic Building Blocks[J]. Sam Advanced Management Journal, 1998(Spring):15–22.

[192] Taylor P., Lowe J.. Are Functional Assets Or Knowledge Assets The Basis Of New Product Development Performance?[J]. Technology Analysis & Strategic Management, 1997, 9(4):473–488.

[193] Teece D.J., Pisano G., Shuen A.. Dynamic Capabilities And Strategic Management[J]. Strategic Management Journal, 1990, 18(7):509–533.

[194] Teece D.J.. Competition, Cooperation, And Innovation: Organizational Arrangements For Regimes Of Rapid Technological Progress[J]. Journal Of Economic Behavior & Organization,1992,18(1):1–25.

[195] Teece D.J., Pisano G.. Static Rules And Dynamic Capabilities[J]. Harvard Business Review, 1994, 71(4):78–91.

[196] Teece D.J., Pisano G.. Dynamic Ability And Strategic Management[J]. Netherlands, Dordrecht: Kluwer Academic Publishers, 1997,18(7):509–533.

[197] Teece D.J.. Entrepreneurial Resources, Dynamic Capabilities And Start–Up Performance Of Taiwan's High–Tech Firms[J]. Journal Of Business Research, 1997,60(5):549–555.

[198] Teece D.J., Capturing Value From Knowledge Assets: The New Economy, Markets For Know–How, And Intangible Assets[J]. California Management Review, 1998,40(3): 55–79.

[199] Teece D.J.. Reflections On "Profiting From Innovation?" [J]. Research Policy, 2006, 35(8): 1131–1146.

[200] Thomas B. Lawrence, Michael K. Mauws, Bruno Dyck, Robert F. Kleysen. The Politics Of Organizational Learning: Integrating Power Into The 4I Framework[J]. Academy Of Management Review, 2005(1):180–191.

[201] Triandis Harry C.. Individualism And Collectivism[M]. Boulder, CO: West View Press, 1995.

[202] Tripsas M.. Unraveling The Process Of Creative Destruction: Complementary Assets And Incumbent Survival In The Typesetter Industry[J]. Strategic Management Journal, 1997,18(6):119–142.

[203] Uzzi B.. The Sources And Consequences Of Embeddedness For The Economic Performance Of Organizations: The Network Effect[J]. American Sociological Review, 1996(61):674–698.

[204] Vanesa Barrales–Molina, Jose Benitez–Amado, Maria N., Perez–Arostegui, Managerial

Perceptions Of The Competitive Environment And Dynamic Capabilities Generation[J]. Industrial Management & Data System, 2010(110):1355–1384.

[205] Victor J. Garcia–Moralesa, Francisco Javier Llorens–Montesa, Antonio J. Verd. Influence Of Personal Mastery On Organizational Performance Through Organizational Learning And Innovation In Large Firms And SMEs[J]. Technovation, 2007(27):547–568.

[206] Walfish Daniel. Corporate Strategy: P&G China Lab Has Global Role[J]. Research Technology Management, 2001,44 (5):4–5.

[207] Watkins Marsick. Sculpting The Learning Organization[M]. San Francisco. CA: Jossey–Bass, 1993: 43–55.

[208] Watkins Marsick. Demonstrating The Value Of An Organization's Learning Culture: The Dimensions Of The Learning Organization Questionnaire[J]. Advances In Developing Human Resources, 2003, 5(2): 132–151.

[209] Weerawardena J.. The Role Of Marketing Capability In Innovation–Based Competitive Strategy[J]. Journal Of Strategic Marketing, 2003, 11(3):15–35.

[210] Werker Claudia. Knowledge And Organization Strategy In Innovation System[J]. International Journal Of Innovation Management, 2001(5):105–106.

[211] Wu X., Xu G.N., Wang W.B.. Technology Innovation Of Developing Country In The Context Of Globalization: A Case Study[A]. Proceedings Of International Technology And Innovation Conference (ITIC), 2006(3):90–95.

[212] Wu L.Y.. Entrepreneurial Resources Dynamic Capabilities And Start–Up Performance Of Taiwan's High–Tech Firms[J]. Journal Of Business Research, 2007, 60(5):549–555.

[213] Zahra S.A., Nielsen A.P., Bogner W.C.. Corporate Entrepreneurship, Knowledge And Competence Development[J]. Entrepreneurship Theory And Practice, 1999(24):169–189.

[214] Zahra Shaker A., R. Duane Ireland, Michael A. Hitt. International Expansion By New Venture Firms: International Diversity, Mode Of Market Entry, Technological Learning, And Performance[J]. Academy Of Management Journal, 2000,43(5):925–950.

[215] Zahra Shaker A., Sapienza Harry J., Davidsson Per. Entrepreneurship And Dynamic Capabilities: A Review, Model And Research Computers[J]. Journal Of Management Studies, 2006, 43(4):917–955.